Beiträge zu
Evangelisation und
Gemeindeentwicklung
Praxis

Herausgegeben vom
Institut zur Erforschung
von Evangelisation und Gemeindeentwicklung
der Ernst-Moritz-Arndt-Universität Greifswald

Mission bringt Gemeinde in Form

Gemeindepflanzungen und neue Ausdrucksformen gemeindlichen Lebens in einem sich wandelnden Kontext

Deutsche Übersetzung von:
„Mission-shaped Church.
Church Planting and Fresh Expressions of Church
in a Changing Context" (2004)

Im Deutschen herausgegeben von Michael Herbst
im Auftrag des Instituts zur Erforschung
von Evangelisation und Gemeindeentwicklung
der Universität Greifswald (IEEG)
in Zusammenarbeit mit der
Arbeitsgemeinschaft Missionarische Dienste (AMD)

aussaat

mission-shaped church
church planting and fresh expressions of church in a changing context

© Church House Publishing
Church House
Great Smith Street
London SW1P 3NZ

ISBN 0 7151 4013 2

Published 2004 by Church House Publishing
Fourth impression 2004

the Mission-shaped Church working group
Mission-shaped Church is a report from a working group of the Church of England's Mission and Public Affairs Council and is commended by the Council for study.

membership of the working group
Rt Revd Graham Cray (Chair), Bishop of Maistone.
Revd Moira Astin, Team Vicar of Thatcham, Diocese of Oxford, and member of Board of Mission to 2002.
John Clark, Director, Mission and Public Affairs, Archbishops' council.
Ven. Lyle Dennen, Archdeacon of Hackney, Diocese of London.
Revd Damian Feeney, Team Rector of Ribbleton, Diocese of Blackburn.
Canon Robert Freeman (Secretary), National Evangelism Adviser, Archbishop' Council, Archdeacon of Halifax from September 2003.
Revd Sally Gaze, Team Rector of Tas Valley Team Minitry, Diocese of Norwich.
Revd Graham Horsley, Secretary for Evangelism and Church Planting, Methodist Church.
Revd George Lings, Director, Church Army Sheffield Centre.
Canon Chis Neal, formerly Director of Evangelization and Rector of Thame, Diocese of Oxford. International Director for Mission Movement, Church Mission Society from May 2003.
Gill Poole, Church Mission Society Area Team Leader.

aus dem Englischen übersetzt von Christiane Vorländer

2. Auflage 2007
© der deutschen Ausgabe 2006
Aussaat Verlag, Verlagsgesellschaft des Erziehungsvereins mbH,
Neukirchen-Vluyn
Titelgestaltung: Hartmut Namislow
Satz: Breklumer Print-Service
Druck: Fuck-Druck, Koblenz
Printed in Germany
ISBN 978-3-7615-5468-5
Bestell-Nr.: 155 468

Inhalt

Einleitung in die deutsche Ausgabe von „Mission-shaped Church“ 9
Vorwort von Bischof Wolfgang Huber, Berlin 9
Vorwort von Generalsekretär Hartmut Bärend, Berlin . 11
Einführung in die deutsche Ausgabe 13
Einleitung im englischen Originaltext 25
Vorwort des Erzbischofs von Canterbury 25
Die Arbeitsgruppe „Mission-shaped Church“ 27
Anmerkung zu den Denk- und Diskussionsanstößen . . 28
Einführung in die englische Ausgabe 29

Kapitel 1: Veränderte Kontexte 34
1. Die vergangenen 30 Jahre: Gesellschaftliche Trends 34
2. Netzwerke: ein mächtiger Faktor 40
3. Neue Ausdrucksformen gemeindlichen Lebens 44
4. Konsumgesellschaft 46
5. Post-Christentum, die nachchristliche Gesellschaft . 50
6. Vom „Wo?“ zum „Wie?“ 52
Doppelte Botschaft: Chance und Möglichkeit zur Umkehr 53
Denk- und Diskussionsanstöße 54

Kapitel 2: „Breaking New Ground“ – und was danach kam 56
Schnappschüsse: nach 1978 56
Gemeindepflanzungen in der Blütezeit? 57
„Breaking New Ground“: das Fazit 58
Es geht weiter 62
Weiterdenken 66
Kirchliche Entwicklungen im weiteren Umfeld 70
Der Blick nach draußen 73
Fazit 74
Denk- und Diskussionsanstöße 75

Kapitel 3: Was ist „Gemeinde pflanzen“ – und warum sollten wir uns damit beschäftigen? 76
„Gemeinde pflanzen“ – Was ist das? 77

Die Bedeutung des Wortes „pflanzen“ 79
Was bedeutet „Gemeinde“ im Kontext des „Pflanzens“? 81
Auf der Suche nach angemessenen Bezeichnungen ... 82
Warum sind Gemeindepflanzung und
neue Ausdrucksformen wichtig? 84
Überarbeitung des missionarischen Auftrags
in England 88
Denk- und Diskussionsanstöße 95

Kapitel 4: Neue Ausdrucksformen gemeindlichen
Lebens 97
Eine Vielfalt neuer Ausdrucksformen
gemeindlichen Lebens 98
– Alternative Gottesdienstgemeinden 99
– Basisgemeinden 103
– Cafékirche 107
– Zellgemeinden 111
– Gemeinden, die aus Initiativen
zur Gemeinwesenarbeit entstehen 120
– Differenzierte Gottesdienstgemeinden
und Wochentagsgemeinden 123
– Netzwerkorientierte Gemeinden 128
– Schulgemeinden oder -gemeinschaften 135
– Kirche für Suchende 138
– Traditionelle Gemeindepflanzungen 141
– Traditionelle Gemeinde –
alte Formen neu entdecken 144
– Jugendgemeinden 147
Warum so viele Ausdrucksformen? 154
Fünf Grundwerte missionarischer Gemeinden 155
Denk- und Diskussionsanstöße 158

Kapitel 5: Theologische Grundlagen für
eine missionarische Gemeinde 160
Heilsgeschichte 161
Kirche soll „sich mehren“ 175
Die vier Kennzeichen der Kirche 179
Anglikanische Lehre von der Kirche und
„neue Ausdrucksformen gemeindlichen Lebens“ 185
Reflektion 190
Denk- und Diskussionsanstöße 191

Kapitel 6: Methodische Ansätze für die Gestaltung eines missionarischen Gemeindelebens 192
Allgemeine Methodologie 193
Gottesdienstformen 212
Gemeindepflanzung in ländlichen Gebieten 214
Auf dem Weg zur Reife 219
Denk- und Diskussionsanstöße 224

Kapitel 7: Rechtliche Rahmenbedingungen für die Entwicklung missionarischer Gemeinden 226
Welche Erfordernisse bringen Netzwerke mit sich? 226
Wie können Gemeindepflanzungen Anerkennung als „erwachsene“ und eigenständige Gemeinden bekommen? 228
Wie hilfreich sind vorhandene rechtliche Optionen für die verschiedenen Gemeindepflanzungen und neuen Ausdrucksformen? 229
Was brauchen wir heute? 234
Wo müssen wir den Hebel ansetzen? 237
Denk- und Diskussionsanstöße 257

Kapitel 8: Empfehlungen 258
Eine Strategie für die Diözese 258
Der ökumenische Kontext 260
Leitung und Ausbildung . . . . ???
Ressourcen 262
Kirchenrechtliche Grundlagen 263

Literatur 265
Literaturangaben aus dem englischen Originaltext 265
Englischsprachige Materialien von anderen Kirchen . . . 266
Hilfreiche englischsprachige Internetseiten 266
Gute englischsprachige Lehrmaterialien 267
Deutschsprachige Literatur zum Thema 268
Information und Beratung in Deutschland 270

Einleitung in die deutsche Ausgabe von „Mission-shaped Church"

Vorwort des Vorsitzenden des Rates der EKD, Bischof Dr. Wolfgang Huber

In den letzten Jahren haben wir im deutschen Protestantismus neu gelernt, dass Mission als glaubensweckende und einladende Ansprache an die Menschen in unserem Land zu den Grundaufgaben der Evangelischen Kirche in Deutschland und ihrer Gliedkirchen gehört. Die Synode der EKD hat diese Einsicht in Leipzig im Jahr 1999 eindrücklich formuliert. Dabei hat Mission weder etwas mit Indoktrination noch mit Überwältigung zu tun, sondern meint den aufrichtigen und fairen Dialog über Überzeugungen und Werte, Lebenshaltungen und Handlungsmaximen. In diesem Sinne ist Mission eine Lebens- und Wesensäußerung der Kirche, die will, dass „allen Menschen geholfen wird und sie zur Erkenntnis der Wahrheit kommen" (1Tim 2,4).

Vor diesem Hintergrund begrüße ich alle Bemühungen, Ideen und Konzepte bekannt zu machen, die sich mit Gemeindewachstum, Gemeindeentwicklung und missionarischem Aufbruch beschäftigen. Dabei ist zunächst an die missionarischen Initiativen in unserer Kirche zu denken, die aus unterschiedlichen Frömmigkeitstraditionen und Haltungen heraus entwickelt werden. Zugleich kann es aber auch außerordentlich hilfreich sein, von anderen Kirchen zu lernen und so eine ökumenische Lerngemeinschaft in Fragen der Mission zu entwickeln. Die enge Partnerschaft mit der Kirche von England und die zu großen Teilen vergleichbare Situation der Kirchen in England und Deutschland legen es nahe, ein neues konzeptionelles Buch aus der anglikanischen Kirche auch im deutschen Sprachraum bekannt zu machen. Mein Dank gilt daher dem Institut zur Erforschung von Evangelisation und Gemeindeentwicklung in Greifswald und dem Herausgeber der Übersetzung, Prof. Dr. Michael Herbst dafür, dass sie diese Überlegungen aus der Kirche von England für den deutschen Sprachraum zugänglich gemacht haben. Dem Buch wünsche ich eine große Verbreitung und viele Leserinnen und Leser. Damit verbinde ich die Hoffnung, dass davon Anregung und Ermutigung für unser missionarisches Handeln in Deutschland ausgeht.

Vorwort von Generalsekretär Hartmut Bärend, Berlin

Was für ein beeindruckendes Buch! Hier wird Kirche von morgen vorgedacht und entwickelt. Hier sind zwar Verhältnisse der Anglikanischen Kirche Englands vor Augen, aber trotzdem ist unsere kirchliche Wirklichkeit in Deutschland fast auf jeder Seite mit Händen zu greifen. Hier werden Einsichten und Arbeitsergebnisse der „Gemeindepflanzungsarbeit“ („church planting“), die in der Anglikanischen Kirche seit Anfang der 1990er Jahre mit viel Erfolg getan worden ist und auch in Deutschland Früchte getragen hat, ganz bewusst aufgenommen – und weitergeführt. Hier vollzieht sich Mission weniger darin, in die gewohnten kirchlichen Strukturen einzuladen, sondern die Menschen da aufzusuchen, wo sie leben und mit ihnen neue Lebensformen zu entwickeln. Dabei bleibt das Evangelium, die frohmachende rettende Nachricht von Jesus Christus, im Zentrum aller Überlegungen und Entwicklungen.

Es ist mir, der ich schon lange mit der Gemeindepflanzungsarbeit verbunden bin, eine große Freude, dass dieses Buch gerade jetzt herauskommt. Ich bin der festen Überzeugung, dass die Zeit der in diesem Buch beschriebenen Herausforderungen und Antworten direkt vor uns liegt.

Pfarrer Volker Roschke, der in der Arbeitsgemeinschaft Missionarische Dienste (AMD) für diesen Arbeitszweig verantwortlich ist und dem wichtige Impulse zu verdanken sind, hat dieses Buch vor zwei Jahren von einer Studienreise nach England sozusagen frisch mitgebracht und sofort weiter empfohlen, mit gutem Grund. Die AMD ist im Übrigen seit Jahren dabei, vom Anglikanischen Modell zu lernen und Gemeindepflanzen im Bereich der EKD zu beheimaten, u.a. mit einem Förderprojekt für zehn Gemeindepflanzungsinitiativen (www.gemeinde-pflanzen.de).

Dr. Michael Herbst, Professor für Praktische Theologe und Direktor des Instituts zur Erforschung von Evangelisation und Gemeindeentwicklung (IEEG) an der Universität Greifwald, hat die missionarischen Impulse der Anglikanischen Kirche und den Inhalt dieses Buches in seine Lehrangebote für Studierende der Theologie aufgenommen. Sein Verdienst ist es, dieses Buch jetzt nach der Übersetzung ins Deutsche wissenschaftlich überarbeitet und herausgegeben zu haben. Für seine Sorgfalt und systematische Klarheit, die sich schon in seinem Vorwort spiegelt, ist ihm sehr zu danken.

Ich wünsche dem Buch weite Verbreitung, hinein in die Leitungsgremien der Gliedkirchen der EKD, aber auch in den großen Kreis der Pfarrerinnen und Pfarrer, in die Presbyterien und Hauskreise. Was da mutig und voller Zuversicht geschrieben steht, ist der Anfang der Zukunft nicht nur der Anglikanischen Kirche Englands, sondern auch unserer Kirche.

Einführung in die deutsche Ausgabe

Worum geht es in diesem Buch?

Eher eine Broschüre als ein Buch ist die englische Originalfassung von „Mission-shaped Church". Aber in England war diese kleine Schrift über Gemeindepflanzungen und neue Ausdrucksformen gemeindlichen Lebens seit 2004 ein kirchlicher Bestseller mit mehr als 10.000 verkauften Exemplaren. Jetzt wird diese anglikanische Reformschrift auch einer deutschen Leserschaft erschlossen.

Gemeindepflanzungen und neue Ausdrucksformen gemeindlichen Lebens sind kein neues Thema: Bereits seit den frühen 1990er Jahren pilgern deutsche Kirchenleute, Theologen, ganze Pfarrkonvente und Pastoralkollegs nach England, um sich einen persönlichen Eindruck von den Entwicklungen in der Anglikanischen Kirche zu verschaffen. Anders als die hoch gelobten und gleichzeitig kritisch beargwöhnten amerikanischen Gemeindemodelle sind uns die englischen Innovationen in jeder Hinsicht näher: Das kirchliche Klima wirkt vertrauter, nicht nur europäischer, sondern auch für unsere volkskirchliche Mentalität eher kompatibel. Da ist eine andere alte europäische Volkskirche, die durch dieselben (und einige weitere, hausgemachte) Krisen und Traditionsabbrüche gehen muss wie z.B. die deutschen Landeskirchen. Zugleich ist da eine alte europäische Volkskirche, von der das Gerücht ausgeht, sie habe mindestens in respektablem Umfang den Mut zu Innovationen. Das lockt seit nunmehr 15 Jahren Menschen nach England, die nicht nur im englischen „Bible Belt" rund um London Gemeinden besuchen, an Alphakurs-Abenden teilnehmen, Gemeindepflanzungen bestaunen oder einfach Kirchengemeinden kennen lernen, die unter einem Dach einer erstaunlichen Vielfalt von Ausdrucksformen gemeindlichen (und d.h. zum Beispiel auch liturgischen) Lebens Raum geben. „Mission-shaped Church" ist deshalb eine so interessante und inspirierende Lektüre, weil diese Schrift viele dieser innovativen Ansätze bündelt und unter eine Fragestellung stellt: Wie kann die Mission Gottes unseren Gemeinden neu Gestalt geben?

Das ist zugleich das Geheimnis dieser Studie: Sie befasst sich nicht zuerst mit einer Strukturdebatte, auch wenn sie Spannendes zu Strukturen zu sagen hat. Sie ist zuerst missionsorientiert. Dabei ist der Missionsbegriff im Sinne des ökumenischen Gedankens der „missio dei“ zu verstehen. Man spürt hinter den Texten (vgl. etwa Kapitel 5) den inspirierenden Einfluss der beiden großen englischsprachigen Missionstheologen des 20. Jahrhunderts: David Bosch und Lesslie Newbigin. Mission ist nicht Sache der Kirche, schon gar nicht neben (unter, vor, hinter) anderen Dingen, die die Kirche zu ihrer Sache machen könnte. Mission ist die Mission des dreieinigen Gottes. Die Kirche Jesu Christi wird in diese Mission einbezogen: „Wie mich der Vater gesandt hat, so sende ich euch“ (Joh 20,21b). Mission ist dann auch mehr als Evangelisation. Es geht in der Mission Gottes um sein Reich: um die Wiederherstellung der Schöpfung, um Frieden, Gerechtigkeit, Versöhnung, Heilung, um die Erneuerung von Menschen und Verhältnissen durch die Kraft des Heiligen Geistes. Freilich ist Mission dann auch nicht ohne Evangelisation: Wie könnte Gottes Reich nicht die Rettung des Menschen aus seiner selbstverschuldeten Gottesferne durch Jesu Kreuzigung und Auferstehung einschließen? Und wie könnte diese Rettung nicht dazu führen, dass Menschen wieder dem dreieinigen Gott vertrauen, gehorchen und ihn mit allen Kindern Gottes auch anbeten? Kirche ist dann aber missionarisch oder sie ist nicht Kirche.

Die Anglikanische Kirche ist davon überzeugt, eine Mission für das ganze Volk zu haben. Ein nüchterner Blick auf die Verhältnisse (vgl. Kapitel 3) zeigt aber, dass dieser Anspruch kaum noch durch die Wirklichkeit gedeckt wird. Nur 20% der Menschen werden noch von den Angeboten der Anglikanischen Kirche erreicht. 40% sind entkirchlicht („de-churched“), die Hälfte davon durchaus offen für einen erneuten Kontakt mit der christlichen Gemeinde, die andere Hälfte enttäuscht, verletzt, eher verschlossen. Weitere 40% der Engländer sind völlig unkirchlich („un-churched“), d.h. ohne jeden kirchlichen Hintergrund aufgewachsen und ohne Kontakte zu ihrem kirchlichen Umfeld. „They are no longer our people!“ Sie gehören nicht mehr (fraglos) zu uns! Wie können diese Menschen erreicht werden? Die meisten Kinder haben schon heute kaum noch Zugang zu den traditionellen Orten der Weitergabe des Glaubens: Die Familie fällt häufig an dieser Stelle aus, der Kindergottesdienst ist nicht einmal im Horizont dieser Heranwachsenden. Wie soll in Zukunft das Leben der Kirche aussehen?

Der Blick nach außen zeigt weitere gewichtige Probleme (vgl. Kapitel 1): Die gesellschaftlichen Verhältnisse haben sich massiv verändert. Das kirchliche System mit seinen Ortskirchengemeinden geht davon aus, dass der Wohnort mit seiner Nachbarschaft so etwas wie die Lebensmitte des Menschen darstellt. Kirchliches Leben wird darum um diese Lebensmitte herum organisiert: Kirchenmitglied bin ich mit meinen Nachbarn zusammen in unserer Kirche vor Ort, bei unserem Pfarrer, in unserem Gottesdienst, der hier gefeiert wird. Aber für viele Menschen ist der Wohnort nur noch eine Schlafstätte und der Nachbar keineswegs unter den „Top 10" der eigenen Kontakte. Netzwerke sind die entscheidenden Bezugspunkte: der Freundeskreis, die Kollegen, die Eltern und Lehrer an der Schule, die man für die eigenen Kinder wählte usw. Hinzu kommen kulturelle Individualisierungsprozesse: Was die Ortskirchengemeinden anbieten, ist oft auf bestimmte Milieus zugeschnitten und darum keineswegs jedermanns Sache. Sprache und Musik, Themen und Kultur des gemeindlichen Lebens erreichen nicht mehr alle kulturellen Kontexte, in denen Menschen heute leben. Will die Kirche missionarisch sein, muss sie sich verändern und pluralisieren. Sie muss den Mut zu neuen Strukturen aufbringen und unter missionarischem Vorzeichen Neues wagen.

> **„Uns ist bewusst, dass das parochiale System nach wie vor ein wichtiger und zentraler Teil in der Strategie unserer nationalen Kirche bei der Erfüllung ihres inkarnatorischen Auftrags bleibt. Aber dieses parochiale System ist allein nicht länger in der Lage, auf die Art und Weise missionarisch zu sein, die dem Auftrag der Kirche entspricht. Wir müssen uns der Realität stellen, dass heute viele verschiedene missionarische Ansätze nötig sind. Wir werden eine ‚Mischwirtschaft' aus Ortskirchengemeinden und ‚Netzwerkgemeinden' brauchen, die innerhalb eines größeren Gebietes, also vielleicht eines Dekanates, partnerschaftlich mit anderen zusammenarbeiten."**

Mit diesen Worten beschreibt Bischof Graham Cray die Herausforderung, vor der sich die Anglikanische Kirche seit geraumer Zeit sieht: Wenn sie wirklich Kirche für die ganze Nation (wir würden sagen: Volkskirche) sein will, und wenn sie wirklich Menschen aus höchst unterschiedlichen Milieus, Kulturen, sozialen Kontexten und Altersgruppen erreichen will, dann kann sie das nicht mehr so tun, wie sie es traditionell versuchte: allein durch die flächendeckende Versorgung der Menschen mit Ortskirchengemeinden. Doch ist hier nichts von „Bilderstürmerei“ zu sehen: Selbstverständlich weiß man auch in England, über welchen Schatz die Kirche durch ihre flächendeckende Präsenz verfügt. Aber allein ein Modell von Gemeinde reicht nicht mehr aus: Wir brauchen neben den Ortskirchengemeinden neue, vollwertige Gemeindeformen, die aus dem Willen zur Teilnahme an Gottes Mission geboren werden.

An dieser Stelle wird es nun für den deutschen Leser spannend: Er trifft auf fünf bemerkenswerte Haltungen, die die „mission-shaped church“ prägen sollen:

Erstens: Kreativität. Es ist eine erstaunliche Vielfalt, die dem Leser hier entgegentritt. Gemeindepflanzungen sind seit langem eine Strategie, neue missionarische Felder zu erschließen (vgl. Kapitel 2). Bereits 1994 wurden sie in der offiziellen anglikanischen Studie „Breaking New Ground“ legitimiert, allerdings noch etwas zurückhaltend und vorsichtig. 2004 war von dieser Zurückhaltung nichts mehr zu spüren. Zwar ist auch von Niederlagen die Rede, aber im Großen und Ganzen ist es eine akzeptierte Strategie, Gemeinden in bislang nicht erreichten geographischen, kulturellen oder sozialen Segmenten zu pflanzen, wobei diese neuen Gemeinden auf Nachbarschaften oder Netzwerke bezogen sein können. Aber es geht keineswegs nur um Gemeindepflanzungen. Vielmehr geht es ebenso um „neue Ausdrucksformen gemeindlichen Lebens“ (vgl. das ausführliche Kapitel 4). Da ist eine Gemeinde, die einen Gottesdienst in der Wochenmitte anbietet, und um diesen Gottesdienst herum entwickelt sich ein eigenes Gemeindeleben. Da ist eine andere Gemeinde, die zwei verschiedene liturgische Profile anbietet, um mehr Menschen anzusprechen. Da ist eine Gemeinde, die sich in einem sozialen Brennpunkt engagiert und irgendwann anfängt, dort auch Gottesdienste zu feiern. Die Vielfalt der Ideen und Ansätze ist ein erstes, erstaunliches Merkmal dieser Studie.

Zweitens: Pluralität. Die missionarische Herausforderung wird in „Mission-shaped Church“ nicht als das spezielle Hobby derer betrachtet, die eben besonders „musikalisch“ in Sachen Mission sind. Man sieht, dass sich unter der Aufgabe einer gemeinsamen Sendung sehr unterschiedliche Partner zusammenfinden (vgl. Kapitel 3). Allen geht es um eine Kirche für die ganze Nation, die von der Mission Gottes geformt wird. Dann aber stößt der Leser auf Basisgemeinden und Alphakurse, findet Vertreter von Gottesdiensten, die stark an Willow Creek erinnern, neben sozialdiakonischen Initiativen. Er findet Schul- und Jugendgemeinden. Er stößt auf die postmodern geprägten alternativen Gottesdienstmodelle und auf missionarisch geprägte Orden. Unterwegs verstärkt sich der Eindruck des Lesers, dass in England viele der alten Gräben zwischen den theologischen und kirchlichen Parteien zugeschüttet wurden, und er denkt sich: mehr als bei uns!

Drittens: Offenheit. Viele Gemeindeaufbaumodelle sind verliebt in das, was irgendwo vorbildlich gelang. Das wird nun exportiert und an anderer Stelle kopiert. In jüngerer Zeit hat sich hier einiges getan: Gemeindeentwicklung wird viel stärker als früher als ein Prozess verstanden, der vor Ort gestaltet wird. Es gibt so etwas wie eine „lokale Theologie", die mit der Gemeinde zusammen entdeckt und dann in Form von neuen gemeindlichen Ansätzen auch gelebt wird. Bewährte Modelle können dann immer noch adaptiert werden, aber sie stehen vor Ort eher als Baukästen zur Verfügung; das vor Ort neu zu lebende Gemeindemodell ist jedenfalls kein „Klon" irgendeines berühmten Vorbildes. „Mission-shaped church" geht noch weiter: Die Teams, die zu einer Gemeindepflanzung in einem Netzwerk oder in einer Nachbarschaft ausgesandt werden, werden ermahnt, nicht schon wissen zu wollen, wie diese neue Gemeinde aussehen wird. Das Wort vom Säen, Sterben und Auferstehen (1 Kor 15,42-44) wird auf die Pflanzung von Gemeinden und auf die Entwicklung neuer Ausdrucksformen gemeindlichen Lebens übertragen: Das Team muss bereit sein, im Blick auf die eigenen gemeindlichen Vorerfahrungen und Vorlieben am neuen Ort „zu sterben". Wie Gemeinde dort aussehen wird, wird sich erst zeigen: Sie ist weder mit dem identisch, was das Team schon mitbringt, noch mit der Kultur identisch, in die die Gemeinde hineingepflanzt wird. In der Begegnung des missionarischen Teams mit einem bestimmten kulturellen Segment wird sich durch das Evangelium etwas ganz Neues ergeben. Beziehungen sind darum entscheidend: Ohne Beziehungsfähigkeit kann eine solche Mission nicht gelingen. Dafür sollen die „Missionare" offen sein. Gerade so öffnen sie sich dem Geist Gottes, der das Neue hervorbringt (vgl. Kapitel 5).

Viertens: Tiefe. Es geht nicht nur darum Menschen irgendwie zu „erreichen" und mit ihnen „ins Gespräch zu kommen". Es geht auch nicht darum, sie zu „bekehren". Weitaus anspruchsvoller ist der evangelistische Ansatz von „Mission-shaped

Church". Das schwer zu übersetzende Wort lautet: „a missionary church makes disciples" (vgl. Kapitel 4). Der etwas biedere Versuch, von „Jüngerschaft" zu sprechen, führt nicht recht weiter. „Nachfolge" ist ebenso abstrakt. Es geht um einen Glauben, der im Leben Wurzeln schlägt. Wie Menschen im Glauben wachsen, ja erwachsen werden, findet mindestens so viel Aufmerksamkeit wie die Frage, wie sie zum Glauben finden können. Vertiefte Kenntnisse, aber auch Fragen eines christlichen Lebensstils gehören hierher. Alles aber geschieht in permanenter Auseinandersetzung mit der Kultur, in der Menschen leben: Wo kann meine Kultur ein schönes Gewand meines Glaubens sein? Und wo muss ich dem Gottlosen und Lebensfeindlichen meiner Kultur aus Glaubensgründen widersprechen? Jedenfalls soll der Glaube das Leben prägen.

Fünftens: Mut zur Struktur. Vieles wird dem Leser ein bisschen fremd sein. Manches ist so „typisch anglikanisch", dass eine direkte Übertragung gar nicht in Frage kommt. Aber: In den Diözesen werden die neuen Ausdrucksformen gemeindlichen Lebens bis hin zu den Gemeindepflanzungen gefördert und nicht nur geduldet. Mindestens ist dies der feste Wille, den die Autoren zum Ausdruck bringen (immerhin unter dem Siegel des Erzbischofs von Canterbury) und auch an etlichen Beispielen illustrieren können (vgl. die Kapitel 7 und 8). Förderung und nicht nur Duldung bedeutet aber: Die neuen Ausdrucksformen gemeindlichen Lebens und Gemeindepflanzungen werden kirchlich anerkannt. Es wird darüber nachgedacht, wie sie sowohl eine gesunde Eigenständigkeit bekommen können als auch in das kirchliche Ganze integriert werden können. Da geht es auch um Finanzen, Wahlrecht, kirchliche Abgaben usw. Das parochiale Monopol wird fröhlich aufgelockert.

> **„In typical Anglican style we are trying not to be too definitive in our definitions and letting them develop, but it causes uncertainty". Also: „In typisch anglikanischer Manier versuchen wir, die Dinge durch unsere Definitionen nicht allzu deutlich festzulegen. Wir lassen immer Raum für Weiterentwicklungen. Natürlich zahlen wir dafür einen Preis: Unsicherheit."**

So antwortete Bischof em. John Finney in einem Brief auf meine zahlreichen Verständnisfragen zu den Auflockerungen im Kirchenrecht der Anglikanischen Kirche, die eigens für die Gemeindepflanzungen und neuen Ausdrucksformen gemeindlichen Lebens geschaffen wurden. Die Mischwirtschaft von Ortskirchengemeinden einerseits und neuen Ausdrucksformen bzw. Gemeindepflanzungen andererseits ist komplexer, sicher auch schwieriger und krisenanfälliger. Die alte Übersichtlichkeit wird aber geopfert um der Mission willen. Mission hat Vorrang vor Kirchenstrukturen. Mehr noch: Mission formt nun auch kirchliche Strukturen. Die neuen Ausdrucksformen sind nicht Gemeinden zweiter Klasse. Sie bekommen Schritt für Schritt wachsende kirchliche Anerkennung, freilich auch kirchliche Mitverantwortung. Sie werden mündige Partner der alteingesessenen parochialen Gemeinden. Auch wenn vieles fremd klingt, sollte der Leser sich gerade die Kapitel (7 und 8) gönnen, weil sie beredt Zeugnis davon geben, wie tapfer und detailliert hier Neues durchdacht wird. Die Bezugsgröße kirchlichen Lebens ist dabei nicht mehr ausschließlich die Parochie, sondern eher die Region, das Dekanat oder gleich die Diözese. Grenzen werden nicht einfach aufgehoben, aber doch durchlässig und in ihrer Bedeutung relativiert. Einheit wird auf der Ebene von Dekanat und Diözese gelebt, das Bischofsamt ist ein wesentliches Band der Einheit. Das Kirchenrecht dient hier der Ermöglichung und Ordnung, aber nicht der Verhinderung. Wo es der missionarische Auftrag fordert, wird Altes durch Neues ergänzt. Damit werden auch Beziehungen geklärt. In diesen Dingen „toben“ ja die Gefühle auf beiden Seiten. Bei den Neuerern stellt sich die Frage, ob sie gewollt und wann sie anerkannt werden. Bei den „Alteingesessenen“ stellt sich – dieselbe Frage: „Bin ich noch akzeptiert und wird mein (traditioneller) Dienst weiterhin geachtet?“ Sorge und Neid, Missgunst und Ärger kommen schnell ins Spiel. Gute Kommunikation durch die Leitungsebene tut not, aber eben auch „Mut zur Struktur“.

Wir bieten dem deutschen Leser diese Schrift eben nicht deshalb an, weil hier die nächste Welle der kopierfähigen Gemeindemodelle heranrollt. Wir glauben vielmehr, dass es diese Haltungen sind, die „Mission-shaped Church“ zu einer anregenden, freilich auch aufregenden Lektüre machen können: Kreativität, Mut zur Pluralität, Offenheit für Neues, Tiefgang und Mut zu neuen Strukturen. Diese Haltungen können vielleicht auch Bewegung in unsere deutschen Strukturdebatten bringen.

Uns beschäftigen ja ebenso massive Herausforderungen, das kirchliche Leben umzustrukturieren. Die Gründe sind sattsam bekannt und das ganze Bündel an Krisenphänomenen von der Mitgliederkrise bis zur Finanzkrise muss hier nicht neu aufgerufen werden.

Zugleich ist etwas Merkwürdiges zu beobachten: Viele der Strukturdebatten auf den unterschiedlichen kirchlichen Ebenen ähneln einem verbissenen Ringen darum, möglichst wenig zu ändern und das Überkommene doch möglichst unangetastet in die Zukunft hinüberzuretten. Das weitgehende Strukturmonopol der flächendeckenden kirchlichen Versorgung durch Parochien scheint hier und da fast schon den Rang eines Glaubensgutes zu besitzen. Die Ortskirchengemeinde, der Pfarrer oder die Pfarrerin, der eine Hauptgottesdienst am Sonntagmorgen, die Fokussierung der kirchlichen (und pastoralen) Aktivitäten auf die treuen Kirchennahen – all das wird mancherorts verteidigt, als wäre es auch für unsere Verhältnisse, etwa in den entkirchlichten ostdeutschen Flächen, das Beste an kirchlichem Sozialleben, das man sich vorstellen kann. Das Neue, so heißt es dann, „passt einfach nicht in die Landschaft".

Dabei geht es überhaupt nicht um eine grundsätzliche Infragestellung der Parochie; töricht wäre, wer so etwas forderte! Aber es geht um den Mut zur Vielfalt auch in den Strukturen; es geht um eine Reaktion auf die veränderten Rahmenbedingungen und um kreative neue Lösungen. Zugleich geht es darum, der Versuchung der „kleinen Schar" zu wehren. Der Begriff der Volkskirche (im deskriptiven Sinn immer mehr ein Gewand, das uns längst zu groß geworden ist) muss in seinem theologischen Sinn neu durchbuchstabiert werden: Wir sind Kirche für das ganze Volk, und jeder soll die Möglichkeit bekommen, dem Evangelium von der Liebe Gottes in Jesus Christus zu begegnen. Die Resistenz gegen diese missionarische Herausforderung ist auf dem Rückzug, und das ist gut so.

Freilich schließt das nicht nur ein, unsere Aufmerksamkeit aufs Neue von innen nach außen zu richten, sondern auch die Bereitschaft, die Menschen so zu nehmen wie sie sind und nicht wie wir sie uns wünschen. Das wiederum rückt das Monopol alter kirchlicher Strukturen noch einmal ganz anders in ein kritisches Licht: Dann ist es nicht nur die Finanzkrise, die uns zu Neuem aufbrechen lässt. Dann ist es der missionarische Auftrag selbst, der uns nötigt, Neues zu denken. De facto ist die Parochie mit ihren Angeboten keineswegs so plural, wie wir oft denken. Der Hauptgottesdienst z.B. ist weithin eine unserer am stärksten milieuverengten Veranstaltungen. Dann geht es darum, die paulinische Selbstverleugnung auch strukturell nachzuvollziehen: allen alles werden, damit möglichst viele gewonnen werden (1 Kor 8,19-23). Nehmen wir diese Herausforderung an, dann müssen wir auch anerkennen, dass der Vielfalt der Lebensentwürfe und Lebenslagen nur eine Vielfalt kirchlicher Kulturen entsprechen kann. Mehr *Plural* wagen, lautet dann die Herausforderung einer missionarischen Volkskirche. Auch: Mehr Plural *in den Strukturen* wagen.

Freilich kommen jetzt auch Einwände. Der erste Einwand benennt das ***Risiko struktureller Reformen***: Wenn wir also neben den vorhandenen parochialen Gemeinden noch mehr als bisher schon (etwa durch die funktionalen Pfarrämter) andere, nicht ortsgebundene Gemeinden zulassen, ja fördern, dann drohen uns ganz neue Konflikte. Die kirchliche Landkarte wird viel unübersichtlicher. Wer weiß, ob diese neuen, oft durch bestimmte Pionier- und Gründertypen geprägten Gemeinden auf Dauer stabil sein können. In der Tat wird das Leben durch Vielfalt komplizierter. Das allein ist aber kein Einwand, der solche Vielfalt im Prinzip verhindern sollte. Vielmehr brauchen wir – wie die Anglikanische Kirche – dafür wiederum Strukturen, die Einheit sichern, Austausch und Verantwortlichkeit organisieren. Wir wollen keine Freikirchen pflanzen, sondern kirchlich eingebundene volkskirchenkompatible neue Gemeindeformen, frische, lebendige Ausdrucksformen gemeindlichen Lebens.

Der zweite Einwand warnt vor ***Selbstbetrug***. Geht es bei den neuen kirchlichen Formen wirklich um Mission, oder sucht eine frustrierte Frömmigkeitspartei nur eine Nische, in der sich die Ihren mit ihresgleichen gemütlich einrichten können? Das wird so sein, und jeder prüfe sich selbst, was ihn motiviert, die missionarische Leidenschaft oder die Sehnsucht nach der Nische.

Der dritte Einwand ist ebenso gewichtig: Schon Luther zuckte zurück, als er in der „Deutschen Messe“ (1526) die „dritte Weise“ des Gottesdienstes, also die Gemeinde derer, die mit Ernst Christen sein wollen, in den Häusern durchdachte. Er kam zu dem etwas resignativen Schluss, dass er es wohl gerne so einrichtete, ***nur habe er leider die Menschen nicht***. Und so ist es bis heute. Gemeindepflanzungen und neue Ausdrucksformen gemeindlichen Lebens leben von Menschen, die mit innerer

Überzeugung, mit Herzblut und Tatkraft solche Neuaufbrüche tragen und gestalten. Und das können nicht nur Pfarrerinnen und Pfarrer sein. Wir haben aber in Deutschland keine starke Kultur mündiger Führungspersönlichkeiten im Ehrenamt. Wir ernten hier auch die Früchte einer tiefsitzenden Betreuungskirchlichkeit. Menschen mit einer außerordentlichen missionarischen Begabung sind bei uns eher Mangelware. Gemeinden, die regelmäßig ganze Teams aus der eigenen Mitarbeit entlassen, damit sie an anderer Stelle helfen, eine Gemeinde zu pflanzen, eine Parochie zu revitalisieren oder eine neue Ausdrucksform gemeindlichen Lebens ins Leben zu rufen, sind fast undenkbar und würden auch Vertretern des so genannten missionarischen Gemeindeaufbaus den Angstschweiß ins Gesicht treiben. Das aber bedeutet aus meiner Sicht zweierlei: zum einen wird in der Tat die Gemeindepflanzungs-Strategie von „Mission-shaped Church“ nicht in die „Serienproduktion“ gehen, sondern zunächst eher in der mutigen, kirchlich unterstützten und auch evaluierten „Prototyp-Bauweise“ eingeführt werden müssen. Zum anderen brauchen wir ein ganzes Bündel von Maßnahmen für Ehrenamtliche, wie es übrigens auch in der Anglikanischen Kirche an der Tagesordnung ist. Auch dort fielen die missionarisch außerordentlich begabten Menschen nicht vom Himmel, sondern wurden durch gezielte, aufwändige Programme der Schulung und geistlichen Formung erst ans Licht gerufen. Aus England hören wir eben nicht nur von Gemeindepflanzungen, sondern auch von über 2 Millionen Menschen, die an Alpha- und Emmauskursen teilgenommen haben. Diese „Glaubenskurse“ sind eben nicht nur evangelistische Maßnahmen, die zu einem Neuanfang im Glauben ermutigen, sondern katechetische Langzeitunternehmungen, die dem Christenmenschen helfen, Kenntnisse und Haltungen zu erwerben, mit denen er dann der „missio dei“ als mündiger Christ dienen kann. Wer meint, es sei mit der Einführung neuer Strukturen und der Organisation neuer Ausdrucksformen getan, der übersieht, dass es hier stets um geistliche Prozesse geht. Wenn es aber um geistliche Prozesse geht, dann geht es stets um vom Geist Gottes berührte, bewegte und veränderte Menschen. Strukturen können diesen geistlichen Prozessen dienen, sie können selbst von geistlich bewegten Menschen belebt werden. Strukturen können diese Prozesse aber nicht ersetzen.

Kurzum: „Mission-shaped Church" ist ein Anstoß zur Diskussion und hoffentlich eine Inspiration aus der Ökumene, die uns hilft, Kirche noch einmal neu und auch anders zu denken, zu planen und zu leben. Nicht zuletzt gewiss auch: für unsere Kirche zu beten.

Ein Hinweis und mehrere Danksagungen

Mit dieser Übersetzung von „Mission-shaped Church“ beginnt zugleich eine neue Buchreihe. Sie ergänzt die wissenschaftlichen Studien unserer ersten Reihe „Beiträge zu Evangelisation und Gemeindeentwicklung“ (BEG) durch eher auf die kirchliche und gemeindliche Praxis ausgerichtete Publikationen. Nicht zuletzt bietet „BEG-Praxis“ auch Raum für einige Übersetzungen englischer Texte über die Entwicklung missionarischer Gemeinden.

Schließlich ist an dieser Stelle denen herzlich zu danken, die sich für die Entstehung dieses Bandes eingesetzt haben: Christiane Vorländer hat die Übersetzung erstellt, die dieser deutschen Ausgabe zugrunde liegt. Pfarrer Volker Roschke von der Arbeitsgemeinschaft Missionarische Dienste ist seit Jahren für unser Institut ein wichtiger Gesprächspartner, nicht nur in Fragen der Gemeindepflanzung. Landeskirchenrat i.R. Klaus Teschner hat als einer der ersten die Bedeutung anglikanischer Konzepte für unsere Frage nach der Zukunft der Kirche entdeckt und englische Redner nach Deutschland eingeladen, Veranstaltungen geplant und Texte zugänglich gemacht. Seine Kenntnisse hat er als kritischer erster Leser des Manuskriptes mit vielen Anregungen zur Verbesserung eingebracht. Bischof em. John Finney und Rev. Dr. Steven Croft waren in etlichen Fällen der „Rettungsanker“, wenn literarische Studien nicht ausreichten, um anglikanisches Recht, anglikanische Sitte und Kirchlichkeit zu verstehen und zu übersetzen. Mein Kollege Martin Reppenhagen hat manchen Rat bei der Bearbeitung des Textes und zum besseren Verständnis für den deutschen Leser beigetragen. Als studentische Hilfskraft hat sich Gesa Kock um das Manuskript verdient gemacht. Alle Büroarbeiten lagen wieder einmal in den bewährten Händen meiner Mitarbeiterin Manuela Kindermann. Klaus Günther hat das Manuskript mit gewohnter Sympathie und Sorgfalt für das Neukirchener Verlagshaus betreut. Die Evangelische Kirche in Deutschland hat sich mit einem Zuschuss großzügig an den Kosten für die Übersetzung und Herausgabe beteiligt. Bischof Wolfgang Huber hat ebenso wie Generalsekretär Hartmut Bärend von der Arbeitsgemeinschaft Missionarische Dienste ein Vorwort zum deutschen Text beigesteuert. Ihnen allen gilt unser herzlicher Dank.

Michael Herbst
Institut zur Erforschung von Evangelisation und Gemeindeentwicklung der Universität Greifswald
Pfingsten 2006

Einleitung im englischen Originaltext

Vorwort des Erzbischofs von Canterbury

In meiner kurzen, aber ganz und gar nicht ereignislosen Amtszeit als Erzbischof war es für mich immer wieder überraschend und ermutigend, dass die Anglikanische Kirche sich, trotz all der Probleme, mit denen sie zu kämpfen hat, immer mit großem Ernst nach Wachstum und Erneuerung ausstreckt. Wir konnten beobachten, dass die verschiedenen Entwicklungsströmungen im Laufe der letzten zehn Jahre begonnen haben zusammenzufließen. Deshalb haben viele das Gefühl, ganz real an einem Wendepunkt zu stehen.

Ganz entscheidend ist es, dass wir begonnen haben zu begreifen, dass „Kirche" als Realität viele verschiedene Formen haben kann. „Kirche" als Landkarte mit territorialen Einheiten (also parochialen Gemeinden und Diözesen) ist die eine Form – und diese Form hat in allen möglichen Kontexten immer noch eine bemerkenswert kraftvolle Ausstrahlung und Bedeutung und entspricht den zentralen Überzeugungen über die Berufung des Anglikanismus. Es gibt aber auch mehr und mehr neue Formen, die in diesem Bericht beschrieben und untersucht werden. Wir stehen vor der Herausforderung, weder alles in die gewohnten Bahnen zu lenken, noch das Drehbuch zu zerreißen und völlig neu schreiben zu wollen (als ob das jemals möglich oder realistisch wäre!). Wir müssen so oder so mit einer Vielfalt leben; das macht die Situation interessant. Die Herausforderung besteht darin herauszufinden, wie wir mit dieser Vielfalt so arbeiten können, dass wir dennoch alle im Glauben zusammenwachsen und wir vereint sind in dem Wunsch und dem Drang danach, etwas von der Guten Nachricht zu lernen und sie weiter zu verbreiten.

Wenn „Kirche" dort Gestalt bekommt, wo Menschen dem auferstandenen Jesus begegnen und ihr Leben darauf ausrichten, diese Begegnung in der Begegnung miteinander fortzuführen und zu vertiefen, dann gibt es theologisch gesehen genügend Raum für eine Vielfalt in Rhythmus und Stil. Voraussetzung ist allerdings, dass wir diesen auferstandenen Christus im Herzen jeder Ausdrucksform gemeinsamen christlichen Lebens identifizieren können und er Raum bekommt. Das wirft unmittelbar die gewichtige Frage auf, wie verschiedene Formen von Gemeinde miteinander in Kontakt bleiben und voneinander lernen können, und welche Formen von Leitung wir brauchen, um dies zu gewährleisten.

Mit all diesen Fragen beschäftigt sich dieser Bericht und bietet dabei einen großen Reichtum an ortsspezifischen Details und theologischen Anregungen. Er ist ein wunderbarer Beitrag zu den gegenwärtigen Diskussionen und zum Nachdenken darüber, wie wir kreativ auf die wirklich signifikanten Möglichkeiten reagieren können, die sich uns bieten, und wie neue Visionen ernst genommen und in die Tat umgesetzt werden können. Die Anglikanische Kirche von England ist Bischof Graham Cray und seiner Arbeitsgruppe zu großem Dank verpflichtet. Sie haben uns auf äußerst scharfsinnige und aufregende Weise gezeigt, wie unsere missionarische Arbeit in der nächsten Generation aussehen kann.

Rowan Williams, Erzbischof von Canterbury

Die Arbeitsgruppe „Mission-shaped Church"

„Mission-shaped Church" wurde von einer Arbeitsgruppe der Kommission für Mission und Öffentlichkeitsarbeit der Anglikanischen „Church of England" (Kirche von England) verfasst und wird zum Studium und zur Beratung empfohlen.

Rt Revd Graham Cray (Vorsitzender), Bischof von Maidstone

Revd Moira Astin, Dekanin von Thatcham, Diözese Oxford; und bis 2002 Mitglied des Missionarischen Leitungskreises.

John Clark, Leiter der Kommission für Mission und Öffentlichkeitsarbeit des Erzbischöflichen Rates.

Ven. Lyle Dennen, Archidiakon von Hackney, Diözese London.

Canon Robert Freeman (Schriftführer), Berater für die nationale Evangelisationsarbeit des Erzbischöflichen Rates, seit 2003 Archidiakon von Halifax.

Revd Sally Gaze, Leitende Teampfarrerin des Pfarrerteams von Tas Valley, Diözese Norwich.

Revd Graham Horsley, Sekretär für Evangelisation und Gemeindepflanzung der methodistischen Kirche.

Revd George Lings, Leiter des Zentrum der Church Army in Sheffield.

Canon Chris Neal, Ehemaliger Leiter für Evangelisationsfragen und 1. Pfarrer der Gemeinde Thame, Diözese Oxford. Seit Mai 2003 internationaler Direktor für die missionarische Bewegung der Church Mission Society.

Gill Poole, Bereichsleiter der Church Mission Society.

Anmerkung zu den Denk- und Diskussionsanstößen

Wir hoffen, dass „Mission-shaped Church" sowohl auf Diözesanebene, als auch in Dekanaten und Ortsgemeinden gelesen und diskutiert wird.[1] Auf diese Weise werden die Leserschaft und die Zielgruppe in sich sehr unterschiedlich sein. Die jedem Kapitel angeschlossenen Fragen sind jedoch zum Gebrauch sowohl von Leitungsgremien als auch von Hauskreisen und anderen Gruppen auf lokaler Ebene und in den Ortsgemeinden gedacht. Es müssen nicht alle Fragen diskutiert werden, die Gruppen können sich auch die Fragen heraussuchen, die am besten zu ihnen und zum Kontext passen.

Die erste von den insgesamt fünf Fragen hat jeweils eher generellen Charakter und ist von mehr philosophischer Natur. Sie soll ein hilfreicher Einstieg zu einer Diskussion oder einem Brainstorming rund um die Prinzipien sein, die „Mission-shaped Church" zu Grunde liegen. Beigefügt ist jeweils der Vorschlag für einen Bibeltext, so dass die Gruppen, wenn sie möchten, ihre Diskussion auch als Bibelgespräch gestalten können.

Die zweite Frage bezieht sich ebenfalls auf die „Mission-shaped Church" zu Grunde liegenden Prinzipien. Sie lädt die Gruppen allerdings ein, diese Prinzipien auf ihren eigenen, lokalen Kontext zu übertragen.

Die jeweils dritte Frage nach jedem Kapitel ist für die Menschen gedacht, die gerne Listen schreiben, Diagramme malen oder Tabellen erstellen, um besser über etwas nachdenken zu können; in diesem Falle also über ein strategisches Vorgehen in der missionarischen Arbeit.

Die zwei letzten Fragen der jeweiligen Liste laden dazu ein, sich auf den Text des Kapitels selbst zu konzentrieren. Die Gruppe soll sich direkt mit bestimmten Äußerungen oder Argumenten auseinandersetzen und entscheiden, wie diese im Kontext ihrer Situation vor Ort zu verstehen und anzuwenden sind.

[1] Anmerkung des deutschen Herausgebers: *Diözesen entsprechen den deutschen Landeskirchen, sind als Bischofsbezirke aber in der Regel kleiner. Dekanate entsprechen den Kirchenkreisen, Kirchenbezirken, Dekanaten usw. in unseren deutschen Landeskirchen. Ortsgemeinden entsprechen unseren Parochien, also Ortskirchengemeinden.*

Auf diese Weise werden die Gruppen dazu eingeladen herauszufinden, welche missionarischen Strategien, Gemeindepflanzungen oder neuen Ausdrucksformen gemeindlichen Lebens in ihrer Situation vielleicht am besten passen würden.

Einführung in die englische Ausgabe

Die Studie „Breaking New Ground: church planting in the Church of England" wurde 1994 veröffentlicht.[2] Sie sollte Empfehlungen für eine sachgemäße und gute Praxis von Gemeindepflanzungen geben und die Schwierigkeiten benennen, die durch einige nicht autorisierte Gemeindepflanzungen entstanden waren. Als erstes offizielles Dokument, in dem „Gemeindepflanzung" von der Anglikanischen Kirche in England als missionarische Strategie benannt und anerkannt wurde, war „Breaking New Ground" von fundamentaler Bedeutung.

2002 wurde von dem (damaligen) „Board of Mission"[3] eine neue Arbeitsgruppe eingesetzt, um den ursprünglichen Bericht zu überarbeiten, Fortschritte zu überprüfen und neue Entwicklungen zu bewerten. Man hatte erkannt, dass in der Anglikanischen Kirche eine Vielzahl neuer Formen von missionarischen Gemeinden entstanden war oder in die Praxis umgesetzt wurde. Die neue Arbeitsgruppe sollte diese „neuen Ausdrucksformen gemeindlichen Lebens" untersuchen.

„Breaking New Ground" sah das Pflanzen von Gemeinden als „ergänzende Strategie, die der Wirksamkeit des parochialen Gemeindeprinzips zugute kommt".[4] Die vielleicht signifikanteste Erkenntnis des vorliegenden Berichtes besteht darin, dass diese Sichtweise nicht länger angemessen ist. Der Charakter unserer Gesellschaft hat sich derartig stark verändert (und dieser Prozess hatte schon lange vor 1994 eingesetzt), dass eine Strategie

[2] „Breaking New Ground", Church House Publishing, 1994.
[3] Anmerkung der Übersetzerin: *„Board of Mission" ist die für Mission zuständige Abteilung der Kirchenleitung.*
[4] „Breaking New Ground", Church House Publishing, 1994, S. V.

allein nicht mehr ausreicht, um das typisch anglikanische Prinzip der „Inkarnation“[5] heute in England in die Praxis umzusetzen. Menschliche Gemeinschaften sind heute vielschichtig und umfassen Wohnumfelder mit in der Regel durchlässigen Grenzen. Ebenso umfassen sie aber auch eine große Vielfalt von Netzwerken, die relativ lokal begrenzt sein können, aber auch globale Ausmaße haben können. Erhöhte Mobilität und elektronische Kommunikationstechnologie haben den Charakter der Gesellschaft verändert.

Uns ist bewusst, dass das parochiale System nach wie vor ein wichtiger und zentraler Teil in der Strategie unserer nationalen Kirche bei der Erfüllung ihres inkarnatorischen Auftrags bleibt. Aber dieses parochiale System ist allein nicht länger in der Lage, auf die Art und Weise missionarisch zu sein, die dem Auftrag der Kirche entspricht. Wir müssen uns der Realität stellen, dass heute viele verschiedene missionarische Ansätze nötig sind. Wir werden eine „Mischwirtschaft“ aus Ortskirchengemeinden und „Netzwerkgemeinden“ brauchen, die innerhalb eines größeren Gebietes, also vielleicht eines Dekanates, partnerschaftlich mit anderen zusammenarbeiten.

Dazu kommt, dass unsere von Vielfalt geprägte Konsumgesellschaft niemals durch eine Standardform von Kirche oder Gemeinde erreicht werden kann. Die Arbeitsgruppe hat sich mit einer Vielzahl von „neuen Ausdrucksformen gemeindlichen Lebens“ beschäftigt. Sie alle haben Stärken und Schwächen und keine von ihnen ist für alle Situationen passend. Hier ist besonders die absolute Dominanz konsumorientierten Denkens eine Herausforderung für christliche Treue und Glaubwürdigkeit. Welche Elemente der Konsumgesellschaft sind akzeptabel, was kann nicht mehr akzeptiert werden? Wie können wir „in“ der

[5] Wenn wir in diesem Bericht vom „Prinzip der Inkarnation“ reden, das dem Handeln der Anglikanischen Kirche in England zu Grunde liegt, dann meinen wir nicht die einzigartige Tat Gottes, um unserer Erlösung willen in Christus menschliche Gestalt angenommen zu haben; wir meinen vielmehr die Tatsache, dass durch ein Eintauchen in eine bestimmte Kultur Inkarnation stattfand. Diese „Inkarnation“ wurde im Neuen Testament zum Prinzip der christlichen Mission und wurde auch zur Grundlage des parochialen Systems der Anglikanischen Kirche, die durch eine Pfarrkirche überall und an jedem Ort präsent war. Ausführlichere theologische Gedanken dazu finden Sie in Kapitel 5 dieses Buches.

Konsumgesellschaft leben, ohne von ihren Werten bestimmt oder an sie gebunden zu sein? Welche Formen von Kirche und Gemeinde werden in dieser Situation gebraucht?

Wir bieten die Ergebnisse unserer Nachforschungen an, um Diözesen, Dekanaten und Ortskirchengemeinden dabei zu helfen, die angemessenen missionarischen Formen für ihre jeweiligen Kontexte zu finden.

Wir haben diesen Bericht „Mission-shaped Church“ genannt. In diesem Titel spiegeln sich zwei der in diesem Buch bearbeiteten Themen wider: Zum einen, dass Kirche die Frucht der Mission Gottes ist, und zum anderen, dass sie als solche existiert, um zu dienen und an dieser fortwährenden Mission Gottes teilzuhaben.[6] Der Untertitel des Buches lautet: „Gemeinden pflanzen und neue Ausdrucksformen gemeindlichen Lebens in einem sich wandelnden Kontext finden“. Hier kommt zum Ausdruck, dass wir unaufhörlich gemeinsam dazu berufen sind, das Evangelium in den sich entwickelnden Kontexten und Kulturen unserer Gesellschaft zu verkörpern und es dort zu inkulturieren.

Der Begriff „Gemeinde pflanzen“ bezieht sich darauf, „an der Mission Gottes teilzuhaben, indem wir neue Gemeinschaften des christlichen Glaubens schaffen, um so seinem Reich in jedem geographischen und kulturellen Kontext Ausdruck zu verleihen.“[7] „Neue Ausdrucksformen gemeindlichen Lebens“ sind Manifestationen dieses Gedankens, sie legen aber auch Zeugnis ab von den Versuchen vieler Gemeinden, einen Wechsel zu stärker missionarisch orientierten Formen des Gemeindelebens zu vollziehen.

Der Bericht beginnt mit einer Analyse des kulturellen Kontextes, in dem die Anglikanische Kirche ihre missionarische Aufgabe erfüllen soll. Es folgt ein Überblick über die Gemeindepflanzungs-Geschichte in England, in dem besonderes Gewicht auf die Entwicklungen gelegt wird, die seit der Veröffentlichung von „Breaking New Ground“ stattgefunden haben. Nachdem sich Kapitel 3 mit Fragen der Definition beschäftigt hat, bietet Kapitel 4 die Beschreibung und Analyse einer Reihe von „neuen Ausdrucksformen gemeindlichen Lebens“, die als Reaktion auf den veränderten missionarischen Kontext entstanden sind. Nach dieser Beschreibung der aktuellen Situation bietet Kapitel

[6] Siehe Kapitel 5.
[7] Revd. Bob Hopkins. Siehe Kapitel 6.

5 den theologischen Rahmen für die missionarische Aufgabe der Anglikanischen Kirche. In den restlichen Kapiteln folgen methodische Arbeitshilfen für Gemeindepflanzungen und eine missionarische Kirche, sowie praktische Empfehlungen für die Zukunft.

Von zentraler Bedeutung in diesem Bericht ist die Erkenntnis, dass der sich verändernde missionarische Kontext es erforderlich macht, das Evangelium auf neue Arten und Weisen in unserer Gesellschaft zu „inkulturieren". Die Theologie und Praxis der Inkulturation hat in der weltweiten Kirche inzwischen zwar einen festen Platz, aber im Zusammenhang mit missionarischer Arbeit in der westlichen Welt ist ihr bisher nur wenig Aufmerksamkeit geschenkt worden. Wir haben an die Tradition der Inkulturation angeknüpft, weil wir meinen, dass sie für die Anglikanische Kirche eine wichtige Inspiration sein kann.

Das Thema und der Begriff der Inkulturation sind deshalb so wichtig für diesen Bericht, weil von dieser prinzipiellen Basis aus das schwierige Überschreiten kultureller Grenzen und die Pflanzung neuer Gemeinden in einem veränderten gesellschaftlichen Kontext möglich werden. Gemeinde muss gepflanzt werden, nicht geklont. Genauso ist jegliches Prinzip, das sich auf die Inkarnation Christi bezieht, automatisch auch kulturübergreifend, denn es zielt immer auf die treue Nachfolge Christi in dem neuen Kontext ab und nicht auf kulturelle Konformität.

Das Evangelium muss in unsere Zeit hineingesprochen werden, aber es muss immer auch als Aufruf zu angemessener Buße und Umkehr gehört werden. Die Inkarnation des Evangeliums inmitten einer vornehmlich vom Konsum geprägten Gesellschaft ist für die Anglikanische Kirche die größte missionarische Herausforderung.

Wir mussten uns in diesem Bericht auf das Wesentliche beschränken und Informationen bündeln, und gleichzeitig einen guten Überblick über die Veränderungen in der Gesellschaft und all die Entwicklungen anbieten, die auf dem Gebiet der Gemeindepflanzungen und neuen Ausdrucksformen gemeindlichen Lebens stattgefunden haben. Man hätte noch viel mehr schreiben können. Zusätzliches Material kann heruntergeladen werden unter www.encountersontheedge.org.uk. Eine Reihe hilfreicher Literaturangaben finden Sie im Anhang.

Es war aufregend, für diesen Bericht zu recherchieren und ihn zu produzieren, und es war auch eine Herausforderung. Die Arbeitsgruppe war sehr dankbar für die Möglichkeit, sich damit beschäftigen und darüber nachdenken zu können, wo Gott heute in der Kirche und durch die Kirche am Werk ist, wie man die Kirche dazu ermutigen kann, das Evangelium auf neue Weise zu verkündigen und zu leben, und welche Form dafür am besten geeignet ist.

Viele Menschen haben uns während der Entstehungsphase des Berichtes geholfen, beraten und ermutigt. Ganz besonders bedanken möchten wir uns bei den Mitarbeitern des Church House Verlages, bei den Finanzbeauftragten der Diözesen und den Diözesen selbst, und auch bei verschiedenen Menschen, die uns immer wieder beraten und unser Denken bereichert haben: Bob und Mary Hopkins, Stuart Murray Williams, Michael Moynagh und Mal Caladine. Wir möchten auch denen danken, die uns ihre Geschichten erzählt und zur Verfügung gestellt haben, die so viel zur Illustration dieses Berichtes beigetragen haben: Ian Dewar, Karen Hamblin, Mark Meardon und Virginia Luckett. Ebenfalls danken möchten wir der Church Army, die George Lings großzügig für drei Wochen freigestellt hat, damit er einen ersten Entwurf dieses Berichtes erstellen konnte. Wir haben auch aus dem ganzen Land Hilfe bekommen von vielen verschiedenen Denominationen und von Vertretern der verschiedenen geistlichen Prägungen in unserer Kirche, die uns ganz offen und frei ihre Gedanken und Erkenntnisse mitgeteilt haben.

Wir glauben, dass die Anglikanische Kirche gerade eine wichtige Stunde der missionarischen Möglichkeiten erlebt, und legen ihr diesen Bericht mit der Bitte vor, ihn in ihre Überlegungen mit einzubeziehen.

Graham Cray
Bischof von Maidstone
und Vorsitzender der Arbeitsgruppe
September 2003

Kapitel 1: Veränderte Kontexte

In diesem Kapitel beschäftigen wir uns mit dem gesellschaftlichen, sozialen und spirituellen Kontext, in dem die Anglikanische Kirche in England („Church of England")[8] ihren Dienst als Kirche im 21. Jahrhundert tut. Wir wollen herausfinden, wie wir Kirche sein und als Kirche leben sollen, und wo die Vor- und Nachteile der heute praktizierten Ausdruckformen anglikanischen Gemeindelebens liegen.

Wir stehen vor einer großen Chance. In den vergangenen Jahrzehnten hat sich in der westlichen Gesellschaft vieles grundlegend verändert. Wir alle leben in einer Welt, die sich rasch wandelt. Die Anglikanische Kirche will Kirche für jede und jeden in Großbritannien sein, will mit und unter den Menschen leben wie Jesus es zu seiner Zeit getan hat (genau das heißt „Inkarnation"). Deshalb muss sie auf die Veränderungen in unserer Kultur reagieren. Einer Entscheidung für eine Form oder verschiedene Formen von Kirche muss also eine Analyse unserer heutigen Kultur vorausgehen. Wir müssen verstehen, wie sich unsere Gesellschaft entwickelt. Dieser genaue Blick auf die aktuelle gesellschaftliche Situation wird uns helfen, eine Brücke zwischen Kirche und Evangelium einerseits und den verschiedenen Menschen in England andererseits zu schlagen. Dabei wird uns auch deutlich werden, wo wir unter der Herrschaft Christi gegen den Strom gesellschaftlicher Trends schwimmen sollen, also „konter-kulturell" leben sollen.

1. Die vergangenen 30 Jahre: Gesellschaftliche Trends

Die britische Regierung veröffentlicht jedes Jahr eine Studie über die aktuellen gesellschaftlichen Trends. Diese Studie („Social Trends"[9]) fasst die verschiedensten statistischen Erhebun-

[8] Anmerkung des Herausgebers: *In Zukunft wird der Terminus „Anglican Church of England" in dieser Übersetzung stets mit „Anglikanische Kirche" wiedergegeben.*
[9] Erhältlich unter www.statistics.gov.uk (9.06.2006).

gen zusammen. Im Folgenden werden einige der aktuellen Themen (2003) kurz dargestellt.

Wohnsituation

- Die Bevölkerung Großbritanniens stieg seit 1970 um 5%[10], die Anzahl der Haushalte dagegen um 31%[11]. Es gibt also mehr, dafür aber kleinere Haushalte. Die Durchschnittsgröße eines Haushalts beträgt heute 2,4 Personen, 1971 waren es noch 2.9.[12] Gründe hierfür sind eine erhöhte Scheidungsrate und eine Verschiebung des Heiratsalters nach oben. Die Auswirkungen auf den Wohnungsmarkt sind in einigen Teilen des Landes dramatisch. Die Anzahl des vom Eigentümer genutzten Wohnraums stieg zum Beispiel zwischen 1981 und 2002 um 38%.[13]
- Die reinen Wohnkosten haben sich deutlich erhöht. Wer eine Eigentumswohnung oder ein eigenes Haus bewohnt, trägt die Kosten für Reparatur- und Umbauarbeiten selbst. Dies hat während der vergangenen drei Jahrzehnte dazu geführt, dass man möglichst viele Arbeiten selbst ausführt, und dies häufig am Sonntag.

Arbeitsmarkt

- Die meisten Menschen zwischen 35 und 49 Jahren sind berufstätig. 2002 waren 91,8% der Männer in diesem Alter und 78,1% der Frauen der gleichen Altergruppe erwerbstätig.[14] Die Anzahl alleinerziehender, berufstätiger Frauen ist deutlich gestiegen. 1992 hatten 18% der alleinerziehenden Frauen mit minderjährigen Kindern eine Vollzeitbeschäftigung, 2002 waren es schon 23%. Unter den alleinerziehenden Müttern mit Kindern unter 5 Jahren ist der Anteil der Voll- oder Teilzeitbeschäftigten deutlich gestiegen: von 21% im Jahr 1992 auf 34% 2002.[15]

[10] „Social Trends“, S. 30, Tab. 1.1; S. 34, Tab. 1.7.
[11] A.a.O., S. 42, Tab. 2.1.
[12] A.a.O., S. 42.
[13] „Social Trends“, S. 177, siehe auch S. 178, Abb. 10.2.
[14], A.a.O., S. 75, Abb. 4.2.
[15] A.a.O., S. 75, Abb. 4.3.

- Auch die Anzahl der Arbeitsstunden hat sich verändert. 2002 arbeiteten die meisten Männer 40 Stunden pro Woche, die meisten vollzeitbeschäftigten Frauen 38 Stunden.[16] 25% der berufstätigen Männer und 11% der berufstätigen Frauen arbeiteten jetzt mehr als 50 Stunden pro Woche. 14% dieser 35–49jährigen gaben jedoch an, lieber weniger arbeiten zu wollen, auch wenn dies mit Gehaltseinbußen verbunden wäre.[17]
- Das bedeutet, dass viele Menschen weniger Freizeit haben als noch 1970. Die Wochenenden, besonders die Sonntage, werden umso mehr als Zeit für die Familie betrachtet. Das kann zu erheblichen Spannungen in Partnerschaften zwischen Christen und Nicht-Christen führen – besonders für den christlichen Partner.

Mobilität

- Heute sind die Menschen wesentlich mobiler als noch vor 30 Jahren. Die Anzahl der gefahrenen Kilometer mit Personen- oder Lastwagen hat sich seit 1971 von 313 Milliarden auf 624 Milliarden Kilometer fast verdoppelt.[18] Die durchschnittlich zurückgelegten Entfernungen sind stark abhängig vom Einkommen: Die einkommensstärksten 20% der Bevölkerung legen durchschnittlich 15,3 km (pro Fahrt) zurück, die einkommensschwächsten 6,7 km.[19] Die Mobilität ist insgesamt gestiegen, aber Faktoren wie das Einkommen oder die Entfernung zum Arbeitsplatz entscheiden darüber, wie oft und wie weit gefahren wird.
- Dementsprechend ist auch die Anzahl der Fahrzeuge auf den Straßen gestiegen. 1971 waren es knapp 12 Millionen, 2001 fast 26.5 Millionen.[20]
- Die meisten Familien – bis auf die ganz armen – besitzen ein Auto und sind bereit, es auch zu benutzen. Das heißt, dass die Menschen in größerer Entfernung von ihrem Wohnort arbeiten können, auch wenn sie dafür eine längere Anfahrtszeit in Kauf nehmen müssen. Das heißt auch, dass sie an den Wo-

[16] A.a.O., S. 87, Abb. 4.26.
[17] A.a.O., S. 88, Abb. 4.27.
[18] A.a.O., S. 208, Tab. 12.
[19] „Social Trends", S. 210.
[20] A.a.O., S. 21, Tab. 12.8.

chenenden weitere Entfernungen zurücklegen können. Kirchlich gesehen hat dies zum so genannten „Church Shopping“, also einer Art „Gemeindetourismus“ geführt. Man schaut sich nicht nur die nächstgelegene Gemeinde an, sondern auch verschiedene andere.

- Die erhöhte Mobilität hat auch dazu geführt, dass Menschen sich bei der Wahl ihres Wohnortes nach ihrer Arbeitsstelle richten. Man verbringt nicht mehr automatisch das ganze Leben in ein und derselben Region und lebt deshalb auch oft weiter von Familie und Verwandtschaft entfernt als früher.[21]
- Trotzdem sehen mehr als die Hälfte aller Erwachsenen ihre Mutter mindestens einmal in der Woche[22] und 61% aller Großeltern sehen ihre Enkel ebenfalls wöchentlich.[23] Besuche bei Verwandten finden meistens am Wochenende statt, da die Woche mit Schule und Arbeit ausgefüllt ist.[24]

Scheidungsrate und familiäre Strukturen[25]

- Die Scheidungsrate ist in den letzten 30 Jahren bedeutend gestiegen (62.857 Scheidungen im Jahr 1970 gegenüber 154.628 im Jahr 2001).[26] Der Prozentsatz geschiedener und getrennt lebender Paare liegt in England und Wales bei 10,6%.[27] 1971 waren je 1% der Männer und der Frauen geschieden, im Jahr 2000 waren es schon 8% der Männer und 9% der Frauen.[28] Zusätzlich sind 8% der Familien „Patchworkfamilien“ mit minderjährigen Kindern[29] – die Eltern erscheinen nicht mehr in der Statistik der Geschiedenen, weil sie wieder geheiratet haben. Da auch die Anzahl der Paare,

[21] A.a.O., S. 44.
[22] A.a.O., S. 44.
[23] A.a.O., S. 45, Tab. 2.7.
[24] A.a.O., S. 22.
[25] A.a.O., Kapitel 2, 2003.
[26] A.a.O., S. 46, Abb. 2.10.
[27] Siehe Bericht über die Volkszählung von 2001 im Internet unter www.statistics.gov.uk/census2001/profiles/commentaries/people.asp (9.06.2006).
[28] „Social Trends“, S. 45, Tab. 2.8.
[29] A.a.O., S. 48, Abb. 2.13.
[30] Siehe im Internet unter www.statistics.gov.uk/census2001/profiles/commentaries/familiy.asp (9.06.2006), vergleiche auch: „Social Trends“, S. 43, Tab. 2.4.

die ohne Trauschein zusammenleben, und der Kinder mit Müttern, die nie geheiratet haben, zugenommen hat, wurde bei der Volkszählung 2001 festgestellt, dass 22% der Kinder in England und Wales mit nur einem Elternteil zusammenlebten – in den meisten Fällen mit der Mutter.[30] Das Durchschnittsalter der Erstgebärenden ist von 1990 bis 2000 um 1,5 Jahre auf 27 gestiegen.[31]

- Die Anzahl der Singles, die gar nicht oder spät heiraten, hat sich drastisch erhöht. 1971 waren 24% der männlichen Bevölkerung Singles, 2000 waren es 34%.[32] Nur zum Teil kann der hohe Prozentsatz auf das Zusammenleben ohne Trauschein zurückgeführt werden. Es bleiben unter dem Strich entschieden mehr Menschen, die allein leben. Besonders die Anzahl allein lebender Männer hat sich von 3% im Jahr 1971 auf 10% im Jahr 2000 erhöht.[33] Das liegt zum einen daran, dass Ehen später geschlossen werden, zum anderen an der erhöhten Trennungs- und Scheidungsrate.
- Welche Folgen haben diese Veränderungen im familiären Leben? Zum Beispiel: Diese Familien verbringen viel Zeit damit, an anderen Orten lebende Elternteile – meistens Väter – zu besuchen, und zwar oft am Wochenende. Auch dadurch wird der Gottesdienstbesuch am Sonntagmorgen zu einem Problem.
- Außerdem bedeutet die größere Zahl von Singles wie auch die Verschiebung der Geburt des ersten Kindes[34], dass es in den Gemeinden eine nicht unbeträchtliche Gruppe von Menschen zwischen 20 und 30 ohne Kinder gibt, die mit familienfreundlichen Angeboten (und wohl auch mit morgendlichen Aktivitäten am Wochenende) wenig anfangen können.

Freizeit und Fernsehkonsum

- Eine beliebte Art der Freizeitgestaltung ist Sport – gleich ob Einzel- oder Mannschaftssport.[35] Die beliebtesten Sportarten sind Walken (20% der Bevölkerung) und Schwimmen (15%).[36]

[31] A.a.O., S. 41; S. 51, Tab. 2.19.
[32] A.a.O., S. 45, Tab. 2.8.
[33] A.a.O., S. 43, Abb. 2.3.
[34] A.a.O., S. 51, Tab. 2,19.
[35] A.a.O., S. 227.
[36] A.a.O., S. 227, Tab. 13.6.

Sportliche Aktivitäten finden häufig sonntags statt. Besonders Kinder haben nun auch sonntags Sporttermine und nicht nur samstags oder in der Wochenmitte.

- Die größte Veränderung auf dem Gebiet der Freizeitgestaltung hat in den vergangenen 50 Jahren das Fernsehen mit sich gebracht. Im Jahr 2000 verbrachten Erwachsene durchschnittlich bis zu 20 Stunden pro Woche vor dem Fernseher; das sind fast drei Stunden am Tag.[37]

Eine fragmentarisierte Gesellschaft

Diese kleinen Einblicke in die britische Gesellschaft legen eine wichtige Schlussfolgerung nahe: Unser Leben ist in zunehmendem Maße fragmentarisiert. Menschen mit einer längeren Ausbildungszeit leben mit höherer Wahrscheinlichkeit nicht in der Nähe ihrer Eltern, sind aber in ihr soziales Umfeld eingebunden (z.B. in Vereinen oder in der Lokalpolitik).[38] Körperlich arbeitende Menschen leben eher in der Nähe ihrer Familie, sind aber weniger in örtlichen Vereinen und Gruppen vertreten. Junge Erwachsene schließen sich zwar häufig keinem Verein an, pflegen aber ein lebendiges Netzwerk von Freundschaften. Überall in England gibt es Menschen, die sich nie begegnen werden, obwohl sie nah beieinander wohnen. Man setzt sich ins Auto, um Bekannte zu besuchen, und weiß deshalb häufig nicht, wer nebenan wohnt.

Wenn Zeit übrig bleibt, werden Verwandte besucht, die weiter weg wohnen, oder Kinder, die beim ehemaligen Ehepartner leben. Der Sonntag wird nicht mehr als besonderer Tag gewertet oder mit der Kirche in Verbindung gebracht. Kinder sind wesentlich eher bei sportlichen Veranstaltungen zu finden als im Gottesdienst oder im Kindergottesdienst.

[37] „Social Trends“, S. 223; S. 232, Tab. 13.6.
[38] A.a.O., S. 22, Abschn. 2 und 4.

2. Netzwerke: ein mächtiger Faktor[39]

Am Anfang des dritten Jahrtausends kann man die westliche Welt am besten als „Netzwerkgesellschaft“ beschreiben. Hier hat eine fundamentale Veränderung stattgefunden: Man spricht vom „Aufkeimen neuer sozialer Strukturen“[40]. In einer Netzwerkgesellschaft tritt die Bedeutung des „Stabilen“ hinter die des „Fließens“ zurück[41]. Informationen, Bilder und Kapital „fließen“. Diese Flüsse gestalten in zunehmendem Maße die Gesellschaft.[42] Dabei entsteht eine Verbindung zwischen der Verbreitung von Informationstechnologien und den wachsenden Möglichkeiten persönlicher Mobilität. Beides wird durch die globale Wirtschaft ermöglicht und gefördert. Voraussetzung für die Globalisierung ist eine vernetzte Welt: „Die Globalisierung fördert in größerem Maße als je zuvor die physische Mobilität. Will man jedoch herausfinden, welche gesellschaftlichen Folgen dies hat, muss man sich mit dem Wandel vor Ort befassen.“[43]

Eine der Konsequenzen ist der vergleichsweise sinkende lokale und nationale Einfluss. Wenn zum Beispiel auf der anderen Hälfte der Erdkugel aufgrund des Niedergangs in einem Segment des globalen Marktes Entscheidungen getroffen werden, kann dies hier bei uns zum Verlust von Arbeitsplätzen führen. Das heißt nicht, dass nicht mehr wichtig ist, was vor Ort passiert! Aber das lokale Leben unterliegt beträchtlichen Veränderungen, und es besteht nur noch in eingeschränktem Maße die Freiheit zur Gestaltung der eigenen Zukunft.

[39] Siehe auch: „The Search for Faith and the Witness of the Church“, Mission Theological Advisory Group, Church House Publishing, 1996, besonders Kapitel 1.
[40] Manuel Castells, „The Rise of the Network Society“, 2. Aufl. Blackwell, 2000 (Titel der deutschen Übersetzung: „Der Aufstieg der Netzwerkgesellschaft“, Opladen 2001).
[41] Dieser Ausdruck wird von Soziologen zur Beschreibung der neuen Dynamik in der Gesellschaft benutzt. Siehe: A.a.O., Kapitel 6.
[42] „Das alte Modell geht von einer Kultur als einem ‚Ort‘ aus, an dem Dinge gesammelt und geordnet werden. Aber einen solchen Ort gibt es nicht mehr. Die uns zur Verfügung stehenden Daten ... unterliegen ständiger Bewegung und den strukturellen Kräften, die diese Bewegung formen.“ In: Nick Couldry, „Inside Culture“, Sage, 2000, S. 103.
[43] John Tomlinson, „Globalization and Culture“, Polity Press, 1999, S. 29.

Das Internet ist sowohl ein Beispiel als auch eine Metapher für die Netzwerkgesellschaft. So hat das Internet z.B. keine „Zentrale". Es gibt keinen „Ort", von dem aus eine Kontrolle der Veröffentlichungen erfolgt. Jeder „Ort" ist mit jedem anderen „Ort" verbunden („linked"). Jede und jeder wählt seine eigene Route durch das Netz. Allenfalls Suchmaschinen helfen als Piloten. Beziehungs-Netzwerke entstehen in Chatrooms, in denen es um gemeinsame Interessen geht. Freundschaften werden elektronisch gepflegt. Dennoch wäre es falsch zu behaupten, das Internet habe keine Zentren der Macht. Es gibt mächtige Finanznetzwerke, die eine beträchtliche Kontrolle ausüben, und es gibt bestimmte Orte (z.B. London), die als ganz konkrete Knotenpunkte für das globale Netz fungieren. Wirtschaftliche Interessen und die Trennung zwischen den technologisch Reichen und den technologisch Armen bestimmen, wer „dazugehört" und wer nicht.[44]

Netzwerke haben die Nachbarschaftspflege am Wohnort nicht ersetzt, aber verändert. Gemeinschaft und Gemeinschaftssinn sind häufig von lokalen und geographischen Vorgaben entkoppelt. Eine normale Stadt verfügt über eine ganze Reihe von Netzwerken. Jede Schule hat ein Netzwerk von Eltern, deren Kinder diese Schule besuchen, und auch die Kinder sind als Netzwerk untereinander verbunden. Jeder Arbeitsplatz hat, abhängig davon, wer mit wem arbeitet, sein Netzwerk, das ausgedehnt werden kann auf Zulieferer und gute Kunden der Firma. Andere Netzwerke können sich um einen Ort herum gruppieren, was besonders bei ärmeren Menschen mit geringerer Mobilität der Fall ist. Die Bewohner eines Sozialwohnungsblocks zum Beispiel können ein solches Netzwerk untereinander und mit den in der Nähe lebenden Verwandten aufgebaut haben. Dagegen kann es passieren, dass in einer Siedlung mit Einfamilienhäusern kein solches Netzwerk existiert. Für Neuzugezogene ist es dann schwer, Menschen kennen zu lernen – sie

[44] Die Beziehung zwischen Netzwerken im Internet und zwischenmenschlichen Netzwerken untersucht Albert-Laszio Barabasi in seinem Buch „Linked", Perseus Publishing, 2002. Eine der Schlüsselbeobachtungen Barabasis ist es, dass beide Netzwerke über „Zentralen" verfügen – im sozialen Netzwerk ist das jemand, der viel über die Menschen in seinem Umfeld weiß und Verbindungen herstellen kann. Manche Pfarrer sehen genau darin ihre Aufgabe: Zentrale der Gemeinde vor Ort zu sein. So reagieren sie instinktiv auf die Netzwerkgesellschaft.

müssen sich erst einer Gruppe anschließen, die selbst Zentrum eines Netzwerks ist (z.B. einer Krabbelgruppe). In einer Stadt kann ein Netzwerk auch rund um eine Kneipe oder einen Fußballverein entstehen. Natürlich ist es jedem einzelnen vorbehalten, sich in mehreren Netzwerken zu engagieren, aber es gibt heute auch Menschen, die keinem Netzwerk angehören, weil die früher übliche Nachbarschaftspflege als Basis für Freundschaften häufig nicht mehr existiert.

Ulrich Beck hat folgendes beobachtet:

> „An einem Ort leben heißt nicht mehr zusammenleben, und zusammenleben heißt nicht mehr am selben Ort leben."[45]

Und Martin Albrow kommentiert:

> „Die Gemeinschaften des globalen Zeitalters haben normalerweise keinen gemeinsamen Ort. Die Beziehungen von Menschen, die in der gleichen Straße leben, sind im Fluss und verändern sich ständig, da sich Lebensstil und Organisation des Alltags meistens grundlegend unterscheiden."[46]

Information und Wissen verbreiten sich schnell und machen die Welt klein. Das aber hat keineswegs automatisch so etwas wie ein Zusammengehörigkeitsgefühl zur Folge. 1996 gab das „Henley Centre" eine Studie in Auftrag, die herausfinden sollte, mit welchen Menschen die Befragten ihrer eigenen Einschätzung nach am meisten gemeinsam hatten. Am meisten miteinander verbunden fühlten sich die Befragten mit Menschen, die die gleichen Hobbys pflegten, gefolgt von der Familie und den Arbeitskollegen. Ganz am Ende der Liste standen die Menschen aus dem gleichen Stadtteil und Wohnumfeld. Geographische Vorgaben scheinen keine vorrangige Basis für Gemeinschaft mehr zu sein. Die Menschen definieren ihre Zugehörigkeiten über Freizeitgestaltung, Arbeitsumfeld und Freundschaften.

Lokales Umfeld, Wohnort und Wohngegend haben natürlich nicht völlig an Bedeutung verloren. Sie sind lediglich zu *einem* Bestandteil unter vielen anderen einer komplexer werdenden Gesellschaftsstruktur geworden. „Alle Grenzen sind schwach, zerbrechlich und durchlässig geworden."[47]

[45] Ulrich Beck, „Was ist Globalisierung? Irrtümer des Globalismus – Antworten auf Globalisierung", Frankfurt am Main [4]1998, S. 130 (Ulrich Beck, „What is Globalization?", Polity Press, 2000, S. 74).
[46] Martin Albrow, „The Global Age", Polity Press, 1996, S. 156-158.
[47] Zygmunt Bauman, „Society Under Siege", Polity Press, 2002, S. 13.

Wir leben in einer Gesellschaft, die gleichzeitig in Fragmente zerfällt *und* Verbindungen pflegt. Dabei ist es weder gesund noch möglich, jeglicher Ortsgebundenheit zu entfliehen. Es gibt nur wenige Menschen, die „keinen Ort“ haben, an den sie gehören – dagegen gibt es heute viele, die sich gleichzeitig einer Reihe von „Orten“ zugehörig fühlen. Die soziale und persönliche Bedeutung ihres Wohnortes hat sich jedenfalls verringert.

Größere Mobilität und Wahlfreiheit, die Formung von Identität und Gemeinschaft um gemeinsame Interessen herum charakterisieren inzwischen den Lebensstil großer Teile unserer Bevölkerung. Sie sind nicht mehr wie früher das Privileg einiger weniger wohlhabender Menschen. Die Armen von heute sind die Menschen, die von diesem mobilen Lebensstil abgeschnitten sind.

Mobilität ist zu einem der Hauptmerkmale dafür geworden, ob man „dazugehört“ oder nicht. Wer seinen Bewegungsspielraum nicht ständig vergrößern kann, empfindet dies als Einschränkung. Man „sitzt fest“, wo man lebt, hat das Gefühl, sein Leben nicht genießen und sich nicht voll entfalten zu können, keinen guten Job zu bekommen ohne die Möglichkeiten, über die mobile Menschen verfügen.

Das Evangelium muss die Menschen dort abholen, wo sie sind. Andernfalls kann es nicht Teil ihres Lebens werden und es verändern. Die Anglikanische Kirche muss darum Kirche unter den mobilen und unter den armen Menschen von heute sein. Die biblische Anweisung, „die Armen nicht zu vergessen“[48] gilt allen Christen. Es gehört deshalb zum Auftrag aller Kirchen und Gemeinden, die sich mit Gemeindepflanzungen oder neuen Ausdrucksformen gemeindlichen Lebens befassen, Gottes Gebot an dieser Stelle zu befolgen.

Für die große Mehrheit der Menschen ist das Ausmaß an Mobilität ein zweischneidiges Schwert. Die gewonnene Freiheit hat ihren Preis. Die Konsequenzen der Fragmentarisierung werden am deutlichsten im drastischen Rückgang des „sozialen Kapitals“[49]. „Ohne es gleich zu merken, haben wir uns im letzten

[48] Gal 2,10; Jak 2,5 usw.

[49] „Soziales Kapital sind zwischenmenschliche Beziehungen – soziale Netzwerke und die daraus erwachsenen Regeln der Gegenseitigkeit und der Glaubwürdigkeit.“ Robert Putnam, „Bowling Alone“, Simon & Schuster, 2000, S. 19.

Drittel des 20. Jahrhunderts voneinander und von unserem sozialen Umfeld entfernt."[50+51]

Hier sind zwei verschiedene soziale Prozesse am Werk. Einerseits entstehen zunehmend neu gebildete Gemeinschaften in Form von Netzwerken, andererseits sind die Menschen immer weniger bereit, sich langfristig festzulegen und zu binden. Es gibt durchaus Zusammenhänge zwischen diesen beiden Aspekten. Der erste Aspekt ist eine Veränderung in der Struktur von Gemeinschaften, mit der die Kirche sich auseinandersetzen muss. Der zweite Aspekt stellt eine zerstörerische Kraft dar, der die Kirche widerstehen muss, weil sie jede Form von Gemeinschaft untergräbt. Gegenwartsbezogene Initiativen, die neue Gemeinden pflanzen oder zeitgemäße Ausdrucksformen für die Kirche in der westlichen Kultur suchen, müssen es sich zur Aufgabe machen, soziales Kapital zu schaffen: Sie müssen Bindungen aufbauen, die durch Loyalität und Treue in Christus geprägt sind.[52] Stabile Bindungen innerhalb von Netzwerken als auch der Brückenschlag zwischen Netzwerken sind dabei gleichermaßen bedeutsam.

3. Neue Ausdrucksformen gemeindlichen Lebens

Die Verfasser der Studie „Breaking New Ground" fanden heraus, dass sich „Netzwerke zu der neuen Art von Gemeinschaften entwickelt haben, zu denen sich die Menschen zugehörig fühlen", und dass sich „menschliches Leben heute in einer komplexen Ansammlung von Netzwerken abspielt und das direkte Wohnumfeld nur noch eine sehr geringe Rolle spielt".[53]

[50] A.a.O., S. 27.
[51] Eine in den Vereinigten Staaten durchgeführte Untersuchung weist darauf hin, dass es über die letzten vier Generationen einen Verlust des sozialen Kapitals von 50% gegeben hat. „Die Menschen *einer* Generation investieren gleich viel in organisierte Aktivitäten, nur dass jede weitere Generation ein bisschen weniger investiert." A.a.O.
[52] Zum Thema „Treue" vgl. Vernon White, „Identity", SCM Press, 2002.
[53] „Breaking New Ground", Church House Publishing, 1994, S. 3. Es kann manchmal auch vorkommen, dass das Zugehörigkeitsgefühl zu einem Ort stärker ist als das zu den Menschen, die dort leben.

In der Konsequenz heißt das: Gemeinden müssen in Netzwerke hinein gepflanzt werden. Dies ist dann – so „Breaking New Ground“ – eine Ergänzung zu dem bestehenden territorialen Parochialsystem (also dem flächendeckenden System der Ortsgemeinden, in denen der Wohnsitz über die Gemeindezugehörigkeit entscheidet). Allerdings ist die Beziehung zwischen Wohnumfeld und Netzwerk komplexer als es zunächst schien. Es reicht nicht, Netzwerke einfach als zusätzliche Struktur zum Wohnumfeld, bzw. Netzwerk-Gemeinden als Ergänzung zu geographisch verankerten Gemeinden zu sehen. Wir müssen wahrnehmen, dass nicht nur Netzwerke für viele Menschen ein größeres Gewicht haben, sondern dass auch Ortsgemeinden nicht mehr so sind, wie sie früher waren.

Die Arbeitsgruppe, die „Breaking New Ground“ schrieb, hat festgestellt, dass viele der in Kapitel 4 beschriebenen, neuen Ausdrucksformen gemeindlichen Lebens den Menschen innerhalb ihrer Netzwerke begegnen und nicht in ihrem Wohnumfeld.

Kommunen und Ortschaften sind heute sehr vielschichtig. Parochiale Gemeinden müssen begreifen, dass ihre Grenzen durchlässig sind und müssen andere Ortsgemeinden und Netzwerk-Gemeinden als Partner willkommen heißen. Eine Mischwirtschaft aus Nachbarschaft und Netzwerk, in der eine Zusammenarbeit über die engen Grenzen des Stadtteils hinweg möglich wird (vielleicht auf Dekanats- bzw. Kirchenkreisebene), kann sowohl den Aspekt der Inkarnation („Fleischwerdung“ = mit und unter den Menschen leben) als auch die Universalität der Herrschaft Christi für alle gesellschaftlichen Belange hinreichend deutlich machen.

Eine Beispielgeschichte

In der Stadt Huddersfield und den zwei dazugehörigen Dekanaten ist eine Form von Gemeindearbeit entstanden, die sich „The Net“ (das Netz) nennt – eine Kirche ohne Mauern. Das Projekt wurde ins Leben gerufen als Partnerschaft zwischen dem damaligen Pfarrer im Entsendungsdienst, Reverend David Male, und der Diözese, der er angehörte.

Der Name spiegelt die Absicht wider, ausschließlich mit in Netzwerken verankerten Menschen zu arbeiten. Jeglicher Bezug zum Wohnumfeld oder sonstigen örtlichen Verbindungen wurde vermieden. In den Netzwerken finden sich Geschäftspartner, Freunde, Sportbegeisterte oder Menschen mit der gleichen Vorstellung von Freizeitgestaltung. Aus einem Team von 28 Leuten aus verschiedenen, bereits existierenden Gemeinden der Stadt ist eine Gottesdienstgemeinde von mehr als 60 Erwachsenen mit ihren Kindern gewachsen.

Je nach den Erfordernissen dienen verschiedene, in der Stadt verteilte Örtlichkeiten als Treffpunkte. Manche der Mitglieder fahren fast 50 Kilometer dorthin. Dies ist allerdings nicht der Beweis für eine Art kirchliche Beliebigkeit, bei der man sich herauspickt, was gerade passend erscheint, sondern zeigt, wie weit Menschen normalerweise bis Huddersfield fahren, um zur Arbeit zu kommen, wie sie ihre Beziehungen aufbauen und ihre Freizeit gestalten. Es ist ein Beispiel für Kirche, die sich daran orientiert, wie die Menschen leben, und nicht daran, wo sie schlafen.

Es gibt sicher auch Kirchen und Gemeinden, die sich bereits an dem Netzwerkgedanken orientieren ohne zu merken, was sie tun. Wer zum Beispiel anerkennt, dass kirchliche Schulen „im Zentrum kirchlicher Mission" stehen, wird auch zu der Erkenntnis geführt, dass Menschen (Kinder und Eltern) in einem Netzwerk leben, das sich um das Schulleben herum aufbaut – und dass sie offen sein könnten für das Evangelium. Für ein solches schulbezogenes Netzwerk ist es sinnvoll, die Auseinandersetzung mit der Bibel in Form von Gottesdiensten nach Schulschluss oder Bibelkreisangeboten während der Schulzeit anzubieten, statt zu hoffen, dass die Menschen im Sonntagsgottesdienst erscheinen.[54]

4. Konsumgesellschaft

Die westliche Kultur ist nicht nur eine Netzwerkgesellschaft, sondern auch eine Konsumgesellschaft. Der Schlüssel zur Identifikation lag bei früheren Generationen in dem, was sie produzierten. Die heutige Generation identifiziert sich darüber, was sie konsumiert. Früher sollten die Menschen in unserer Gesellschaft Erzeuger sein. Man glaubte an den Fortschritt und stellte Produkte her, die Garant für ein besseres Leben waren, das wiederum unweigerlich die Konsequenz aus Bildung und harter

[54] Siehe Kapitel 4 zum Thema Schulgemeinden.

Arbeit sein würde. Wir haben uns verändert, und heute will die Gesellschaft den Menschen zuerst und hauptsächlich in der Rolle des Konsumenten sehen.[55]

> „Während die Menschen der westlichen Welt früher ihre Identität, ihr soziales Zusammengehörigkeitsgefühl und die Gestaltung der Gesellschaft darauf aufgebaut haben, etwas zu produzieren, identifizieren wir uns heute immer mehr darüber, was wir konsumieren. Natürlich wird nicht weniger produziert und die Menschen arbeiten immer noch. Aber die Bedeutung dieser Vorgänge hat sich verändert. Wir sind, was wir kaufen. Wir schließen uns mit denen zusammen, die das gleiche Konsumverhalten haben wie wir. Und das alles überspannende System des Kapitalismus wird durch den Konsum gespeist und ist selbst wiederum darauf ausgerichtet, Konsum anzuregen."[56]

Im Mittelpunkt der gesellschaftlichen Werte steht nicht mehr der „Fortschritt", sondern die „Wahlfreiheit" – das uneingeschränkte Recht auf freie Auswahl. „Wahlfreiheit ist der zentrale Gedanke des Konsumismus[57], sie ist sowohl Aushängeschild als auch zentraler Wert."[58] In dieser Gesellschaft wird jeder zum Konsumenten.

> „Die Menge an Geld, die dem Einzelnen für den Konsum zur Verfügung steht, ist extrem unterschiedlich, aber buchstäblich jeder ist heute in gewisser Weise Konsument. Die Armen haben weniger Ressourcen als die Reichen, die meisten ethnischen Minderheiten haben wesentlich weniger Mittel zum Ausgeben als die, die einer Mehrheit angehören, Kinder haben weniger als Erwachsene und so weiter. Alle aber sind irgendwie in die Konsumgesellschaft involviert. Das gilt selbst

[55] „Der Unterschied ist zunächst eine Frage der Gewichtung, aber der Wandel verändert buchstäblich jeden Bereich von Gesellschaft, Kultur und privatem Leben. Die Unterschiede sind so tiefgreifend und umfassend, dass es völlig gerechtfertigt ist, unsere Gesellschaft anders zu definieren – als Konsumgesellschaft eben." Zygmunt Bauman, „Work, Consumerism and the New Poor", Open University, 1998, S. 24.
[56] David Lyon, „Memory and the Millenium", in: „Grace and Truth in the Secular Age", Hg. Timothy Bradshaw, Eerdmans, 1998, S. 284.
[57] Anmerkung der Übersetzerin: *„Konsumismus" ist das zur Ideologie verklärte Konsumdenken.*
[58] Yiannis Gabriel and Tim Lang, „The Unmanageable Consumer", Sage, 1995, S. 27.

für die, die auf der Straße leben und von dem abhängig sind, was die Wohlstandsgesellschaft abwirft und an Wohltätigkeit zu bieten hat."[59]

Umgekehrt soll sich nun auch alles nach den Wünschen des Konsumenten richten. Ausschlaggebend für alle Zukunftsplanung ist der Gedanke des „persönlichen Anspruchs". „Es muss passen, und zwar hundertprozentig."[60] Die Welt wird so gestaltet, dass dem Einzelnen das Gefühl – oder vielleicht die Illusion – vermittelt wird, er könne alles haben, was er sich wünscht. Dieser Ansatz der Lebensbetrachtung wird sich in Zukunft nicht nur auf Konsumgüter beschränken, sondern auf alle Aspekte des Lebens angewandt werden. Vermutlich wird sich spätestens im Jahr 2020 der Gedanke des persönlichen Anspruchs auf Gesundheitsversorgung, Ausbildungssystem, Arbeitsbedingungen, Vereine und Beziehungen und natürlich auch auf die Religion ausgeweitet haben.

„Die schleichenden Veränderungen in der Gesellschaft ... haben zur Folge, dass wir mobiler, städtischer, individualistischer und kritischer werden als die Generationen vor uns. Religion wird also weniger einfach Bestandteil einer Kultur sein als eine eigene Entscheidung."[61]

Der Konsumismus wird auch Einfluss darauf haben, wie Menschen Wahrheitsansprüche beurteilen. Die Einstellung zum Einkaufen wird auch die Einstellung gegenüber der „Wahrheit" sein.

„Wenn man umringt ist von so vielen Stimmen, die auf einen einreden, woher soll man wissen, welche von ihnen mehr Beachtung verdient als die anderen? ... Und wenn man nur noch auf dem Marktplatz zu unterscheiden lernt, dann wird auch Wahrheit zu einer Ware. Selbst sprachlich schlägt sich das nieder: ... Wir können jemandem etwas nicht ‚abkaufen', statt klar und deutlich zu sagen, dass es falsch ist."[62]

Es ist wichtig, zwischen der „Konsumgesellschaft" (einem Begriff, der die augenblickliche Form des westlichen Kapitalismus

[59] George Ritzer, „Enchanting a Disenchanted World", Monarch, 2001, S 32.

[60] Michael Moynagh, „Changing World, Changing Church", Monarch, 2001, S. 32.

[61] George Carey, „Planting New Churches", Eagle Publishing, 1991, S. 24.

[62] David Lyon, „Memory and the Millennium", in: „Grace and Truth in the Secular Age", Hg. Timothy Bradshaw, Eerdmans, S. 285.

beschreibt) und der Ideologie des „Konsumismus“ (der dominanten Götzenverehrung dieser Gesellschaften) zu unterscheiden. In gewisser Weise gibt es keine wirkliche Alternative zur Konsumgesellschaft. Das sind wir, dort stehen wir und dort müssen wir Kirche sein und für das Evangelium einstehen. Um Jesu Gebet für die Kirche zu erfüllen (Johannes 17,15-18), sind wir berufen, als Kirche „in“ der Konsumgesellschaft zu leben, aber wir dürfen uns nicht „vom“ Konsumismus leiten lassen. Im schlimmsten Fall führt der Konsumismus zu einer Spaßgesellschaft ohne Grenzen.

> „Spaß und Vergnügen – das ist es, was der Konsumismus im Kern anpreist. Er lockt damit, Vergnügen von jeglichen Bindungen an Sünde, Pflicht und Moral zu befreien und die Verpflichtung gegenüber Glaube, Spiritualität und Erlösung aufzuheben. Es hat nicht nur jeder Einzelne ein Recht auf Vergnügen, es besteht sogar eine Pflicht sich selbst gegenüber, für das eigene Vergnügen zu sorgen. ... Ein gutes Leben hat man – so wird den Menschen vermittelt – wenn man dem Vergnügen ohne jegliche Schuldgefühle oder Scham nachjagt.“[63]

In diesem Gefüge sind es die Armen, die auf der Strecke bleiben, weil sie es sich nicht leisten können, etwas zu kaufen. Eine Konsumgesellschaft schließt die Armen aus ihren Reihen aus.

> „Die postmoderne Gesellschaft möchte ihre Glieder zuerst und vor allem zu Konsumenten machen – und die Armen können diese Rolle nicht ausfüllen. Das erste Mal in der Geschichte unseres Landes sind die Armen ohne Funktion, einfach nutzlos. Deshalb stehen sie – trotz allen praktischen Ansätzen und guten Absichten – außerhalb der Gesellschaft.“[64]

Eine Netzwerk- und Konsumgesellschaft ist eine besondere Herausforderung für die christliche Mission im Allgemeinen und für die Frage nach den missionarischen Strukturen von Gemeinden im Besonderen. Eine Netzwerkgesellschaft kann sowohl verbindend als auch fragmentarisierend wirken. Sie kann, auf lokaler Ebene genauso wie auf nationaler und globaler Ebene, inklusiv oder exklusiv wirken. Mobilität kann Freiheit und

[63] Yiannis Gabriel und Tim Lang, „The Unmanageable Consumer“, Sage, 1995, S. 100.
[64] Zygmunt Bauman, in: Dennis Smith, „Zygmunt Bauman, Prophet of Postmodernity“, Polity Press, 1999, S. 193.

neue Möglichkeiten bringen, aber sie kann auch destabilisierend auf die Gesellschaft wirken, weil sie ein Hinderungsgrund für langfristiges Engagement ist.[65]

5. Post-Christentum, die nachchristliche Gesellschaft

Das Aufkommen einer Netzwerk- und Konsumgesellschaft fällt zusammen mit dem Ende des Christentums als kulturbeherrschender Größe.

> „Was hier geschieht, ist nicht nur der kontinuierliche Verfall des kirchlich organisierten Christentums, sondern der Tod einer Kultur, in der in früheren Zeiten die christliche Identität auf das britische Volk als Ganzes übertragen wurde. Wenn die Briten überhaupt noch eine gemeinsame Identität haben sollten, so ist sie sicherlich nicht mehr christlich geprägt. Die christliche Kultur ist aus dem Großbritannien des neuen Jahrtausends verschwunden."[66]

Ein großer Teil des britischen Selbstverständnisses liegt in vielen Jahrhunderten christlichen Glaubens begründet, aber heute wissen viele Menschen in Großbritannien nur noch sehr wenig über diesen Glauben. Die Geschichte und die Geschichten des Christentums sind aus den Herzen der Menschen verschwunden. Auch wenn sich die Menschen in der Volkszählung als „Christen" bezeichnen, bedeutet dies für die Mehrzahl von ihnen nicht, dass sie auch einer Gottesdienstgemeinde angehören oder den Wunsch danach verspüren. Viele haben keinerlei identifizierbare religiöse Interessen oder Ausdrucksformen. Manche jungen Menschen glauben nicht einmal daran, dass es überhaupt eine transzendente Dimension gibt. Die Teilnahme am sonntäglichen Kindergottesdienst ist im Laufe des 20. Jahrhunderts von 55% auf 4% aller Kinder gefallen[67], was zur Folge

[65] Eine Diskussion über dieses Thema findet sich im 1. Kapitel von „The Search for Faith and the Witness of the Church", Mission Theological Advisory Group, Church House Publishing, 1996.

[66] Callum Brown, „The Death of Christian Britain", Routledge, 2000, S. 193+198.

[67] „UK Christian Handbook", Religious Trends No. 2; 2000/2001. Genauere Angaben zum Thema Kinder im Kinder- und Sonntagsgottesdienst siehe Kapitel 3.

hat, dass den meisten jungen Leuten selbst die Grundkenntnisse des christlichen Glaubens und christlicher Erfahrungen fehlen. Unsere multikulturelle und multireligiöse Gesellschaft bestärkt den Konsumenten darin, dass die verschiedenen Glaubensrichtungen und ihre Unterschiede lediglich dazu da sind, sich persönlich dafür zu entscheiden, was für sie persönlich „funktioniert" bzw. sie glücklich macht.

Die Konsequenzen für eine Kirche, die es gewohnt ist, auf der Basis christlicher Werte und Voraussetzungen mit Menschen und Institutionen umzugehen, sind einschneidend. Ein beträchtlicher Teil der Identität der Anglikanischen Kirche basiert auf ihrer parochialen Präsenz in jedem Stadtteil und auf der Komm-Strategie: „Wir laden zu uns ein". Aber da das Zusammenleben vor Ort komplexer wird, lockt die reine Anwesenheit die Menschen nicht mehr unbedingt in die Kirche. Wir können nicht länger davon ausgehen, dass wir die Kirche auch weiter automatisch füllen, denn die Anzahl der Menschen, für die die Kirche relevant oder wichtig ist, wird mit jeder Generation geringer.

> „Die Kirche muss ihre missionarische Verantwortung erkennen. Wir leben in einer Gesellschaft, die – ganz gleich ob in der Stadt oder auf dem Land – schon in der zweiten oder gar dritten Generation wieder aus Heiden besteht; und wir können nicht einfach weiter von der Annahme ausgehen, dass es reicht, die Menschen an ihren lange verschütteten Glauben zu erinnern, um sie zum Glauben an Jesus Christus zu führen. Bei vielen Menschen ist nicht einmal ein Rest von christlichem Glauben vorhanden. Er ist nicht etwa verschüttet, er ist nicht existent. Wir müssen also in den meisten Fällen ganz von vorne anfangen und befinden uns vor einer kritischen Phase missionarischer Herausforderung."[68]

Wir gehen in unserem Bericht davon aus, dass die in den vergangenen 20 Jahren gemachten Anfänge von Gemeindepflanzungen und von neuen Ausdrucksformen gemeindlichen Lebens Zeichen eines diametral entgegengesetzten Ansatzes sind, der sowohl theologisch angemessen als auch strategisch bedeutsam ist. Die Komm-Strategie („Wir laden zu uns ein") wird ersetzt durch eine Geh-Strategie der Gemeinden: „Wir kommen zu euch!" Wir müssen Ausdrucksformen von Kirche finden, die die

[68] Gordon Bates, Bischof von Whitby, Church Army News, April 1998.

Menschen einer post-christlichen Gesellschaft ansprechen und sie befähigen, zu Gemeinschaften engagierter Nachfolger Jesu Christi zu werden. Im nächsten Schritt können sie dann ihrerseits in ihrem kulturellen Umfeld und darüber hinaus missionarisch tätig werden.

6. Vom „Wo?" zum „Wie?"

Wie also kann ein Überdenken der missionarischen Ansätze in der Anglikanischen Kirche aussehen?

Ziel der Anglikaner war es schon immer, das „Prinzip der Inkarnation" zu verwirklichen. Das heißt: Die Kirche will dort sein, *wo* die Menschen sind, und *wie* sie nun einmal sind. „Wo" steht für geographische Anwesenheit, also die Anwesenheit an einem bestimmten Ort und in einem bestimmten Stadtviertel. Im Großbritannien von heute ist es vielleicht hilfreicher zu sagen, dass wir bei den Menschen sein wollen, *wie* sie sind. „Wie" steht für Verbindungen über geographische und lokale Gegebenheiten hinaus, für Verbindungen zum kulturellen Umfeld der Menschen, zu ihren Werten, ihrem Lebensstil und zu ihren Netzwerken, die mindestens ebensoviel Gewicht haben wie ihr Wohnort.

Der parochiale Ansatz allein ist nicht ausreichend. Die Ortsgemeinde genügt nicht länger als einzige missionarische Strategie der Anglikanischen Kirche. „Einheitsgrößen" („One size fits all") verkaufen sich nicht mehr. Nötig ist eine partnerschaftliche Zusammenarbeit zwischen parochialen und Netzwerkgemeinden, der gleichzeitige Einsatz traditioneller und neuer Formen und ein gemeindeübergreifender pastoraler Dienst.

Wir stellen in diesem Bericht sehr verschiedene neue Ausdrucksformen gemeindlichen Lebens vor. Bei der Gestaltung der Gottesdienste reicht die Bandbreite von der Wiederentdeckung des Traditionellen bis hin zu ganz innovativen Formen. Die Größe der Gruppen und Gottesdienstgemeinden variiert von kleinen Zellen bis zu sehr großen Versammlungen. Und die missionarischen Strategien umfassen den Zugang über persönliche Beziehungen genauso wie die verschiedenen Formen sozialen Engagements. Als Reaktion auf die Tatsache, dass der Sonntag in der Gesellschaft nicht länger für die Kirche reserviert ist, sondern für Familie, Arbeiten in Haus und Garten, Sport oder sonstige Unternehmungen, verändern sich auch die Treffpunkte und Versammlungszeiten. Es gibt sicherlich Menschen, die sich gern regelmäßig mit anderen Christen treffen möchten, aber dies muss nicht länger zwangsläufig am Sonntag geschehen.

Alle diese Variablen können gemischt und je nach den zur Verfügung stehenden Mitteln von den Ortsgemeinden oder auf Dekanats- oder Landeskirchenebene umgesetzt werden. Grundlage ist die Ermutigung zur Vielfalt und das Erspüren von Gaben und göttlichen Möglichkeiten. Keine Form des Gottesdienstes ist anziehend für alle Menschen in der vielfältigen Bevölkerung Großbritanniens, keine Form kann alle bei der Stange halten. Es wird der Kirche nur dann gelingen, wieder zur Gesellschaft und zum Individuum Verbindung aufzunehmen, wenn sie gleichzeitig die Vielfalt *und* Einheit lebt, die ihre Wurzeln in unserem dreieinigen, unendlich kreativen Gott haben. Eine solche Struktur weist nach vorne und hat die von allen Enden der Erde kommende Vielfalt im Blick, die im Reich Gottes gefeiert wird.

Das Neue ist nicht immer und notwendigerweise besser als das Altbewährte. Für Nachbarschaft und Netzwerk brauchen wir „Formen christlicher Gemeinschaft, die Orte großzügiger Gastfreundschaft sind, Orte herausfordernder Versöhnung und Zentren der Hinwendung zu unserem lebendigen Gott."[69] Wir müssen uns der Herausforderung stellen, Gemeinschaften und Gemeinden zu schaffen, die so zur Begegnung mit Gott und dem Volk Gottes führen, dass es diejenigen, die unserer Einladung folgen, überzeugt, bekehrt und verändert.

Doppelte Botschaft: Chance und Möglichkeit zur Umkehr

Auch wenn die westliche Gesellschaft sich (besonders durch technologische Veränderungen) immer weiter entwickeln wird, hat sie im Augenblick eine Struktur, die sich in absehbarer Zukunft sicher nicht mehr ändert. Die Markierungen des missionarischen Betätigungsfeldes sind klar. Die missionarische Aufgabe bleibt dieselbe:

> „Eine sich verändernde Gesellschaft bedeutet auch einen neuen Auftrag Gottes. Viele Menschen leben heute in mehreren Welten: in der Familie, am Arbeitsplatz, in der Freizeit, in

[69] Bruder Samuel SSF, „Mission and Community", in: „Transmission", Frühjahr 1998, The Bible Society, S. 11.

Politik und Bildungseinrichtungen. Jede dieser Welten repräsentiert eine eigene soziale Struktur."[70]

Das Evangelium muss mit frischem Elan in diesen verschiedenen Umfeldern verkündigt werden. Jedes von ihnen ist eine Chance und Herausforderung, dem Evangelium zu vertrauen, und ein Auftrag, auf kreative Weise missionarisch tätig zu werden.

„Diese Bedingungen bedeuten ganz und gar nicht das Ende jeglicher christlicher Lebensmöglichkeiten, sie öffnen lediglich die Tür zu neuen Varianten und Kombinationen authentischen und verantwortlichen Handelns. Das Ende des Christentums reduziert die Versuchungen der Macht auf radikale Weise und macht Platz dafür, die alte Geschichte ganz neu zu erzählen."[71]

Wir sind allerdings auch aufgefordert, Buße zu tun. Wir haben es zugelassen, dass sich unsere Gesellschaft und unsere Kirche auseinandergelebt haben, ohne dass wir es wahrgenommen haben. Wir bedürfen des Heiligen Geistes, der uns Umkehr lehrt und dann frisch für unser Zeugnis inspiriert.

„Wenn der Niedergang der Kirche letztendlich weder durch die Irrelevanz der Botschaft Jesu noch durch die Gleichgültigkeit der Gesellschaft verursacht ist, sondern durch die eigene Unfähigkeit, schnell genug auf eine sich entwickelnde Gesellschaft, ein sich wandelndes spirituelles Klima und die Stimme des Heiligen Geistes zu reagieren, dann kann die Kirche auf den Niedergang mit Reue reagieren. Denn wahre Reue beinhaltet Umkehr und einen neuen Anfang. Eine Landeskirche oder Gemeinde, die aus der Reue heraus eine neue Bedeutung für die Welt von heute gewinnt, kann oft auch ein Wachstum an Größe und Kraft feststellen, weil der Geist Jesu ungehindert wirken kann."[72]

Denk- und Diskussionsanstöße

➢ Ist es wichtig für eine Gemeinde, sich speziell am Sonntag zu treffen? Welche Faktoren haben in Ihrem Stadtteil Einfluss

[70] „Church for Others and the Church for the World: A Quest for Structures for Missionary Congregations", Weltrat der Kirchen, 1968, S. 3.
[71] David Lyon, „Jesus in Disneyland", Polity Press, 2000, S. 147.
[72] Bob Jackson, „Hope for the Church", Church House Publishing, 2002, S. 32.

auf den Gottesdienstbesuch? Wie könnte die Gemeinde darauf reagieren? Lesen Sie dazu auch: 2. Mose 20,8-11.

- Was hat sich in den vergangenen 20–30 Jahren im Leben der Menschen in Ihrer Kommune am meisten verändert? Inwiefern haben diese Veränderungen Einfluss auf Ihr Gemeindeleben gehabt? Wie hat Ihre Gemeinde reagiert, und was kann noch getan werden?
- Stellen Sie eine Liste der unterschiedlichen ortsgebundenen Gruppierungen, der Bevölkerungsgruppen und der Netzwerke auf, die es in Ihrem Viertel gibt. In welchen Netzwerken ist Ihre Gemeinde bereits präsent? Vergleichen Sie die Listen. Gibt es Bevölkerungsgruppen, Netzwerke oder Wohngebiete, in denen Ihre Gemeinde nicht vorkommt, sich aber engagieren sollte? Welche Maßnahmen könnten helfen?
- In diesem Kapitel heißt es: „Dieser Ansatz der Lebensbetrachtung (dem Menschen zu vermitteln, er könne alles haben, was er sich wünscht) wird sich in Zukunft nicht nur auf Konsumgüter beschränken, sondern auf alle Aspekte des Lebens angewandt werden."
- Welche Erfahrungen haben Sie in Ihrer Gemeinde damit gemacht, dass Menschen Glauben und Religion „konsumieren", indem sie sich das herausfischen, was sie wollen und was ihnen angenehm ist? Wie empfinden Sie solche Leute?
- Was kann Ihre Gemeinde tun, um Menschen mit diesem Konsumverhalten gegenüber Leben und Glauben herauszufordern, ohne dabei aus den Augen zu verlieren, dass missionarisches Handeln heißt, die Menschen dort abzuholen, wo sie sind?
- Dieses Kapitel endet mit der Feststellung: „Wir sind allerdings auch aufgefordert, Buße zu tun. Wir haben es zugelassen, dass sich unsere Gesellschaft und unsere Kirche auseinandergelebt haben, ohne dass wir es wahrgenommen haben."

Denken Sie einmal nach: Kennen Sie in Ihrem weiteren Umfeld Beispiele dafür, dass die Kirche und die heutige Gesellschaft sich voneinander entfernen?

Wie kann eine neue Verbindung zwischen Kirche und Gesellschaft in Ihrer Region konkret aussehen?

Welche Formen der Buße seitens der Kirche könnten sich als hilfreich erweisen, wenn man die kirchendistanzierten Menschen erreichen will?

Kapitel 2: „Breaking New Ground" – und was danach kam

Nach der Veröffentlichung von „Breaking New Ground“ sind viele neue missionarische Ansätze entwickelt worden. In dem (in Kapitel 1) beschriebenen, veränderten Kontext für missionarisches Handeln sind die Spuren Gottes deutlich sichtbar. Es hat sich etwas bewegt und man begreift in zunehmendem Maße die Notwendigkeit für neue Ansätze in Mission und Gemeindepflanzung.

Schnappschüsse: nach 1978

In den späten siebziger Jahren war „Gemeinde pflanzen“ in England noch ein weitgehend unbekannter Begriff. Die Anglikanische Kirche kannte die Tochtergemeinden-Bewegung und nach den Weltkriegen wurden jeweils zehn Jahre lang etliche neue Kirchen eingeweiht. Ein gutes Beispiel für einen solchen Neustart waren die Familiengottesdienste, die zwei aufeinanderfolgende Pfarrer einer Gemeinde in Chester-le-Street an verschiedenen öffentlichen Orten der Stadt veranstalteten.

Angestoßen durch die englische Bibelgesellschaft begann man Mitte der 1970er Jahre in Großbritannien über Gemeindewachstum nachzudenken. Damals wurde die Saat für den Gedanken gesät, dass Wachstum – qualitatives und quantitatives – normal werden könnte. Mit Wachstum war die Ausdehnung der Arbeit bestehender, nicht die Gründung zusätzlicher Gemeinden gemeint. Dieser Trend mag dazu beigetragen haben, eine mehr nach außen orientierte Kirche zu schaffen; aber es handelte sich hier nicht um die Vorläufer der Gemeindepflanzungs-Bewegung, auch wenn beides leider oft miteinander verwechselt wurde.

Im Jahr 1978 wurden lediglich drei Gemeinden gepflanzt, und in einem der drei Fälle handelte es sich um die Wiedereröffnung eines zuvor geschlossenen Kirchengebäudes. Warum sich die Zahl der Gemeindepflanzungen bis 1983 auf 9 verdreifacht hatte, und warum 1985 15 neue Pflanzungsprojekte gestartet wurden, ist unklar.[73] 1984 wurde für den englischsprachigen Markt von der British Church Growth Association[74] das erste Buch zu diesem Thema veröffentlicht: „How to plant Churches“[75]. Es umfasste die Referate einer überkonfessionellen Konferenz, aber in den Artikeln mischte sich der Enthusiasmus noch mit einiger Vorsicht. Die erste Konferenz der Anglikanischen Kirche zum Thema „Gemeinde pflanzen“ fand 1987 in der Londoner Gemeinde Holy Trinity Brompton statt.

Gemeindepflanzungen in der Blütezeit?

Von 1987 bis 1991 wurde das, was in Holy Trinity Brompton als Versammlung eigens eingeladener Gäste begann, zu einer offenen jährlichen Veranstaltung, die viele hundert Menschen aller Konfessionen anlockte: Leiter schon existierender Gemeindepflanzungen, Leute auf der Suche nach neuen Ideen und einige Entscheidungsträger aus den Diözesen, zum Beispiel Archidiakone[76]. Die Anzahl der neu gepflanzten Gemeinden stieg zwischen 1990 und 1992 kontinuierlich auf 40 pro Jahr an. Die Referate der Konferenz aus dem Jahr 1992 wurden zu dem Buch „Planting New Churches“[77] zusammengefasst, das bis heute eine der grundlegenden Veröffentlichungen anglikanischer Autoren zu diesem Thema ist. Es gab damals keine Lobby für die Gründung eines offiziellen Netzwerks, die Kontakte liefen über sich ausdehnende Freundeskreise, die bei jeder Gelegenheit und auf jeder Ebene ihre Visionen miteinander teilten. Innerhalb von fünf Jahren hatte sich eine unbekannte Rander-

[73] Quelle: Datenbank der Forschungsgruppe der Church Army *(eine mit der Heilsarmee vergleichbare Organisation innerhalb der Anglikanischen Kirche* – Anmerkung der Übersetzerin), The Sheffield Centre.

[74] Anmerkung der Übersetzerin: *Das ist die britische Vereinigung für Gemeindewachstum.*

[75] Monica Hill (Hg.), „How to Plant Churches”, MARC, 1984.

[76] Anmerkung der Übersetzerin: *Archidiakone sind die Vertreter der Bischöfe.*

[77] George Carey et al., „Planting New Churches“, erhältlich bei anglikanischen Gemeindepflanzungs-Initiativen.

scheinung den Weg auf die Hauptbühne kirchlichen Denkens und kirchlicher Praxis gebahnt.

Eines der damals zu beobachtenden Phänomene war die Anzahl der Gemeinden, die jenseits der parochialen Gemeindegrenzen gepflanzt wurden. Trotzdem lag die Rate der Gemeindeschließungen pro Jahr zu dieser Zeit noch über der der Gemeindegründungen, und es gab beträchtliche Umstrukturierungen im pfarramtlichen Bereich. Von 1985 bis 1991 gingen 25% der neu eingerichteten Gemeinden über die bestehenden Gemeindegrenzen hinaus, z.B. in Form einer Partnerschaft mit einer schrumpfenden Gemeinde oder durch die Wiedereröffnung eines bereits geschlossenen Kirchengebäudes.

Die große Mehrheit dieser Projekte wurde mit Zustimmung der Diözese begonnen, aber von den 370 Gemeinde-Neugründungen in den vergangenen 25 Jahren haben 4 den radikalen Kurs ohne die Erlaubnis von oben eingeschlagen. In diesen Fällen haben die Pfarrer der „infiltrierten" Gemeinden großes Missfallen geäußert. In den Medien wurde groß und breit von einem innerkirchlichen Konflikt berichtet, der eine Gefahr für die Zukunft des parochialen Systems sei. Diese Faktoren haben dazu geführt, dass das „House of Bishops Standing Committee"[78] im Oktober 1991 einen Arbeitsausschuss zum Thema „Gemeinde pflanzen" eingesetzt hat. Die Arbeit dieses Ausschusses ist in dem 1994 veröffentlichten Bericht „Breaking New Ground" zusammengefasst[79].

„Breaking New Ground": das Fazit

Neue Gemeinden zu pflanzen ist legitim

Der einleitende Brief des Vorsitzenden, Bischof Patrick Harris, benennt die Rahmenbedingungen:

> „Der vorliegende Bericht zieht folgendes Fazit: Die Strukturen und die Leitung der Anglikanischen Kirche sind flexibel

[78] Anmerkung der Übersetzerin: *Das ist ein Komitee der anglikanischen Bischofskonferenz.*

[79] „Breaking New Ground", Church House Publishing, 1994.

genug, um den Bischöfen freizustellen, ob sie die Pflanzung neuer Gemeinden in ihrer Diözese befürworten und ermöglichen oder nicht. Wo auf allen Seiten guter Wille herrscht, können neue Gemeinden auch über die Grenzen der bestehenden parochialen Gemeinden, Dekanate und Diözesen hinweg gegründet werden.“[80]

Trotz der damals aufgetretenen Probleme mit grenzüberschreitenden Gemeindepflanzungen bezeichnet der Bericht von 1994 Gemeindepflanzungen als Teil des missionarischen Auftrags der Anglikanischen Kirche.

> „Der Arbeitsausschuss kommt zu der Überzeugung, dass das parochiale Gemeindeprinzip der Anglikanischen Kirche durch das Pflanzen neuer Gemeinden nicht ausgehöhlt wird. Es handelt sich vielmehr um eine ergänzende Strategie, die im Gegenteil die Wirkung des alten Systems nur noch verstärkt.“[81]

Man war sich damals nicht sicher, ob die Idee des Gemeindepflanzens eine Chance oder doch eher eine Gefahr darstellte. Deshalb muss der Begriff „ergänzend“ hier noch einmal erläutert werden. Eine Broschüre des Grove-Verlags zu „Breaking New Ground“ kommentiert:

> „Der Bericht stimmt stillschweigend der Tatsache zu, dass das Konzept des Gemeindepflanzens nicht einfach eine neue Möglichkeit missionarischen Handelns ist. Dieses Konzept hat vielmehr begonnen, die anglikanische Identität und unsere Lehre von der Kirche im Kern zu verändern. ‚Ergänzen‘ heißt, etwas hinzufügen, das anders ist oder gefehlt hat. In dieser Form führt es zu Veränderung. Gemeinde pflanzen heißt nicht, einfach noch mehr von dem hinzuzufügen, was es immer schon gab. Vielmehr kommen die massiven Veränderungen in der Anglikanischen Kirche in den Blick. Das Konzept des Gemeindepflanzens ist eine Reaktion und Antwort auf diese Veränderungen.“[82]

[80] „Breaking New Ground”, Church House Publishing, 1994, S. V
[81] A.a.O., S. VI
[82] George Lings, „New Ground in Church Planting“, Grove Evangelism 27, 1994.

In unserer Kirche ist Platz für beides: Ortsgemeinde und Netzwerk

Das erste Kapitel von „Breaking New Ground" markiert eine Veränderung im Denken. Mit der Überschrift „Gemeindepflanzung – Chance oder Gefahr?" reflektiert es den Kontext des Jahres 1991. Der Untertitel, „Visionäre Kirche: Territorium, Wohnumfeld und Netzwerk", mahnt an, dass ein Anglikanismus, der für unsere Zeit Bedeutung haben will, auf allen drei Ebenen arbeiten muss. Ohne das Altbewährte für irrelevant zu erklären, wird der Blick nach vorne gerichtet und die Notwendigkeit gesehen, Ergänzungen zu den Arbeitsformen früherer Zeiten zu finden.

Der Bericht von 1994 plädiert zum einen für die Aufrechterhaltung des traditionellen *territorialen* Ansatzes der Anglikanischen Kirche in Form des parochialen Systems.

Es wird aber auch zweitens die These entwickelt, dass der Anglikanismus im 20. Jahrhundert nicht umhin konnte, die Realität und die Wichtigkeit des *Wohnumfeldes* zu akzeptieren. Seit der industriellen Revolution ist dies nicht mehr unbedingt deckungsgleich mit der „Ortsgemeinde". Deshalb weist der Bericht darauf hin, dass durch „Bevölkerungsverschiebungen ... (einige Gemeindegrenzen) ... völlig sinnlos geworden sind"[83].

Der dritte zu bedenkende Faktor, das *Netzwerk*, entwickelt sich nicht aus räumlichen Gegebenheiten, sondern aus sozialen und kulturellen. Auch dies wird als Teil unseres Auftrags im Land und in der Region bezeichnet. Missionarisches Handeln versucht die Verbindung herzustellen zur Gesellschaft und zu den Menschen, wie sie nun einmal sind und leben. Es ist nicht gut zu erwarten, dass die Menschen sich an „unsere" Art zu arbeiten anpassen, oder dass sie so wie wir ihr gemeindliches Leben gestalten wollen. „Breaking New Ground" zieht folgende Schlussfolgerung:

> „In der Anglikanischen Kirche sind immer mehr Stimmen zu hören – und nicht nur von Menschen, die in der Gemeindepflanzungs-Bewegung engagiert sind –, die darauf aufmerksam machen, dass sich menschliches Leben heute in einem sehr komplexen Geflecht von Beziehungsnetzwerken vollzieht und das Wohnumfeld nur noch geringe Bedeutung hat."[84]

[83] „Breaking New Ground", Church House Publishing, 1994, Abschnitt 1.6.

[84] A.a.O., Church House Publishing, 1994, Abschnitt 1.7.

Als etablierte Staatskirche muss die Anglikanische Kirche sich darum bemühen, Kirche für das ganze Land zu sein. Das ist ihre spezielle Verantwortung. Es ist unsere Pflicht, allen zu dienen:

- denen, die geographisch gesehen zu unserer Gemeinde gehören;
- denen, die in Nachbarschaftsverbänden leben, die unsere Gemeindegrenzen überschreiten;
- und denen, die einem von Ortsgemeinde und Territorium losgelöstem Netzwerk angehören.

Sie alle fallen in unseren Verantwortungsbereich und haben Anrecht auf unsere Fürsorge.

Beispielgeschichten und Anleitungen

Die Autoren von „Breaking New Ground“ erzählen Beispielgeschichten von gelungenen und weniger gelungenen Versuchen, Gemeinde zu pflanzen. Sie boten auch Definitionen für „Kirche“ und „Pflanzung“ an. Sie gaben Anleitungen und Ratschläge, vermieden es dabei aber, formalisierte Regelwerke und allzu straffe Vorgehensweisen vorzugeben, die jede Lebendigkeit und allen Eifer im Keim ersticken könnten. Und sie benannten mögliche Schritte, wie sich Gemeindepflanzungen in partnerschaftlicher Zusammenarbeit mit der Diözese zu reifen Projekten entwickeln konnten.

Als Bericht hatte „Breaking New Ground“ eher „Erlaubnischarakter“, war aber nicht zukunftweisend oder nach vorne orientiert. Die Synode beschäftigte sich mit dem Bericht und empfahl ihn den Kirchengemeinden zur Reflektion des Themas.

Es geht weiter

Seit 1994 hat uns die Erfahrung einiges gelehrt.

Von „grenzüberschreitend" zu „grenzunabhängig"

„Breaking New Ground" war unter anderem auch die Antwort auf die Besorgnis gegenüber Gemeindepflanzungen, die vorgegebene Grenzen von Ortsgemeinden überschreiten. Solche Gemeindepflanzungen haben sich von 25% (1985 bis 1991) auf 17% (seit 1992) verringert.[85] Ein Rückgang der Schließung von Kirchengebäuden hat dazu geführt, dass es weniger leerstehende Gebäude gab, die genutzt werden konnten, und auch die zwei bis drei Jahre dauernden Verhandlungen anlässlich einer grenzüberschreitenden Gemeindegründung mögen entmutigend gewirkt haben. Mit dem Entschluss, bis 2020 neue Gebäude zu errichten, könnte die Zahl aber auch wieder ansteigen.

In einer von Netzwerken geprägten Gesellschaft verschiebt sich die Form der Gemeindepflanzung in Richtung „grenzunabhängiger" Netzwerkgemeinden. Über ein Dutzend von ihnen (hauptsächlich in Städten angesiedelt) wurden seit 1995 gestartet. Sie wurden als missionarische Antwort auf besondere Kulturen und Gruppierungen begonnen, die von den bereits bestehenden Gemeinden nicht erreicht werden konnten. Weitere Erläuterungen und Beispiele dazu finden Sie in Kapitel 4.

Explosion der Vielfalt

Anfang der 1990er Jahre hegte man die Hoffnung, dass die Zahl der Gemeindepflanzungen immer weiter ansteigen würde. Statt steigender Zahlen gab es allerdings steigende Vielfalt. Im Laufe des Jahrzehnts entwickelten sich viele verschiedene Stränge in der Gemeindepflanzungs-Bewegung, man entdeckte viele verschiedene Formen, Kirche zu sein. Kapitel 4 wird sich genauer mit der Dynamik und den Eigenheiten dieser Phase befassen.

[85] Quelle: Datenbank des Forschungsinstituts der Church Army, The Sheffield Centre.

Schon allein das große Spektrum neuer Ausdrucksformen gemeindlichen Lebens wurde als Zeichen dafür begrüßt, dass trotz eines sich rasch wandelnden missionarischen Klimas die spirituelle Kreativität nicht versiegt war. Nicht alle neuen Ausdrucksformen gemeindlichen Lebens hätten sich selbst als „Gemeinde“ oder „Gemeindepflanzung“ bezeichnet. Aber sie vertraten – quer durch das ganze sehr bunte Spektrum – in einigen Punkten die gleichen Meinungen im Blick auf die immer wichtiger werdende Frage: „Was ist Kirche?“. Alles, was bisher unwidersprochen Gültigkeit hatte in Bezug auf Gottesdienstformen, Formen der Gemeinschaft, Sonntag als Gottesdiensttag, Größe der Kerngemeinde und Ausgangspunkte für missionarisches Handeln, wurde jetzt in Frage gestellt. Dabei herausgekommen sind flexiblere Ansätze und die Erkenntnis, dass jede Praxis eines theoretischen Unterbaus bedarf. All diese Themen werden im Kapitel 6 genauer behandelt.

Trotz der Verschiedenartigkeit der neuen Ausdrucksformen gemeindlichen Lebens gab es einige gemeinsame Themen und Fragestellungen:

- Die Kirche leitet ihr Selbstverständnis von der *missio dei* her, von der nie endenden Sendung durch die Liebe Gottes zur Welt.
- Die Dreieinigkeit hat Modellcharakter für den Umgang mit Vielfalt und Einheit in der Kirche.
- Die Schöpfung zeigt, dass Gott die Vielfalt bejaht.
- Missionarisches Handeln in einer von Vielfalt geprägten Welt erfordert zu Recht eine von Vielfalt geprägte Kirche.
- „Katholizität“ meint nicht eine farblose Einheit.[86]
- Erwählung und Inkarnation zeigen uns einen Gott, der es wagt, eigenständige kulturelle Zugänge zu verschiedenartigen Kontexten zu suchen.[87]

[86] Anmerkung der Übersetzerin und des Herausgebers: *Katholizität ist hier im Sinne der weltumspannenden geistlichen Einheit der Kirche zu verstehen, nicht im Sinne der römisch-katholischen Konfession. Im nizänischen Glaubensbekenntnis beten wir: „Ich glaube an die eine, heilige, katholische und apostolische Kirche.“*

[87] Als Grundlage für die missionstheologische Diskussion sowohl im Alten wie im Neuen Testament siehe: „Presence and Prophecy“, Mission Theological Advisory Group, Church House Publishing 2002, Kapitel 9.

Kreative Reproduktion statt Klonen

Der anabaptistische Schriftsteller und Praktiker Stuart Murray Williams war der schärfste Kritiker des Trends in älteren Gemeindepflanzungsprojekten, die einfach nur die äußeren Formen und den Stil der aussendenden Gemeinde kopierten ohne die Andersartigkeit des neuen missionarischen Kontexts zu bedenken. Dies kann nämlich zu dem Fehler führen, dass die Ausprägung der neuen Gemeinde durch den alten Kontext festgelegt ist. So wird der Wunsch nach neuen Gemeindeformen unter Umständen untergraben durch ein simples „Mehr" an Gemeinden.

Die Genforschung ist ein gutes Beispiel, um den Unterschied zwischen kreativer Reproduktion und Klonen verständlich zu machen. Wenn sich die Gene eines Individuums mit den Genen aus einer anderen Quelle mischen, dann ist das Resultat in der nächsten Generation eine genetisch einmalige Schöpfung und keine Kopie. Das gleiche gilt für die Praxis des Gemeindepflanzens:

Beim Gemeindepflanzungsprozess werden kirchliches Engagement und Evangelium zusammengebracht mit einem neuen missionarischen Kontext. Diese Mischung sollte die neue Ausdrucksform gemeindlichen Lebens prägend bestimmen.

Wenn man entweder die theologischen Grundlagen oder den neuen missionarischen Kontext außer Acht lässt, dann fehlt den Pflanzen die Grundlage, um Wurzeln zu schlagen und sich zu einer kontextbezogenen Gemeinde zu entwickeln. Kapitel 5 wird auf dieses Problem näher eingehen.

Im Rückblick erkennt man, dass einige geklonte Gemeindepflanzungen ihre Arbeit völlig unabhängig vom kulturellen Kontext begannen, deshalb schnell alterten und dann all die wenig hilfreichen Merkmale der Muttergemeinde übernahmen. Einige haben nicht überlebt und sich auch nicht weiter verbreitet.

Trotz all dieser Schwachpunkte war das, was sich in dieser frühen Phase der Gemeindepflanzungen ereignete, enorm wichtig. Dort, wo Gemeinden gepflanzt wurden, erlebte Kirche Wachstum (vor allem, wenn man die Zahlen mit dem allgemeinen Rückgang im restlichen kirchlichen Kontext vergleicht) und das Erwachen eines beträchtlichen missionarischen Eifers mit kreativer Initiative. Und dort wo der missionarische Kontext ähnlich war, machte auch die Pflanzung ähnlicher Gemeinden manchmal Sinn.

Gründung und Reifung

Man begriff, dass die Pflanzung einer neuen Gemeinde nicht schon die Garantie zum Erfolg war. Deshalb ist es interessant zu fragen, was den Reifungsprozess unterstützt hat.

Auf dem Höhepunkt des ersten Gemeindepflanzungs-Booms gab es Literatur, die Antworten auf alle Wie-Fragen parat hielt. Die Antworten waren reichlich unflexibel, wenn es um Formen und Prozesse von Gemeindepflanzungen in unterschiedlichen Kontexten ging. Leichte und bequeme Lösungen ermutigten zu einem zu simplen Ansatz. Die Bücher versäumten es oft, zu einer aufwändigeren, langsameren und lokal angepassten Methode zu ermutigen, bei der sich eine ganz eigene, auf den Kontext ausgerichtete neue Ausdrucksform gemeindlichen Lebens hätte entwickeln können.

Dazu kam, dass sich die Ratschläge häufig auf die Gründung und das frühe Stadium im Leben einer neu gepflanzten Gemeinde bezogen. Den später benötigten Fähigkeiten wurde viel zu wenig Aufmerksamkeit gewidmet. So umfasste der Begriff „Gemeinde pflanzen“ in einigen Gegenden lediglich die Gründung der neuen Gemeinde, während ihrem Wachsen und Reifen keinerlei Beachtung geschenkt wurde.

Viel wichtiger für den Entwicklungsprozess der Gemeindepflanzungen war aber das, was in den Köpfen kirchlich engagierter Menschen vorging, also etwa ihre Meinung über die überlieferten Gemeindemodelle.

Reifeprüfung

In der 15jährigen Geschichte der anglikanischen Gemeindepflanzungs-Konferenzen waren diejenigen Seminare, die sich mit dem Thema „Gepflanzte Gemeinden im Reifeprozess“ beschäftigten, immer gut besucht. Zu solchen Themen wurde immer wieder die individuelle Beratung gesucht. Es wurden sogar zusätzliche Konferenzen zu Spezialthemen durchgeführt.

Zurückblickend kann man sagen, dass das Leben und die Lebendigkeit neuer Ausdrucksformen gemeindlichen Lebens immer wieder durch den Kontrolldrang von „Muttergemeinden“ unnötig beeinflusst wurden, aber auch durch die Unsicherheit der amtierenden Pfarrer und durch Pfarrerwechsel. Manchmal fehlte es innerhalb der Diözese an der Fähigkeit zu erkennen, dass neu gepflanzte Gemeinden irgendwann kein „interessantes Experiment“ oder „missionarisches Projekt“ mehr waren, sondern als ausgereifte Gemeinden anerkannt werden mussten. Auf das sprachliche Bild der Mutter- und Tochtergemeinden verzichtete man irgendwann und sprach stattdessen von Aussendungsgemeinden und ausgesandten Gemeinden.

Gibt es ein Leben nach dem Tod?

Nicht alles, was in der Aufbruchstimmung des Gemeindepflanzungsprozesses Anfang der 1990er Jahre entstand, hat überlebt. Gründe für ein Scheitern waren unter anderem schlechte Planung, Probleme in der Gemeindeleitung, ausschließlich nach innen gerichtete Aufmerksamkeit, Nichtbeachtung kultureller Bedingungen, in Teilzeit arbeitende Gemeindeleiter und fehlende finanzielle Mittel.[88]

Schätzungen besagen, dass 90% der anglikanischen Gemeindepflanzungen weiterhin Bestand haben. Das ist eine Zahl, die sich positiv abhebt von einigen anderen Denominationen.

Weiterdenken

„Breaking New Ground“, entstand in einem Klima, in dem man sich nach Ordnung sehnte. Die Studie bediente sich darum einer Sprache, die durch eine gewisse unschuldige Klarheit geprägt war:

> „Gemeinde pflanzen ist im Normalfall gleichbedeutend mit dem Aufbau eines neuen Gottesdienstortes oder einer neuen Gemeinde und sollte als wichtiges Element von Gemeindewachstum unbedingt gefördert werden.“[89]

Buchstäblich jede der in diesem Satz formulierten Vorstellungen wurde mittlerweile durch die große Vielfalt der neu gepflanzten Gemeinden in Frage gestellt.

[88] Zusätzliches Material zum Thema gescheiterte Gemeindepflanzungen siehe unter www.encountersontheedge.org.uk (9.06.2006).
[89] „Breaking New Ground“, Church House Publishing, 1994, Abschnitt 8.4.

Mit dem Aufkommen von Zellgruppen und Basisgemeinden (siehe Kapitel 4) verliert der Begriff „Gemeinde“ seine umfassende Bedeutung. Selbst wenn man von „Gottesdienstgemeinde“ spricht, trifft das immer weniger den Kern kirchlicher Dynamik. Der Ausdruck „christliche Gemeinschaft“ passt eher und ist zudem flexibler.

Selbst die Rede von gottesdienstlichen Orten zeigt ein festgelegtes Verständnis von Kirche, das eng mit einer missionarischen Komm-Struktur verbunden ist: „Wir laden zu uns ein“. Es setzt den Sonntag als (ausschließlichen oder hauptsächlichen) Gottesdiensttag ebenso voraus wie die gemeinsame Gottesdienstfeier und das Vorhandensein geweihter Gebäude mit ordinierten Gemeindeleitern. All diese Elemente sind aber als natürliche Pfeiler einer Definition von Gemeinde heute in Frage gestellt. Die neuen Ausdruckformen gemeindlichen Lebens versuchen heute, mit den Menschen der nach-christlichen Gesellschaft in Kontakt zu treten. Sie würden sogar sagen, dass das Angebot von Gottesdiensten gar nicht der richtige Ausgangspunkt für missionarisches Handeln ist.[90]

Im Begriff „Gründung“ schwingt etwas Triumphales, ja sogar Mechanistisches mit. Ein kontextuell angemessenerer und sensiblerer Ansatz würde Begriffe wie „Entwicklung“ oder „Entstehung“ benutzen. Darüber hinaus lehnt es die Gemeindepflanzungs-Bewegung nach wie vor ab, als Flügel der „Gemeindewachstums“-Bewegung mit allen Assoziationen evangelikaler Prägung verstanden zu werden. Vertreter vieler verschiedener Strömungen in der Kirche haben inzwischen Gemeinden gepflanzt. Das Etikett „Gemeindewachstum“ könnte zu der Annahme verleiten, das Anliegen des Gemeindepflanzens sei lediglich die zahlenmäßige Zunahme der *bereits existierenden* Gemeinden. Es geht aber bestenfalls darum, *verschiedenartige zukünftige* Gemeinden zu vermehren.

Was ist das: „richtige“ Kirche?

Ebenso war 1994 die Überzeugung verbreitet, dass das „Gemeindepflanzen“ lediglich eine Brückenfunktion übernehmen sollte, um die Menschen dann endlich zurück in die „richtige“ Kirche zu führen.

[90] Genaueres zu diesem Thema siehe Kapitel 6.

Das Bild der Brücke legt eine andere Metapher nahe. Demnach funktioniert die Kirche wie ein Magnet: Man muss die Menschen nur nah genug an die Kirche heranführen, damit sie ihre unwiderstehliche Anziehungskraft spüren können. Dabei ignoriert die Kirche aber, was die meisten Menschen in der westlichen Welt längst wissen:

> „Seit dem 17. Jahrhundert entdecken die Menschen – anfangs zu ihrer eigenen Überraschung – mehr und mehr, dass sie Gott und die Kirche ignorieren können, ohne dass es ihnen schlechter geht.“[91]

Magnete sind wirkungslos bei nicht metallhaltigen Gegenständen. Viele Gemeinden sind einfach nicht attraktiv für die Menschen der nach-christlichen Zeit. Zum Paradigmenwechsel seit der Veröffentlichung von „Breaking New Ground“ gehört auch die Entdeckung, dass die neuen Ausdrucksformen gemeindlichen Lebens nicht nur legitim sind, sondern vielleicht sogar legitimer als die alten, weil sie den missionarischen Auftrag besser erfüllen, näher am Kontext vor Ort sind und den Gedanken der Inkarnation aufmerksamer verwirklichen.

Planen oder wahrnehmen?

„Breaking New Ground“ hat behauptet:

> „Gemeinde pflanzen ist normalerweise Teil eines langfristigen Prozesses innerhalb einer Diözese und geschieht in partnerschaftlicher Zusammenarbeit mit dem Dekanat ...“[92]

Der Wunsch nach gemeinsamen Überlegungen und nach Partnerschaft ist überall dort stark und gesund, wo es sich nicht um die unabhängige unternehmerische Tätigkeit einzelner Großgemeinden handelt. Zwei Faktoren aber lassen auch diese Strategie unzureichend erscheinen:

- Es gibt nur wenige Diözesen mit langfristigen Plänen für Gemeindepflanzungen, mit denen missionarisch ausgerichtete Ortsgemeinden kooperieren könnten.
- Diejenigen, die mit Randgruppen in der Kirche arbeiten, wol-

[91] David Bosch, „Believing in the Future“, Continuum International Publishing Group/Trinity Press, 1995, S. 15.
[92] „Breaking New Ground“, Church House Publishing, 1994, Abschnitt 8.4.

len vor allem die gute Nachricht von Jesus Christus in einer Kultur, einer Gruppe von Menschen oder an einem Ort verbreiten und erst dann, als Reaktion darauf, Gemeinden pflanzen. Sie sprechen lieber davon, die Saat des Evangeliums auszusäen und dann zu schauen, was passiert. Je nachdem, wie Menschen auf das Evangelium ansprechen, formt sich auch die christliche Gemeinschaft. In einem solchen Prozess geht es vor allem darum wahrzunehmen, was Gott bereits getan hat. Jedenfalls liegt diesem Vorgehen das Empfinden zugrunde, dass

> „die Ekklesiologie[93] (nur) ein Unterkapitel der Missionswissenschaft ist."[94]

- Es ist zwar legitim, genießt aber nicht länger Priorität, für ein vorher festgelegtes Ziel zu planen. Authentisch ist nicht mehr die Initiative, die planend von festen Strukturen ausgeht, sondern diejenige Arbeitsweise, die sich aus der konkreten missionarischen Arbeit informiert und darauf reagiert. Vieles von dem, was heute umgesetzt wird, geschieht ad hoc und ist nicht offiziell geplant – es ist sozusagen „vor-offiziell".[95]

[93] Anmerkung des Herausgebers: *Das ist die Lehre von der Kirche. Gemeint ist damit auch, dass Mission Vorrang hat vor der Frage nach der Gestalt der Kirche. Dieser Gedanke zieht sich durch die ganze Schrift „Mission-shaped Church". Zuerst geht es um die Sendung in die Welt, die Gestaltung gemeindlichen Lebens ergibt sich dann, wenn diese Sendung in die Welt zu einer neuen Begegnung des Evangeliums mit der Kultur von Menschen führt, die ihrerseits durch dieses Evangelium an ihrem Ort angesprochen und zu einer Antwort des Glaubens und damit zur Gemeindebildung angeregt werden.*

[94] George Carey, in seiner Rede auf der Gemeindepflanzungs-Konferenz von 1989.

[95] Beispiele dafür sind die Gründung sehr verschiedenartiger Gemeinden, die gemeinsam dasselbe Gebäude benutzen, oder sich entwickelnde Gruppen wie die „Gemeinden", die sich rund um den Alphakurs bilden.

Kirchliche Entwicklungen im weiteren Umfeld

Umfrage in den Diözesen

Als Teil der Vorbereitung für diesen Bericht hat die Arbeitsgruppe eine Umfrage in den Diözesen angeregt. Die Ergebnisse dieser Umfrage haben dabei geholfen, den Rahmen für Form und Inhalt von „Mission-shaped Church“ festzulegen.

Für die Diözesen war die Umfrage eine Möglichkeit, ihr Augenmerk noch einmal auf besondere Themenschwerpunkte und Problembereiche zu lenken. Immer wieder wurde Anleitung für eine einfache, qualitativ gute Praxis gewünscht. Als wesentlich betrachtet wurde kompetente Leitung auf der Ebene der Ortsgemeinde sowie der Diözese, einhergehend mit ständiger Fortbildung, Unterstützung und Beratung.

Die Umfrage zeigte auch, dass zurzeit die offizielle Berichterstattung über Gemeindepflanzungen und neue Ausdrucksformen gemeindlichen Lebens, von ein paar Ausnahmen abgesehen, bruchstückhaft ist. Wir werden deshalb die Empfehlung geben, in den einzelnen Diözesen an einer besseren Form der Berichterstattung zu arbeiten: Alle Ausdrucksformen gemeindlichen Lebens sollten bekannt sein und ernst genommen werden. Wo Erfahrungen gemacht werden, sollen sie auch wahrgenommen und umgesetzt werden können. Außerdem werden wir empfehlen, die Themen „Gemeinde pflanzen“ und neue Ausdrucksformen gemeindlichen Lebens als festen Bestandteil in die Fort- und Weiterbildung der haupt- und ehrenamtlichen Mitarbeiterschaft in der Kirche aufzunehmen.

Erfahrungsberichte aus den Denominationen

In den frühen 1990er Jahren entwickelten alle Denominationen und auch neue kirchliche Strömungen Programme zur Pflanzung neuer Gemeinden. Es entstanden auch zahlreiche Stellen für landesweit arbeitende Hauptamtliche mit diesem Arbeitsgebiet, außerdem wurden Fortbildungsprogramme und -materialien erarbeitet.

Ein überkonfessioneller, landesweiter Kongress zum Thema „Gemeinde pflanzen“ machte 1992 Schlagzeilen wegen seiner außerordentlichen Zielvorgaben für die Zukunft. Die Ergebnisse fielen weit hinter die Hoffnungen und Erwartungen zurück. Detaillierte Darstellungen der Ereignisse während des vergangenen Jahrzehnts bieten eine Reihe von Quellen, besonders Berichte der verschiedenen Denominationen[96] und weitere Publikationen zum Thema.[97]

Post-konfessionell?

Menschen, die zu den jüngeren Generationen gehören, sind heute nicht mehr ökumenisch, sondern post-konfessionell. Umgeben von Säkularismus, Materialismus, miteinander wetteifernden spirituellen Bewegungen und anderen Weltreligionen reicht es ihnen, einfach nur Christ zu sein. Dazu kommt die Mobilität jüngerer Menschen. Sie haben ganz neue Möglichkeiten zu wählen, zu wem sie sich zugehörig fühlen möchten. Die einzelnen Denominationen werden nicht als attraktive Designer-Marken angesehen, sondern lediglich als verschiedene Arten sich zu kleiden – und die meisten Bekleidungsarten sind in ihren Augen einfach nicht „cool".

„Breaking New Ground" drängte dazu, Gemeindepflanzungen wo immer möglich auf ökumenischer Basis zu gestalten. Trotzdem machen die „Local Ecumenical Partnerships" (LEPs), also die örtlichen ökumenischen Partnerschaften lediglich 9% der Gemeindepflanzungen seit 1967 aus, die mit der Anglikanischen Kirche verknüpft sind. LEPs gehen fast immer einher mit der Entstehung von Neubaugebieten auf dem freien Feld und von neuen Städten. In solchen Kontexten gibt es weniger „Altlasten" und es fällt leichter, ökumenische Partnerschaften zu entwickeln. Der Prozentsatz von Pflanzungen, die durch informelle ökumenische Zusammenarbeit entstanden sind, war höher.

Die praktischen Vor- und Nachteile der LEP-Pflanzungen werden in Kapitel 7 zusammengefasst. Die Hauptspannung besteht darin, dass in der Zusammenarbeit große Sensibilität erforderlich ist, während das Handwerkszeug dafür bislang un-

[96] U.a. „Planting New Churches" von der methodistischen Kirche, Methodist Publishing House, 2001; und „Planting Questions" von der baptistischen Kirche, Baptist Union of Great Britain, 2000.
[97] George Lings und Stuart Murray Williams, „Church Planting Past Present and Future", Grove Evangelism 61, 2003.

handlich und wenig ausgefeilt ist. Außerdem zeigt die Erfahrung, dass LEP-Pflanzungen selten, wenn überhaupt, zu weiteren Pflanzungen führen.

Ist „Gemeinde pflanzen" passé?

Nachdem das Interesse am Gemeindepflanzen nach dem Höhepunkt in den 1990er Jahren nachgelassen hatte, brachten andere Strömungen neue Strategien gegen die Unwirksamkeit missionarischen Handelns auf den Markt: Gottesdienste für Suchende, Torontosegen, Alphakurse, Zellgruppen, Keltische Spiritualität, „Pensacola Revival" und, in jüngster Zeit, die „Transforming Community"-Videos. Viele dieser Initiativen wurden fälschlicherweise als „die schnelle Lösung" für das Missionsdilemma der Kirche interpretiert. Die Begeisterung für diese neuen Optionen hatte aber vielleicht zur Folge, dass man sich nicht mehr für die aufwändigen Wege begeisterte, die z.B. viel Gebet erfordern, die aber der Kirche geholfen hätten, sich in einem nicht-kirchlichen Umfeld zu entwickeln und zu wachsen. Und so trat das Konzept des Gemeindepflanzens in den Hintergrund.

In einer Umfrage zum Thema „Gemeinde pflanzen" im vergangenen Jahrzehnt stellen George Lings und Stuart Murray Williams einen Rückgang der Aktivitäten in der zweiten Hälfte der 1990er Jahre fest, aber auch ein erneuertes Interesse seit dem Jahr 2000. Ihre Schlussfolgerung:

> „Es weist einiges auf eine erneute Zunahme an Gemeindepflanzungs-Aktivitäten hin. ... Die Pflanzungen haben nicht mehr das gleiche Profil wie zuvor, aber es gibt Anzeichen für ein Wiederaufleben. Unserer Beurteilung nach ist das Maß der Aktivitäten höher als noch vor fünf Jahren und das Tempo zieht wieder an."[98]

[98] George Lings und Stuart Murray Williams, „Church Planting Past Present and Future", Grove Evangelism 61, 2003.

Der Blick nach draußen

Beiträge aus dem United Kingdom

Ein bemerkenswerter Beitrag ist der aus der Presbyterianischen Kirche Schottlands kommende Bericht „A Church without Walls“[99]. Er fasst auf hervorragende Weise zusammen, wie sich das missionarische Klima in Schottland verändert hat und welche Prozesse in Gang gebracht wurden, um der veränderten Lage Rechnung zu tragen. Schonungslos wird dabei aufgelistet, wo der herkömmliche Ansatz von Kirche zum Hindernis wird, das überwunden werden muss. Zugleich werden weitreichende Vorschläge für weiterführende Reformen gemacht.

Die „Evangelism Research Group“[100] des Missionarischen Ausschusses der Kirche von Wales hat ein Dokument von ähnlicher Bedeutung herausgebracht: „Good News in Wales“[101] In Form von Geschichten werden die unterschiedlichen Lösungsansätze für die missionarische Herausforderung der Gegenwart beschrieben und danach analysiert. Die Verfasser rufen mit Dringlichkeit dazu auf, den Missionsauftrag zur Grundlage alles kirchlichen Handelns zu machen. Erzbischof Rowan Williams schrieb in seinem Vorwort:

> „Es gibt Zeichen der Hoffnung. Wir sehen sie vor allem in der Entwicklung verschiedener Formen kirchlichen Lebens ... es gibt neben dem traditionellen parochialen System auch andere Möglichkeiten, Kirche zu sein.“[102]

Beide Berichte sind zugänglich für die meisten Gemeindeleiter und eignen sich gut als Arbeitsmaterial und als Anregung zur Diskussion.

[99] „A Church without Walls“ kann bestellt werden unter www.churchofscotland.org.uk (9.06.2006). Anmerkung des Herausgebers: *Es geht um eine „Gemeinde ohne Grenzen“.*

[100] Anmerkung der Übersetzerin: *Das ist die Arbeitsgruppe für evangelistische Forschungen.*

[101] „Good News in Wales“ kann heruntergeladen werden unter www.churchinwales.org.uk/cmm/renewal/goodnews (9.06.2006). Anmerkung des Herausgebers: *„Gute Nachricht in Wales“.*

[102] Rowan Williams, in: „Good News in Wales”, S. 3.

Beiträge aus der weltweiten Kirche

Das Spektrum der Quellen, Einsichten und Kommentare aus der weltweiten Kirche ist groß. Inwieweit kann die „weltweite Kirche" der Anglikanischen Kirche behilflich sein bei der Suche nach neuen Wegen, in England Kirche zu sein?

- Wir bekommen die Möglichkeit, unsere Wahrnehmung zu erweitern, unseren Blick zu öffnen und unsere Phantasie zu bereichern.
- Wir kommen in den Genuss neuer Ressourcen: durch Christen aus anderen Ländern, die zu uns nach England kommen und durch die Begegnungen englischer Christen mit Christen in anderen Ländern. Diese kulturübergreifenden Erfahrungen und Begegnungen können Herausforderung sein und Veränderung bewirken.
- Wir bekommen eine Ahnung davon, dass man Dinge auf verschiedene Weise tun kann. Die anderen Wege mögen nicht direkt auf unsere englischen Verhältnisse übertragbar sein, aber sie können angepasst werden oder zu etwas Neuem inspirieren, was dann besser zu unserer Situation passt.
- Die „Weltkirche" kann uns die Augen öffnen für verloren gegangene oder in den Untergrund abgetauchte Traditionen aus unserer eigenen Geschichte.
- Viele anglikanische Missionsgesellschaften stellen inzwischen Mittel für die missionarischen Aktivitäten in England zur Verfügung.
- Durch unsere internationalen Kontakte übt das Zeugnis der Weltkirche ununterbrochen Einfluss auf die Anglikanische Kirche aus. Vielleicht können wir konzentrierter und mit größerer Demut über diese Einflüsse nachdenken und überlegen, was wir daraus lernen und wie wir das Gelernte praktisch anwenden können.

Fazit

„Breaking New Ground" hat seine Zeit und seinen Kontext veranschaulicht. Es hat zu kontrolliertem Handeln, Absicherung und allmählicher Entwicklung innerhalb des existierenden Rahmens ermutigt, und es hat dabei geholfen, das Gemeindepflanzungs-Konzept in der Kirche zu legitimieren. Aber die Frage nach dem „Wie", die in „Breaking New Ground" noch fundamental war, ist schnell überholt worden von der viel radikaleren Frage nach dem „Warum". Heute gibt es weniger Bücher über die Praxis von Gemeindepflanzungen. Dafür denken mehr Menschen auf radikale Weise darüber nach, was Kirche eigentlich ist, und suchen nach kreativen Lösungen. Als Reaktion auf die veränderte Welt und die Krise der Kirche wächst das Interesse daran herauszufinden, „was Kirche ist und wofür Kirche da ist."

Denk- und Diskussionsanstöße

- Brauchen wir mehr und verschiedene Formen von Gemeinde, oder müssen die existierenden Formen von Gemeinde einfach nur besser werden? Oder brauchen wir beides? Vorgeschlagener Bibeltext: 1. Kor 3,10 – 16.
- Alle Gemeinden waren in gewisser Weise einmal Gemeindepflanzungen – also neue Initiativen, um verschiedene Menschen auf verschiedene Weise mit dem Evangelium in Verbindung zu bringen. Wie und warum wurde Ihre Gemeinde gegründet?
- Was ist Ihrer Meinung nach *grundlegend notwendig*, damit eine christliche Gruppe oder Gemeinschaft als Gemeinde bezeichnet werden kann? Was könnte andererseits auch riskiert oder gar aufgegeben werden, wenn nur dadurch das Evangelium aufblühen könnte?
- Dieses Kapitel stellt fest, dass „es nur wenige Diözesen[103] ... mit langfristigen Plänen für Gemeindepflanzungen (gibt)". Wie viel wissen Sie über die Missions- und Wachstumsstrategien Ihrer Diözese? Inwieweit haben diese Strategien Einfluss auf Ihre Gemeinde? Inwieweit könnten auch Anstöße aus Ihrer Ortsgemeinde die Diözese zum Gemeindepflanzen und zu neuen Ausdruckformen gemeindlichen Lebens ermutigen?
- In diesem Kapitel wird gesagt, dass „missionarisches Handeln in einer von Vielfalt geprägten Welt zu Recht ... eine von Vielfalt geprägte Kirche (erfordert)". Kann die Vielfalt in der Kirche zu groß werden? Wie könnte Ihre eigene Ortgemeinde ihre Vielfalt vergrößern, um den verschiedenen Bedürfnissen gerecht zu werden? Welche Ressourcen sind dafür nötig? Wie könnten Sie Zugang zu diesen Ressourcen bekommen?

[103] Anmerkung des Herausgebers: *Übersetzen Sie diesen Begriff für sich als „Landeskirche" oder auch „Kirchenkreis".*

Kapitel 3: Was ist „Gemeinde pflanzen" – und warum sollten wir uns damit beschäftigen?

Schon 1991 formulierte Pastor Bob Hopkins, Initiator der Gemeindepflanzungs-Konferenzen der Anglikanischen Kirche und Autor zweier Bücher zu diesem Thema[104], eine Arbeitshypothese:

> **„Gemeindepflanzung bedeutet, an der Mission Gottes teilzuhaben, indem wir neue Gemeinschaften des christlichen Glaubens schaffen, um so seinem Reich in jedem geographischen und kulturellen Kontext Ausdruck zu verleihen."**

Diese knappe Formulierung hat sich bewährt. Sie hält Anschluss an gegenwärtige theologische Diskurse. Und sie bleibt flexibel im Blick auf viele mögliche Formen gemeindlichen Lebens und im Blick auf die Vielfalt der missionarischen Aufgaben.

Die Begriffe „Gemeinde" und „pflanzen" haben je für sich gesehen viele verschiedene Bedeutungen. Wenn man sie aber miteinander verbindet, beeinflussen sie sich gegenseitig hinsichtlich möglicher Interpretationen. So hat die Studie „Breaking New Ground" zu Recht bemerkt, dass wir „Gemeinde" und „pflanzen" eigentlich getrennt voneinander schreiben und nicht ein neues zusammengesetztes Substantiv bilden sollten – also „Gemeinde pflanzen" und nicht „Gemeindepflanzung". So kann man nämlich am besten der eigenen Bedeutung der beiden Worte gerecht werden: Es ist wichtig, dass die neu entstehende Gemeinschaft als „Gemeinde" zu erkennen ist. Und es ist wichtig, dass es sich um ein „Pflanzen" handelt, also um einen ganz und gar organischen Prozess.[105]

[104] Bob Hopkins, „Church Planting: Models for Mission in the Church of England", Grove Evangelism 4, 1988; und „Church Planting: some Experiences and Challenges", Grove Evangelism 8, 1989.

[105] Anmerkung des Herausgebers: *Diese Schreibweise ließ sich bei der Übersetzung und Bearbeitung von „Mission-shaped Church" nicht stringent ins Deutsche übernehmen; darum ist hier in der Regel das zusammengesetzte Substantiv „Gemeindepflanzung" verwandt worden, wenn nicht Kontext und Sprachduktus die verbale Formulierung „Gemeinde(n) pflanzen" nahe legten und ermöglichten. Gelegentlich wird auch vom „Gemeindepflanzen" als Prozess gesprochen.*

„Gemeinde pflanzen" – Was ist das?

Die Verfasser von „Breaking New Ground" (Absatz 2.2) sprechen von der „Verpflanzung einer Gruppe von Christen aus der ursprünglichen Gottesdienstgemeinde an einen neuen Ort bzw. in ein neues Gebäude". Die üblichen Merkmale einer neu gepflanzten Gemeinde werden folgendermaßen beschrieben:

- Sie entsteht aus der bewussten evangelistischen Absicht heraus, eine Gemeinde zu gründen.
- Sie entsteht, indem einige Menschen die aussendende Gemeinde verlassen, um an anderer Stelle eine neue Gemeinde zu gründen oder eine bereits existierende Gemeinde wiederzubeleben.
- Sie hat eine klare Prägung und einen bestimmten Stil.
- Sie hat eine klar erkennbare, von anderen innerhalb und außerhalb der gepflanzten Gemeinde akzeptierte Leitung.
- Sie hat wiedererkennbare pastorale Strukturen.
- Sie dient einer klar umrissenen Zielgruppe, Kultur oder einem Wohnumfeld.[106]

Gemeinde pflanzen ist ein Prozess

Diese Liste ist nach wie vor nützlich. Vor allem das letzte Merkmal untermauert, dass eine Gemeinde am besten mit einer klaren Absicht und mit einem bestimmten Kontext vor Augen gepflanzt werden sollte. Man hat allerdings inzwischen die Entdeckung gemacht, dass eine Gemeindepflanzung, die „einer klar umrissenen Zielgruppe, Kultur oder einem Wohnumfeld dient", nicht schon im Vorfeld festlegen kann, wie genau Lebensformen und Ausdrucksweisen der entstehenden Gemeinde aussehen. Im 1. Korintherbrief finden wir hierzu eine neutestamentliche Analogie (dort allerdings mit etwas anderer Zielrichtung):

> „Und was du säst, ist ja nicht der Leib, der werden soll, sondern ein bloßes Korn, ... Gott aber gibt ihm einen Leib, wie er will, einem jeden Samen seinen eigenen Leib."[107]

[106] „Breaking New Ground", Church House Publishing, 1994, Abschnitt 2.4.

[107] 1 Kor 15,37–38. Anmerkung der Übersetzerin: *Die Bibelzitate entstammen der Luther-Übersetzung = Die Bibel nach der Übersetzung Martin Luthers, Deutsche Bibelgesellschaft Stuttgart, 1985.*

Auch der vorhergehende Vers in 1. Korinther 15 hat sich in der Erfahrung der Gemeindepflanzungen seit 1994 bewahrheitet: „Was du säst, wird nicht lebendig, wenn es nicht stirbt.“ Der gleiche Gedanke taucht auch in Jesu Lehren über die Bedeutung seines Todes auf (Joh 12,23ff). Jesus benutzt das Bild vom Samenkorn als Beleg dafür, dass etwas sterben muss, um neue Samenkörner hervorzubringen. Mit dem Vorgang des Pflanzens untrennbar verbunden sind Bewegung und Veränderung. Die Samen müssen aus der Verpackung genommen und im Boden des missionarischen Kontextes eingegraben werden, wo die Saat (in diesem Fall das Pflanzungs-Team) für das alte Leben und Umfeld „stirbt“. Der Same verliert seine ursprüngliche Identität, nämlich die als Teil der aussendenden Gemeinde mit ihrer ganz bestimmten Prägung und Kultur. Er wird etwas anderes, als er es vorher war. Sterben, um zu leben ist also natürlicher Bestandteil des Pflanzungs-Prozesses.

„Breaking New Ground“ spricht von „Verpflanzung“ und „Verlagerung”. Der erste Begriff trifft es besser, weil er nicht nur die äußere, sondern auch die innere Veränderung in den Blick nimmt. Die „Verlagerung“ transportiert lediglich Ideen von einem Ort zum anderen. Keines der beiden Wörter erfasst jedoch wirklich die Radikalität der Veränderungen, die hier stattfinden. Das Pflanzungs-Team (oder der Same) vermischt sich mit dem neuen Kontext, kann dort Wurzeln schlagen und Nahrung und Kraft aus der Umgebung ziehen. In diesem Prozess stirbt es als Same und verändert seine ursprüngliche Form. Das Ergebnis ist ein neuer Leib aus Gläubigen und hoffentlich gleichzeitig ein Leib aus neuen Gläubigen.

Das Gleichnis des Pflanzens ist wirklich gut gewählt, denn es übermittelt als Bild das, was theologisch für kulturübergreifende Mission grundsätzlich gelten sollte. Und – das muss eindeutig betont werden – im England des 21. Jahrhunderts ist jegliche missionarische Arbeit zu einer kulturübergreifenden Aufgabe geworden. Das heißt nicht, dass alle alten Gemeinden geschlossen werden müssen und nur die neuen ein Recht auf Leben haben. Aber alle Gemeinden, die sich mit Gemeindepflanzung befassen, müssen – ganz gleich wie alt sie sind – der Tatsache ins Auge schauen, dass sie sterben müssen, um zu leben.

Die restlichen Punkte der oben angeführten Liste beziehen sich mehr auf die Merkmale, die neu gepflanzte Ausdrucksformen gemeindlichen Lebens aufweisen sollten. Wenn man in dem Bild der Samen und Pflanzen bleibt, dann sind diese Faktoren sozusagen die genetische Basis, die im Samen angelegt sein muss; denn was genetisch angelegt ist, findet auch Ausdruck in der entstehenden Pflanze. Dazu gehört sowohl die Identifikation mit dem neuen Ort, die Unterstützung durch die lokalen Entscheidungsträger und die Beziehungen zur Kirche im weiteren Kontext, als auch ständig sorgfältig zu überprüfende praktische Strukturen. Die Liste sollte der Vollständigkeit halber heute auch einen Hinweis auf Christus, auf den Gottesdienst und die Nachfolge beinhalten, um den christlichen Charakter dieses Unterfangens klarer herauszustellen. Das letzte Merkmal ist eine hilfreiche Erinnerung daran, dass diese junge, neu gepflanzte Gemeinde auch nach der Anfangsphase in der apostolischen Nachfolge bleiben und missionarisch sein will. Mission sollte nie aus dem Blick geraten, weil sie zum fundamentalen genetischen Material gehört und die Antriebskraft für das Leben der Kirche ist.

Die Bedeutung des Wortes „pflanzen"

Mit Wörtern und Begriffen verbindet sich manchmal eine bestimmte Geschichte. Für manche Menschen hat der Begriff „pflanzen" einen zweifelhaften Ruf. Das ist berechtigt, wenn der Prozess der „Pflanzung" unüberlegt ist und lediglich einen Klon hervorbringt, wenn er auf aggressive Weise vorangetrieben wird, oder wenn große Gruppen von Menschen ohne Rücksicht auf den missionarischen Kontext oder die bereits existierenden Gemeinden in ein neues Umfeld ziehen.

Trotzdem ist der Begriff „pflanzen" nach wie vor sinnvoll. Man hat versucht, andere Bezeichnungen zu finden, um die große Bandbreite der neu entstehenden verschiedenen Typen oder Stile von Gemeinden zu erfassen. Bezeichnungen wie „neue Formen von Gemeinde", „Gemeinde auf neuen Wegen", „neue Ausdrucksformen gemeindlichen Lebens" haben sicher alle ihren Wert, aber sie haben ausschließlich die „Gemeinde" im Blick und lassen den Prozess und auch die dahinterstehende missionarische Energie, also die treibende Kraft hinter den neuen Initiativen, außer Acht.[108] Die Formulierungen sind außerdem nicht geeignet, um zwischen Veränderungsschritten innerhalb

[108] Manche dieser Beschreibungen für neue Stile und Formen von Gemeinde werden in Kapitel 4 ausführlicher beschrieben.

einer Gemeinde (wenn eine Gemeinde zum Beispiel beschließt, sich in kleine Zellgruppen aufzuteilen) und den Prozessen zu unterscheiden, die zur Gründung einer neuen Gemeinde führen.

Wir hoffen durch diesen Bericht dazu beizutragen, dass die Menschen in der gesamten Anglikanischen Kirche verstehen lernen, was „pflanzen" im tiefsten Sinne bedeutet. Die Fusion zweier um das Überleben kämpfender Gemeinden zum Beispiel oder auch der Erwerb neuer Räumlichkeiten ist kein „Gemeinde pflanzen". Und wenn Teile einer Gottesdienstgemeinde an einem neuen Ort etwas Neues beginnen, sich aber innerlich nicht mit dem neuen Kontext identifizieren und sich von ihm verändern lassen, dann handelt es sich auch nicht um eine Gemeindepflanzung, sondern um eine Gemeindeübernahme.

Der Unterschied zwischen Prozess und Resultat

Am besten konzentriert man sich auf den verbalen Charakter des Begriffes „Gemeinde pflanzen". Bis in die Mitte der 1990er Jahre sprach man ausschließlich nominal von „Gemeindepflanzen", wenn man das Ergebnis des „Gemeindepflanzens" in Augenschein nahm. Heute fragt man sich, ob mit diesem sprachlichen und terminologischen Gebrauch der ganze Umfang der neuen Ausdrucksformen gemeindlichen Lebens abgedeckt werden kann.

„Gemeinde pflanzen" ist ein Prozess. Das Thema selbst ist ein Teilbereich der praktischen Missionstheologie, die darüber nachdenkt und diskutiert, welche Grundlagen für die Schaffung neuer Ausdrucksformen gemeindlichen Lebens nötig sind. Die Vielfalt dieser neuen Ausdrucksformen ist die Frucht des Pflanzungsprozesses. Deshalb wird in Kapitel 4 der Ausdruck „traditionelle Gemeindepflanzung" für einen speziellen Strang der neuen Ausdrucksformen gemeindlichen Lebens verwendet – sozusagen als Teilmenge des Phänomens und des Prozesses.

Wir möchten in diesem Bericht „Gemeinde pflanzen" folgendermaßen definieren:

> **„Gemeinde pflanzen" ist der Prozess, durch den die Saat des Lebens und der Botschaft Jesu Christi, verkörpert durch eine Gemeinschaft von Christen, aus missionarischen Gründen in einen bestimmten kulturellen oder geographischen Kontext eingepflanzt wird.**

Diese Gemeinschaft soll dort Wurzeln schlagen, damit eine ganz neue, eigenständige und aus dem kulturellen Kontext erwachsene Gestalt des Leibes Christi entsteht. Diese Nachfolger Christi sollen ihrerseits in der Lage sein, den Staffelstab zu übernehmen und sich den missionarischen Auftrag zu eigen zu machen.

Was bedeutet „Gemeinde" im Kontext des „Pflanzens"?

„Breaking New Ground“ definiert „Gemeinde“ in dem besonderen Kontext des „Gemeindepflanzens“. Diese Definition ist ein guter Ansatzpunkt zum Weiterdenken.

> „In diesem Bericht definieren wir ‚Gemeinde' … folgendermaßen: Gemeinde ist eine Gruppe von Christen, die aus einem klar umrissenen Wohnumfeld, kulturellen Kontext oder Netzwerk kommt, die unter einer von der Kirche autorisierten Leitung steht, und deren Gottesdienste und Gemeindeleben das regelmäßige Predigen des Wortes Gottes und die Feier der beiden Sakramente Taufe und Abendmahl einschließen.“[109]

Eine gute Grundlage

Es sind die Menschen, die Gemeinde bilden, nicht die Gebäude. Sie fühlen sich in der Gemeinde verwurzelt und sind bewusst an einen Ort gebunden. So ist es überall, unabhängig, ob es sich um eine Gemeinde in Kolossae oder in Köln handelt. Man kann sowohl in einer Kultur als auch in einem Netzwerk verwurzelt sein, oder auch einfach an einem Ort oder in einer Region. Außerdem wird man die Verbindung zur größeren, auch institutionellen kirchlichen Gemeinschaft Kirche ernstnehmen und sich ihr gegenüber verantwortlich wissen. Gottesdienst und gemeinschaftliches Leben sind zwei der wesentlichen Charakteristika. Wort und Sakrament stehen gleichberechtigt nebeneinander und werden ausdrücklich erwähnt.

[109] „Breaking New Ground“, Church House Publishing 1994, Abschnitt 2.1.

Aber …

Im Nachhinein kann man in diesem Verständnis von „Gemeinde“ in “Breaking New Ground“ allerdings einige Schwächen entdecken. Der Bericht beschreibt fast durchgängig, was Gemeinde *tut*, weist aber Schwächen auf, wenn es um das Wesen, die Gestaltung und die Ziele der Gemeinde geht. Die Definition war funktional darauf ausgerichtet, was getan werden musste, um eine neue Gemeinde zu pflanzen, ließ aber Hinweise auf eine missionarische Identität oder Praxis völlig außer Acht. So hat diese rein funktionale Annäherung an die Pflanzung einer neuen Gemeinde – sozusagen mit „To-do-Liste“ – dazu geführt, dass auch ohne missionarische Absichten Gemeinden gepflanzt wurden. Deren Scheitern hat dann allerdings nicht überrascht.

Gemeindepflanzung ist ein Prozess, aber wenn in der DNS des Saatgutes einer neuen Gemeinde nicht auch das Reich Gottes und seine Mission enthalten sind, dann wird sich die Pflanze als unfruchtbar erweisen. Wenn missionarisches Handeln nicht zur Identität der Gemeinde gehört, ist es sehr unwahrscheinlich, dass sie überlebt.

Auf der Suche nach angemessenen Bezeichnungen

In den frühen 1990er Jahren hat man angefangen, nach Bezeichnungen für die verschiedenen neuen Typen und Stile von Gemeinden zu suchen. Dabei sind einige neue Begriffe geprägt worden:

- **„Neue Formen von Gemeinde“**: ein Ausdruck, der nahe legt, dass sich das Wesen der Gemeinde nicht ändert, sondern die Gemeinde lediglich eine neue äußere Form annimmt.
- **„Gemeinde auf neuen Wegen“** spricht schon eine deutlichere Sprache. Hier fließt ein, dass der Begriff *ekklesia* oft zu unrecht reduziert wurde auf die Bedeutung „gottesdienstliche Versammlung“, so dass der Gottesdienstbesuch die Nachfolge ersetzt hat, Gemeindezugehörigkeit an die Stelle von Gemeinschaft getreten ist und Mitarbeit innerhalb der Gemeinde wichtiger wurde als Evangelisation und soziales Engagement. Wer diese Formulierung benutzt, möchte deutlich machen, dass die Gemeinde neutestamentliche Vorbilder verkörpern und entsprechende Prioritäten setzen will, und zwar bezogen auf den eigenen missionarischen Kontext.

- **„Die (allmählich) auftauchende Gemeinde“**[110] („Emerging Church“) geht zurück auf die beiden, Mitte der 1990er Jahre erschienenen Bücher von Robert Warren, „Building Missionary Congregations“[111] und „Being Human, Being Church“[112]. Das „Allmähliche“ meint einen evolutionären, vom Geist Gottes vorangetriebenen Prozess. Der Ausdruck ist eine hilfreiche Erinnerung daran, dass die Gemeinde neu aus dem intensiven Engagement in einem neuen Kontext heraus „auftaucht“, sich bildet und erscheint. Trotzdem könnte der Ausdruck die „real existierende“ Gemeinde dazu verleiten, die Dinge „auszusitzen“, also auf Zeit zu spielen und einfach zu warten, was passiert, anstatt die Dringlichkeit des missionarischen Auftrags wahrzunehmen.

Wir benutzen in diesem Buch den Ausdruck **„neue Ausdrucksformen gemeindlichen/kirchlichen Lebens“**. Im Vorwort des Ordinationsgelöbnisses, das Pfarrer der Anglikanischen Kirche bei ihrer Einführung ablegen müssen, steht, dass „die Anglikanische Kirche ... bekennt, dass der Glaube sich ausschließlich auf die Heilige Schrift gründet, wie sie in den altkirchlichen Bekenntnissen dargelegt ist; diesen Glauben soll die Kirche in jeder Generation neu verkündigen“. Die Formulierung „neue Ausdrucksformen“ ist ein Echo dieser Worte. Etwas Neues oder Belebendes geschieht, aber auch die Verbindung zur Geschichte und zur Entwicklung von Gottes Handeln in der Kirche wird gewahrt. Der Ausdruck deckt zwei Möglichkeiten des Aufbruchs ab: Bestehende Gemeinden, die ihre erprobten Formen erneuern oder korrigieren wollen, ebenso wie Gemeinden, die bewusst Pflanzungsteams aussenden, um die Wirkung des Evangeliums in neuen missionarischen Kontexten zu erleben.

Die Formulierung „neue Ausdrucksformen“ hat allerdings die Schwäche, dass es schwierig ist, zwischen den beiden oben genannten Möglichkeiten zu unterscheiden: zwischen denen, die neues Leben innerhalb der Gemeinde entdecken (das in missio-

[110] Anmerkung des Herausgebers: *Emerging Church („Allmählich auftauchende Gemeinde“) ist der englische Begriff, der in manchem der gleichnamigen US-amerikanischen Bewegung entspricht (Brian McLaren, Dan Kimball u.a.). Im anglikanischen Kontext können wir auf Michael Moynaghs Buch „Emergingchurch.intro“, Oxford und Grand Rapids 2004, verweisen.*

[111] Robert Warren, „Building Missionary Congregations“, Church House Publishing, 1995.

[112] Robert Warren, „Being Human, Being Church“, Zondervan, 1995.

narisches Handeln mündet), und denen, die bewusst hinausgehen, um Gemeinde und Evangelium anderswo einzupflanzen. Deshalb benutzen wir in unserem Bericht sowohl „Gemeindepflanzung“ als auch „neue Ausdrucksformen“ und kommentieren die jeweilige Formulierung. Beide, „Gemeindepflanzung“ und „neue Ausdrucksformen gemeindlichen Lebens“ können aus den gleichen Erfahrungen und Motivationen heraus entstehen, und beide können sich überlappen in dem, was sie erreichen wollen. Es sind verschiedene, aber miteinander verbundene Möglichkeiten, und die Kirche braucht sie beide.

Warum sind Gemeindepflanzung und neue Ausdrucksformen wichtig?

Gemeindepflanzungen und neue Ausdrucksformen gemeindlichen Lebens eröffnen sowohl unter pragmatischen als auch unter theologischen Gesichtspunkten wichtige neue Möglichkeiten missionarischen Handelns.

Treue zur anglikanischen Tradition

Das Reich Gottes als Herzstück
Alle Kirchen und Denominationen sind aufgerufen, Zeichen des Reiches Gottes zu sein. Lesslie Newbigin sagt, sie sollen Zeichen und erste Früchte des Reiches Gottes, aber keineswegs das Reich Gottes selbst bewirken oder hervorbringen, denn dies ist die Rolle des Heiligen Geistes.[113] Weder eine Denomination noch eine ihrer verschiedenen Ausprägungen ist in der Lage, den Auftrag vollständig zu erfüllen, für alle Zeichen des Reiches zu sorgen oder alle Bedürfnisse zu befriedigen. Gebraucht werden alle alten und neuen Ausdrucksformen gemeindlichen Lebens und auch die Ressourcen, die sie bieten. Die Anglikanische Kirche

[113] Lesslie Newbigin, „The Gospel in a Pluralist Society“, SPCK, 1989, Kapitel 10 und 11, besonders S. 118-122, 131-134. Siehe auch: Lesslie Newbigin, „The Household of God“, Paternoster, 1998, S. 149ff (ursprünglich SCM Press, 1983).

mit ihren besonderen Voraussetzungen sollte aber erst recht dazu motiviert sein, neue Ausdrucksformen gemeindlichen Lebens auszuprobieren und neue Gemeinden zu pflanzen.

Die anglikanische Berufung

Die Anglikanische Kirche von England will Kirche für die ganze Nation sein. Dies soll nicht die Bedeutung der etablierten Kirche als Institution bestätigen, sondern ihren missionarischen Auftrag betonen.

Das parochiale System, über Jahrhunderte hinweg Inbegriff für die Umsetzung dieser Überzeugung, „Kirche für die ganze Nation" zu sein, kann verglichen werden mit einem großen Emmentaler Käse. Nach außen hin wirkt er wie eine solide, einheitliche Masse, bei genauerem Hinsehen aber zeigen sich eine Reihe von Löchern, sozusagen „käsefreien Zonen". Theoretisch hat jeder seine Gemeinde vor Ort, aber „Breaking New Ground" hat in Worte gefasst, wie die Realität aussieht:

„Wir kommen immer mehr zu der Erkenntnis, dass es in den städtischen Regionen Englands Grauzonen mit jeweils 2000 – 5000 Menschen gibt, die praktisch gesehen ohne Gemeinde dastehen."[114]

Die Anglikanische Kirche will Kirche für alle im Land sein. Das ist ihre theologische Überzeugung. Wenn wir Gemeinden pflanzen und neue Ausdrucksformen gemeindlichen Lebens schaffen, dann geschieht es in der Hoffnung, die geographischen und kulturellen Lücken zu erkennen und zu füllen. Auf diese Weise können wir uns auch mit den kulturellen Lebensmustern und Netzwerkstrukturen befassen, in denen die Menschen leben. Wenn wir Kirche für die ganze Nation sein wollen, müssen wir die Löcher im nationalen Netzwerk stopfen. Wenn wir anglikanisch im eigentlichen Sinn sein wollen, müssen wir uns danach sehnen, tief im Gemeinwesen verwurzelt zu sein und für alle, die hier leben, offen und zugänglich zu sein (wie auch immer sich diese örtlichen Gemeinschaften selbst definieren).

[114] „Breaking New Ground", Church House Publishing, 1994, Abschnitt 3.2.

Die anglikanische Vielfalt

Ein wichtiges Merkmal der Anglikanischen Kirche ist die Tatsache, dass sie eine große Weite umfasst. Sie hat sich der Vielfalt verschrieben und wird zusammengehalten durch ein Zusammengehörigkeitsgefühl, das sich nicht durch zu enge Wahrheitsbegriffe einschränken lässt. Hinzu kommt, dass der Anglikanischen Kirche alle Arten von Menschen angehören. Vielfalt hat also einen wichtigen Anteil an unserer missionarischen Kraft.

Auf lokaler Ebene jedoch ergeben sich Schwierigkeiten, wenn es darum geht, diese Vielfalt zu leben und für viele verschiedene Menschen zugänglich und attraktiv zu sein. Wie kann Vielfalt und Zugänglichkeit gewährleistet werden angesichts der Tatsache, dass jede gottesdienstliche Versammlung oder Ortsgemeinde einen bestimmten Stil der Gemeindearbeit und der Gottesdienstgestaltung hat? Eine Kombination von Pfarrern und Gemeindegliedern, die gleichzeitig katholisch, liberal, evangelikal, volkskirchlich und charismatisch sind, gibt es nicht. Außerdem wäre selbst diese unmögliche Kombination auch nur *eine* Auswahl kirchlicher Ausrichtungen und Interessen und schlösse nicht die breite Vielfalt von Persönlichkeiten, Kulturen und Erfahrungen ein, auf die man im nichtkirchlichen Umfeld trifft.

Verschiedenartige, prinzipientreue und sensible Gemeindepflanzungen und neue Ausdrucksformen gemeindlichen Lebens sind eine Art, wie die Anglikanische Kirche ihre ureigensten Merkmale und sowohl die anglikanische Vielfalt als auch ihre Einheit weiterentwickeln kann. Und es geht dabei wohlgemerkt nicht einfach darum, den Menschen innerhalb der Gemeinden und über die Gemeindegrenzen hinaus mehr Auswahlmöglichkeiten zu bieten. Es geht darum, eine Kirche zu entdecken, die Einheit lebt, aber nicht einförmig ist.

Die anglikanische Geschichte

In gewisser Weise gehören alle Anglikaner zu einer „gepflanzten Gemeinde". Wenn Gemeinden ihr hundert- oder dreihundertjähriges Bestehen feiern, dann erinnert dies daran, dass sie alle einmal einen Anfang nahmen. Die anglikanische Geschichte ist die Konkretisierung des Glaubens, dass dieses Land das Missionsfeld und der pastorale Verantwortungsbereich der Kirche ist. Die Anglikanische Kirche ist gleichzeitig in der katholischen Tradition verwurzelt und reformiert und vereint so in sich Kontinuität und Weiterentwicklung.[115]

Wiederentdeckung einer vergessenen Dimension
Es gibt viele Modelle von „der Gemeinde“. Wichtige Initiatoren der Gemeindepflanzungs-Bewegung, die Schrift und Tradition im Licht ihrer Erfahrungen zu deuten versuchen, weisen auf eine wichtige Dimension hin, die für das anglikanische Gemeindeverständnis fundamental sein sollte: „Gemeinde ist eine Gemeinschaft mit dem göttlichen Auftrag, sich zu vermehren.“[116]

Das Thema Gemeindepflanzung erinnert daran, dass die Kirche ihrem Wesen nach und nicht nur rein zufällig missionarisch sein sollte. Sie sollte so sehr aus sich herausgehen, dass eine Vermehrung durch den Heiligen Geist ganz automatisch geschieht, und zwar in der ganzen Vielfalt der Ausdruckformen, die nötig sind. Diese Denkrichtung stimmt überein mit der Lambeth Resolution Art. 44 von 1988[117]:

> „Diese Konferenz fordert die Hinwendung zu einem dynamischen missionarischen Handeln, das über die reine Versorgung und Pflege der Gemeinde hinaus Verkündigung und Dienst an den Menschen beinhaltet; sie akzeptiert die damit verbundene Herausforderung an die Strukturen und Arbeitsweisen von Diözesen und Ortsgemeinden und schaut auf Gott in Erwartung des frischen Windes des Heiligen Geistes; durch Gebet, zugewandte Liebe und evangelistisches Hinausgehen zu den Menschen im Gehorsam gegenüber dem Auftrag Gottes.“

[115] Die Phasen der Anpassung und Expansion im 19. Jahrhundert zum Beispiel zeigen den Wunsch, sowohl das katholische Gedankengut neu zu verstehen als auch auf den gesellschaftlichen Wandel der Verstädterung zu reagieren.
[116] Kapitel 5 dieses Berichtes wird sich näher mit dem missionarischen Wesen der Kirche beschäftigen.
[117] Anmerkung der Übersetzerin: *Die Lambeth Konferenz ist das alle 10 Jahre stattfindende Treffen der Bischöfe der anglikanischen Kirche. Der Name geht zurück auf den ursprünglichen Versammlungsort, den Lambeth-Palast in London, Amtssitz des Erzbischofs von Canterbury. 1888 formulierten die Bischöfe auf der 3. Lambeth Konferenz die Grundlagen der anglikanischen Kirche.*

Überarbeitung des missionarischen Auftrags in England

In „Gone but not Forgotten“[118] skizzieren Philip Richter und Leslie Francis die verschiedenen kirchlichen Bezüge der Menschen in der englischen Gesellschaft; ihre Forschungen sind wie ein Schnappschuss vom Oktober 1996. Besonderes Gewicht legen sie in diesem Buch auf die Zahlen derer, die sich von der Kirche abgewandt haben.[119] Die Abbildung zeigt ungefähr die Zahlenverhältnisse zwischen den einzelnen Gruppen.[120]

Gottesdienstbesuch und Gemeindeengagement

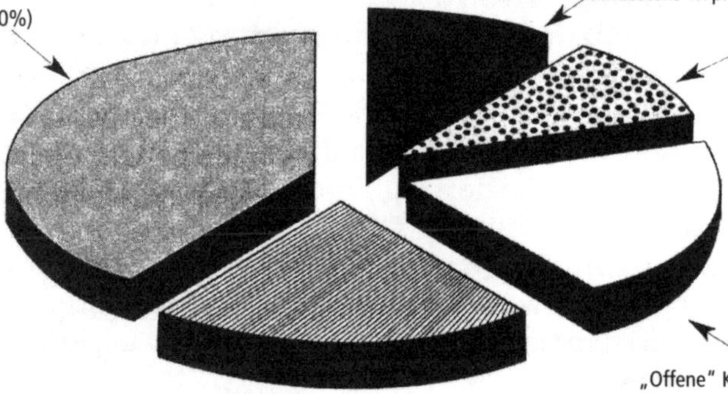

- **Regelmäßige Gottesdienstbesucher**
  Unabhängig von der Denomination besuchen circa 10% der Bevölkerung ungefähr 5 – 8 Mal in zwei Monaten einen Gottesdienst.
- **Unregelmäßige Gottesdienstbesucher**
  Circa 10% der Bevölkerung besuchen 1 – 3 Mal in zwei Monaten einen Gottesdienst.

[118] Philip Richter und Leslie Francis, „Gone but not Forgotten“, Darton, Longman & Todd, 1998.
[119] Anmerkung der Übersetzerin: *Aus der anglikanischen Kirche kann man nicht austreten, man kann lediglich in Gemeinden anderer Denominationen eintreten.*
[120] Abbildung nach Daten von Philip Richter und Leslie Francis, „Gone but not Forgotten“, Darton, Longman & Todd, 1998, S. xii, Abschnitt 2 und S. 138.

- **„Offene“ Kirchenferne**
  40% der Bevölkerung sind kirchenfern. Sie haben irgendwann einmal Kontakt zur Kirche gehabt. Die Hälfte dieser Kirchenfernen (also insgesamt 20%) sind durchaus bereit, diesen Kontakt wieder aufzunehmen, wenn man auf die richtige Weise auf sie zugeht und sie einlädt.
- **„Verschlossene“ Kirchenferne**
  20% der Bevölkerung haben irgendwann einmal in ihrem Leben Gottesdienste besucht und am Gemeindeleben teilgenommen, sind aber tief enttäuscht oder verletzt worden und wollen deshalb nichts mehr mit der Kirche zu tun haben.
- **Unkirchliche Menschen**
  40% der gesamten Bevölkerung haben nie etwas mit der Kirche zu tun gehabt, außer vielleicht bei der Beerdigung oder Hochzeit von Freunden oder Verwandten. Diese 40% sind der nationale Durchschnitt. In städtischen Regionen liegt der Prozentsatz zum Teil sogar bei 80%.

Kirchenfern, aber offen – welche Menschen sind das?

Ein großer Teil dieser Gruppe ist häufig eher „zufällig abhanden gekommen“. Die Menschen kommen nicht mehr in die Gemeinde, weil sie umgezogen sind, weil der Pfarrer gewechselt hat, weil die Arbeitszeiten sich verändert haben oder der berufliche Druck zugenommen hat. Ihr Wegbleiben begann eher zufällig aufgrund einer Veränderung in ihrem Leben. Weitere Gründe für den Rückzug waren gemäß Richter und Francis das Fehlen von Menschen aus der eigenen Altersgruppe, das Gefühl, von der Kirche im Blick auf den eigenen Lebensstil kritisiert zu werden, ein Mangel an Angeboten für Kinder oder auch die finanziellen Ansprüche der Gemeinde.[121]

Zur Gruppe der kirchenfernen, aber offenen Menschen gehören auch diejenigen, die früher in die Sonntagsschule[122] oder in eine Jugendgruppe gegangen sind und die kirchlich ge-

[121] Philip Richter und Leslie Francis, „Gone but not Forgotten“, Darton, Longman & Todd, 1998, S. 138.
[122] Anmerkung der Übersetzerin: *Die Sonntagsschule entspricht unserem Kindergottesdienst, war aber in England über Jahrhundert hinweg eine feste gesellschaftlich verankerte Einrichtung, die über soziale Grenzen hinweg viel mehr zum Leben dazugehörte als unser Kindergottesdienst.*

heiratet haben und zu den 24% gehören, die ihre Kinder taufen lassen. Sie gehen einmal im Jahr zu Weihnachten in die Kirche und hoffen einfach, dass das reicht. Außerdem gibt es noch solche, bei denen die Eltern das Bedürfnis nach Übergangsriten („rites de passage“) hatten oder die Verwandtschaft auf der Taufe des Kindes besteht. Menschen aus diesen verschiedenen Gruppen finden manchmal durch Beziehungsevangelisation oder Seelsorge zurück zum Glauben. Manche finden plötzlich zu einer inhaltlichen Klarheit, wo es zuvor nur ein schwaches Ahnen gab. In vielen Fällen hat jemand aus der Familie oder dem Freundeskreis für diese Menschen gebetet – vielleicht über Jahre. Sie kommen zurück, und genau das ist es, worauf die Gemeinde gehofft hat. Leider betrifft das alles nur eine Minderheit und nicht die Mehrheit der Bevölkerung – es sind gerade einmal knapp 20%.

Kirchenfern und verschlossen – wie kam es dazu?

Richter und Francis haben herausgefunden, dass die Menschen in dieser Gruppe in ihrer Vergangenheit eine enge Bindung zu Kirche und Gemeinde hatten. Die Gründe für die Abwendung sind verschieden: Langeweile und fehlende Relevanz; das Gefühl, abgelehnt zu werden, als Amtshandlungen (Trauung, Beerdigung usw.) verwehrt wurden; persönliche Konflikte oder Beziehungskrisen mit Gemeindeleitern; Pfarrerwechsel; oder die Ablehnung getroffener Entscheidungen. Zu dieser Gruppe von Menschen gehören auch jene, die sich nicht angenommen fühlen, weil sie Eheschwierigkeiten haben oder sich scheiden lassen, ein uneheliches Kind bekommen, sexuelle Neigungen zugeben oder unter irgendeiner Form von Abhängigkeit leiden. Andere sind gegangen, weil in der Gemeinde immer nur von Schuld und Sünde die Rede war und die Atmosphäre geprägt war von Kontrolle und zu hohen Erwartungen. Dazu kommt der Verlust des Glaubens angesichts wissenschaftlicher Erkenntnisse und der Angebote anderer Weltreligionen, Enttäuschung über die Scheinheiligkeit der Kirche, Unvereinbarkeit mit gelebtem Materialismus und Vorurteile.[123]

[123] Philip Richter und Leslie Francis, „Gone but not Forgotten“, Darton, Longman & Todd, 1998, S. 139.

Aus diesen Gründen ist die Gruppe der „verschlossenen" Kirchenfernen (landesweit über 20%) wahrscheinlich eine der resistentesten Gruppen in der Gesellschaft – sie haben Kirche erlebt und bewusst beschlossen, dass sie nichts mehr mit ihr zu tun haben wollen.

„Offene" und „verschlossene" Kirchenferne wurden als relativ abgeschlossene Gruppierungen dargestellt. Freilich gibt es Überschneidungen und ein breites Spektrum von Meinungen und Haltungen, so dass die Darstellung etwas vereinfachend wirken mag,

Unkirchlich – wer gehört dazu?

Dies ist der immer größer werdende Teil der Bevölkerung, der, vielleicht schon über mehrere Generationen hinweg, keinerlei kirchlichen Hintergrund hat. In ihren Familien gibt es vermutlich niemanden, für den Kirche Teil des eigenen Lebens ist, und es gibt auch keinen, der für sie ganz persönlich betet. Manche Menschen, so sagt George Lings, beschreiben Kirche als „ein fremdartiges, kostspieliges Gebäude, in dem ich mich völlig fremd und hilflos fühle, und das, was noch schlimmer ist, von Menschen benutzt wird, mit denen ich sowieso nichts zu tun haben möchte"[124]. Wie oben erwähnt liegt der Prozentsatz der unkirchlichen Menschen in städtischen Gegenden weit höher als bei 40%.

Zwischen kirchenfernen und unkirchlichen Menschen besteht ein entscheidender Unterschied. Kirchenferne Menschen sind mit der Kirche und ihrer Botschaft schon in Berührung gekommen und haben aus dieser Erfahrung entweder gute oder schlechte Erinnerungen zurückbehalten. Unkirchliche Menschen haben keinerlei Verbindung zur Kirche und auch keinerlei Vorstellung, worum es sich dabei handelt.

Wir müssen also akzeptieren, dass jegliche Form von Evangelisation oder gemeinschaftlichem Engagement, das die Menschen „in die Kirche zurückbringen" will, bestenfalls einen immer kleiner werdenden Anteil der Bevölkerung erreichen kann. Für die meisten Menschen ist „Kirche" entweder wie eine voll-

[124] George Lings, „Living Proof", Encounters on the Edge 1, Church Army, 1999, S. 13.

kommen fremde Kultur oder sie haben sich bewusst gegen sie entschieden. Diese krasse Realität sollte für die Anglikanische Kirche Grund zu tiefer Reue und einem neu entfachten missionarischen Eifer sein.

Sie sind nicht länger „unser Volk"

Die anglikanischen Strukturen kirchlichen Handelns, orientiert an parochialer Gemeinde und Wohnumfeld, können dazu verleiten, alle in England lebenden Menschen als „unser Volk" zu betrachten – ganz gleich, ob sie am Gemeindeleben teilnehmen oder nicht. Alle Menschen gehören zum Volk Gottes, aber es ist eine Illusion zu glauben, dass die Bevölkerung Englands nur auf die richtige Einladung wartet, um sich der Kirche wieder anzuschließen. Die soziale und missionarische Realität sieht anders aus: Die große Mehrheit der englischen Gesellschaft ist nicht „unser Volk". In ihrer eigenen biographischen Erinnerung sind sie es nie gewesen noch wollen sie es sein. Tatsache ist, dass die meisten in England lebenden Menschen die Kirche in ihrer aktuellen Ausprägung nebensächlich, undurchsichtig, verwirrend oder unwichtig finden.

Wir brauchen neue Antworten

Unter missionarischen Gesichtspunkten hat jede dieser fünf Gruppen ein eigenes Gesicht und braucht einen eigenen missionarischen Ansatz. In der Realität ist nämlich der größte Teil unserer evangelistischen Arbeit und sogar unserer Gemeindepflanzungen auf die 30% ausgerichtet, die uns am nächsten stehen: die unregelmäßigen Gottesdienstbesucher und die Kirchenfernen, die ohnehin offen sind. Aber die drängende Frage bleibt: Wie sieht es mit unserem missionarischen Handeln unter den verbleibenden 60% der Bevölkerung aus?

Wer apostolische Kirche sein will, die sich direkt vom apostolischen (also „aussendenden") Wesen Gottes ableitet, muss sich mit der Mission unter den völlig unkirchlichen Menschen in unserer Bevölkerung befassen, auch wenn dies bedeutet, neben der gegenwärtigen Form neue Wege zu finden, Kirche zu sein und zu leben.

Die Aufgabe besteht darin, Kirche für sie, bei ihnen und mit ihnen zu sein und sie unter der Leitung des Heiligen Geistes dahin zu führen, Kirche in ihrem eigenen kulturellen Kontext zu werden.

Der Abgrund, der uns von den unkirchlichen Menschen trennt, ist so groß wie der, den jeder Missionar erlebt, der in einer fremden Kultur arbeitet. Ihn zu überwinden erfordert ein Überdenken und Überarbeiten unserer Sprache und unseres Zugangs zu den Menschen. In diesem Kontext bieten sowohl Gemeindepflanzungen als auch neue Ausdrucksformen gemeindlichen Lebens als wirkliche Alternativen zu bestehenden Formen echte Möglichkeiten der Verbesserung.

Eine tickende Zeitbombe

Die Anglikanische Kirche hat über Generationen hinweg auf die Strategie der „Rückkehr" gebaut. Sie hat darauf gehofft, dass junge Leute vielleicht zurück zur Kirche finden, wenn sie älter und reifer geworden sind oder eigene Familien gegründet haben. Aber dieser optimistische Ansatz hat sich als falsch erwiesen. Die Entwicklung des Sonntagsschulbesuches während des vergangenen Jahrhunderts im gesamten englischen Königreich zeigt, dass der Kontakt zu Kindern und Jugendlichen und die Arbeit mit ihnen weitgehend zusammengebrochen sind.

Ein Blick auf den Sonntagsschulbesuch zeigt, dass wir in England dabei sind, uns in ein Land unkirchlicher Menschen zu verwandeln. Schon Ende des 1. Weltkriegs ging die Mehrzahl der Kinder nicht mehr in die Sonntagsschule. Wer 1950 10 Jahre alt war, nähert sich heute dem Rentenalter, und damals gingen bereits 70% nicht mehr zur Sonntagsschule. Das heißt, dass sogar von den Älteren die Mehrheit ohne kirchlichen Hintergrund ist. Die neuen Strategien für Jugend- und Kinderarbeit, die von der Bischofskonferenz ausgearbeitet wurden, sollen Kinder und junge Leute wieder näher an Kirche heranführen. Dazu gehören zum Beispiel die Einrichtung kirchlicher Schulen und neue Formen der Evangelisation. Diese Strategien sollen helfen, die im Augenblick geringen Zahlen von Kindern und Jugendlichen in den Gemeinden zu erhöhen. Aber diese Maßnahmen können nicht die große Mehrheit der erwachsenen Bevölkerung erreichen, die nur wenig oder gar keine Berührung mit der Gemeinde hatten.

Sonntagsschulbesuch im Vereinigten Königreich von 1900–2000

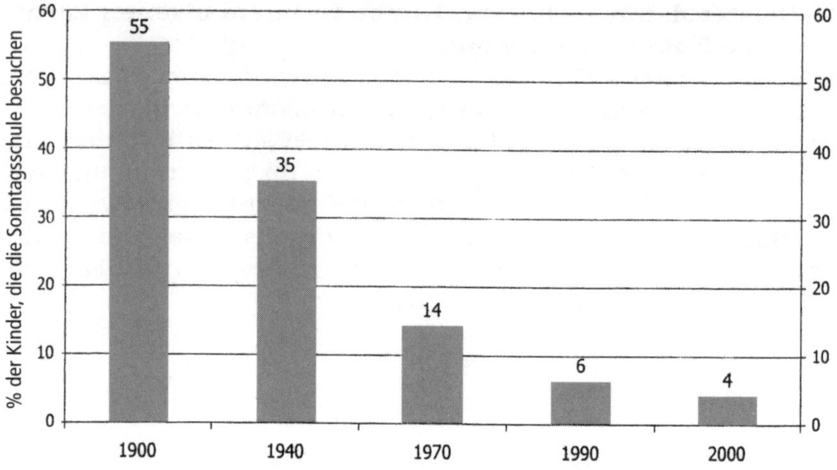

Quelle: „UK Christian Handbook", Religious Trends No. 2; 2000/2001[125]

Die Kirche wird mit einer völlig veränderten missionarischen Situation konfrontiert. Die bisher gepflegte Methode, Menschen durch Einladung in die Kirche zurückzuholen, mag für (vielleicht) ein Drittel der kirchenfernen Menschen wirksam sein. Aber sie ist die falsche Voraussetzung für die große Mehrheit der Bevölkerung, für die die Kirche, wie wir sie kennen, nebensächlich, undurchsichtig, verwirrend oder unwichtig ist.

In diesem Kontext eröffnen neue Ausdrucksformen gemeindlichen Lebens und Gemeindepflanzungen Wege, die nach vorne weisen. Wir müssen unseren Blick nach außen richten. Es soll nicht mehr heißen: „Kommt her zu uns!" Vielmehr soll es

[125] Die Zahlen von 1980 bis 2000 beziehen sich auf den Gottesdienstbesuch von Kindern und nicht mehr auf den Sonntagsschulbesuch. Die aktuelle Anzahl von Kindern, die durch Sonntags- oder Werktagsgottesdienste, durch Kinder- und Jugendkreise und andere Aktivitäten Kontakt zu Kirche haben, ist wahrscheinlich wesentlich größer als diese Zahlen es nahe legen. Aber auch wenn man diese Kinder hinzurechnet, ist der Anteil von Kindern, die Kontakt zu Kirche oder dazugehörigen Gruppen haben, im Vergleich zur Gesamtzahl noch verschwindend gering.

heißen: „Wir kommen zu euch!“ Das Evangelium soll *bei den Menschen* beheimatet werden und nicht nur *bei uns* und so wie wir es mögen. Das Pflanzen von Gemeinden erinnert auf hilfreiche Weise daran, dass ein wesentlicher Aspekt von „Kirche“ ihr missionarischer Auftrag ist – der frische Wind des Heiligen Geistes, der sich im Gehorsam gegenüber dem Auftrag Gottes in Gebet, zugewandter Liebe und evangelistischem Hinausgehen zu den Menschen zeigt.[126] Die besten Gemeindepflanzungen und die meisten neuen Ausdrucksformen gemeindlichen Lebens betonen neu den missionarischen Charakter von Kirche. Sie helfen uns dabei, unsere apostolische Identität wiederzuentdecken. Wenn die Kirche nicht missionarisch ist, verleugnet sie sich selbst und ihre Berufung, denn sie hat sich in diesem Fall von der ureigenen Natur Gottes selbst entfernt.

Denk- und Diskussionsanstöße

➢ Wenn die Anglikanische Kirche für alle da ist, wie kann sie dann Kontakt aufnehmen zu all den vielen Menschen, die kaum oder keine erkennbare Beziehung zu Kirche haben? Vorgeschlagener Bibeltext: Apostelgeschichte 17,22-31.
➢ Wie können Sie in Ihrer Region erreichen, dass unkirchliche Menschen das Evangelium sehen und hören und christliches Leben und Glauben erfahren können?
➢ Welche Erfahrungen haben Sie mit Menschen gemacht, die Ihrer Gemeinde den Rücken zugewandt haben? Können Sie dafür Gründe nennen, und kennen Sie auch die Faktoren, die sie an der Rückkehr hindern? Was hat (umgekehrt) Menschen in die Gemeinde gelockt?
➢ In diesem Kapitel heißt es: „Die Anglikanische Kirche von England will Kirche für die ganze Nation sein. Dies soll nicht die Bedeutung der etablierten Kirche als Institution bestätigen, sondern ihren missionarischen Auftrag betonen.“ Inwieweit beeinflusst es Ihr missionarisches Handeln vor Ort, dass Sie dort die Anglikanische Kirche darstellen, und inwieweit unterscheidet sich Ihr Tun von dem, was andere Gemeinden und Kirchen tun? Wo und in welcher Form ist es in Ihrer Region von Nachteil, Teil der Staatskirche zu sein?

[126] Lambeth Resolution, Art. 44 von 1988.

- In diesem Kapitel wird gesagt, dass „die Arbeit mit Kindern und Jugendlichen weitgehend zusammengebrochen ist“. Was tut Ihre Gemeinde, um Kinder und Jugendliche zu erreichen, und was könnte noch getan werden? Welche Ressourcen fehlen Ihnen für eine effektive Strategie, um junge Menschen einzubinden und von ihnen zu lernen?

Kapitel 4: Neue Ausdrucksformen gemeindlichen Lebens

In diesem Kapitel werden eine Reihe von Modellen vorgestellt, in denen „Kirche“ zum Ausdruck kommen kann. Von Vollständigkeit kann keine Rede sein, aber wir werden anhand einiger Beispiele die Grundthemen und Ideen aufzeigen. Es gibt sicher noch viel mehr Ausdrucksformen kirchlichen Lebens und (wie wir in Kapitel 5 näher beleuchten werden) Gott schenkt Raum für die Entstehung einer großen Vielfalt von Ansätzen, durch die Menschen mit christlicher Gemeinschaft in Kontakt kommen können.

Die meisten der hier beschriebenen neuen Ausdrucksformen gemeindlichen Lebens haben allerdings einiges gemeinsam:

- Die zentrale Bedeutung von Kleingruppen für gelebte Nachfolge und beziehungsorientierte missionarische Arbeit.
- Die Versammlungen finden meistens nicht am Sonntagmorgen statt. Das ist eine Reaktion auf die tiefgreifende Veränderung des Lebensstils unserer Gesellschaft in den vergangenen 30 Jahren.
- Die Zielgruppe ist häufig ein bestimmtes Netzwerk von Menschen. Eine Arbeitsplatzgemeinde zum Beispiel will die Angestellten und Arbeiter einer bestimmten Firma erreichen und eine Schulgemeinde wird versuchen all diejenigen anzusprechen, die mit der jeweiligen Schule zu tun haben, also Kinder, Eltern und Lehrer.
- Den postkonfessionellen Charakter.[127] Auch wenn die Gemeindeleitung oft einer bestimmten Konfession angehört, kommen die Mitglieder häufig aus vielen verschiedenen Konfessionen. Dort wo Menschen ohne kirchlichen Hintergrund zum Glauben kommen, wird im Normalfall kaum eine konfessionelle Identität vorhanden sein.
- Die Verbindung zu einer oder mehreren größeren Gemeinden oder Netzwerken, wie zum Beispiel den Soul Survivors, Holy

[127] Anmerkung der Übersetzerin: *Siehe Kapitel 2.*

Trinity Brompton[128], New Wine[129], Reform and St. Thomas Crookes in Sheffield Manchmal hat die Ortsgemeinde mehr gemeinsam mit Gemeinden außerhalb ihres Umfelds als mit denen, die zum eigenen Dekanat gehören.

Eine Vielfalt neuer Ausdrucksformen gemeindlichen Lebens

Die im Folgenden aufgelisteten neuen Ausdrucksformen gemeindlichen Lebens zeigen deren Vielfalt und Unterschiedlichkeit. Die kurzen Beschreibungen sollen lediglich einen ersten Eindruck und Überblick vermitteln, ohne zu sehr in die Tiefe zu gehen.

- Alternative Gottesdienstgemeinden
- Basisgemeinden
- Cafékirchen
- Zellgemeinden
- Aus Initiativen zur Gemeinwesenarbeit entstehende Gemeinden (sowohl Neupflanzungen in Projekten der Gemeinwesenarbeit als auch bestehende Gemeinden, die sich umstrukturieren bzw. neu begründen, um einem kommunalen Umfeld besser dienen zu können)
- Differenzierte Gottesdienstgemeinden und Wochentagsgemeinden
- Netzwerkorientierte Gemeinden (gebunden an ein bestimmtes Netzwerk)
- Schulische oder schulbezogene Gemeinden und Gottesdienstgemeinschaften
- Kirche für Suchende
- Traditionelle Gemeindepflanzungen
- Traditionelle Gemeinden – alte Formen neu entdeckt (einschließlich neuer Ordensgemeinschaften).
- Jugendkirchen.

Die Verschiedenheit neuer Ausdrucksformen gemeindlichen und kirchlichen Lebens ist offensichtlich. Ebenso verschieden

[128] Anmerkung der Übersetzerin: *Holy Trinity Brompton ist die Gemeinde in London, in der die Alphakurse entwickelt wurden, und von der mehrere Gemeindepflanzungen ausgingen.*

[129] Anmerkung der Übersetzerin: *New Wine ist eine von David Pytches in den 1980er Jahren gegründete Bewegung, die Mitarbeiter durch die Kraft und die Gaben des Heiligen Geistes für ihren Dienst zurüsten will. Dazu werden regelmäßig Konferenzen in Swanwick durchgeführt.*

ist jedoch die Menge an Informationen, die zu den einzelnen Ausprägungen zur Verfügung stehen. Einige Gruppierungen haben bereits ein gutes Informationsnetz: Sie haben Verbindungen eingerichtet zwischen ihren Mitgliedern, haben ein Leitbild entwickelt und Material für den internen und externen Gebrauch ausgearbeitet. Andere der oben genannten Bezeichnungen sind eher der Versuch, Entwicklungen zusammenzufassen, deren Merkmale sich ähnlich sind, auch wenn sie noch kein Netzwerk bilden, sich noch nicht auf ein gemeinsames Ziel geeinigt haben und manchmal noch nicht einmal wissen, dass ähnliche Gruppen überhaupt existieren.

Die in diesem Kapitel aufgezeigten Kategorien können der gesamten Kirche als Verständnishilfe dienen. Und die bereits gemachten Erfahrungen der vorgestellten neuen Ausdruckformen gemeindlichen Lebens können bestehenden Gemeinden dabei helfen, den missionarischen Auftrag Gottes wahrzunehmen und sich neu zu orientieren.

Alternative Gottesdienstgemeinden

Diese neue Ausdrucksform „erwuchs“ oder entwickelte sich in den späten 1980er Jahren. Es handelt sich um eine eher lose Gruppierung, deren Spuren nicht leicht zu verfolgen sind. Das liegt zum Teil daran, dass die Beteiligten sich als post-konfessionell verstehen und einen postmodernen Argwohn gegenüber Etikettierung und Klassifizierung jeglicher Art hegen.

> „Dieses lose Netzwerk von Gruppen versucht, Kirche und besonders Gottesdienst mit bestimmten Segmenten der sich wandelnden, modernen Kultur in Verbindung zu bringen. Ihr großes Anliegen ist, die Kluft zwischen der Erfahrung von Gemeinde und den restlichen Bereichen ihres Lebens zu schließen. Sie versuchen, auf die postmoderne Kultur achtsam einzugehen und deren Vorlieben für Ambivalentes und Archaisches im Blick zu behalten. Sie machen sich aber ebenso die postmoderne Vorliebe für multimediale Ausdrucksformen zu eigen. Ihre Arbeitsweise ist bewusst eher diffus als fokussiert, eher lokal konzentriert als in die Ferne schweifend, kontextbezogen statt institutionalisiert, sie zieht das Symbolische und Subversive dem Didaktischen vor und ist, was die stilistischen Möglichkeiten angeht, nahezu grenzenlos. Es handelt sich um einen der am besten durchdach-

ten Versuche, gottesdienstliches Leben mit Kultur zu verbinden. Man kann sagen, dass hinter dieser Art, Gottesdienst zu feiern und Gemeinde zu leben ein zutiefst missionsorientierter Ansatz steckt, auch wenn viele Gruppen sich angesichts aggressiver und allzu offensichtlicher Versuche zu evangelisieren äußerst unwohl fühlen; sie empfinden diese als modernistisch, direktiv und verengt."[130]

Weil sich hier besonders viele der Menschen treffen, die sich von bestehenden Kirchengemeinden abgewandt haben, ist diese Strömung der alternativen Gottesdienste geprägt von dem tiefen Bedürfnis, anders zu sein. Sie gehört deshalb zu denen, die am lautesten ihre Ablehnung gegenüber der bestehenden Kirche äußern. Die Bestimmtheit, mit der dies vertreten wird, führt dazu, dass diese Gruppen zwar wissen, was sie nicht sind, sich aber kaum selbst klar definieren und positionieren können. Diese Gemeinschaften konnten darum bislang keine langfristige Stabilität gewährleisten. Wenn eine solche alternative Gottesdienstgemeinde auf ein zehnjähriges Bestehen zurückschauen kann, ist dies schon ein Grund zum Feiern.

Man kann die alternativen Gottesdienstgemeinden auch kritisieren, weil ihr Einsatz für Gottes Mission Mängel zeigt, sowohl im sozialen wie auch im evangelistischen Engagement. Da sie mehr als „Auffangnetz" für diejenigen dienen, die in den existierenden Gemeinden durch die Maschen fallen, finden sie es eher schwierig, „Fischernetz" für jene zu sein, die noch ganz außerhalb der Kirche stehen. Menschen, die sich gerade von einer Institution „erholen", sind nicht gerade die besten Apologeten, die andere zum Mitmachen einladen. Die Bewegung hat aber Bestand, und es gibt auch Anzeichen, dass diese Unausgewogenheit gesehen und bearbeitet wird.

Eine Beispielgeschichte: Grace in Ealing, London[131]

Grace begann 1993, als eine kleine Gruppe von Gemeindegliedern beschloss, Gottesdienste zu gestalten, die anders waren als die in ihrer Gemeinde üblichen. Hauptmotivation war die wachsende Unzufriedenheit mit einer kirchlichen Kultur, die Musik einsetzte, die man niemals zu Hause hören

[130] George Lings, „The Enigma of Alternative Worship", Encounters on the Edge 12, Church Army, 2001.

[131] Mehr Information finden Sie unter www.freshworship.org (9.06.2006).

würde, eine Sprache benutzte, die nirgendwo anders verstanden wurde, und geistliche Nahrung anbot, die viel zu „gewohnt“ und häufig irrelevant war. Gemeinde mutierte zu etwas, das „uns angetan wurde“. Man wollte Gott anbeten und preisen mit den kulturellen Ressourcen der 1990er Jahre, also in der „Muttersprache“ der Beteiligten.
Ein von Grace wiederentdeckter Aspekt christlicher Tradition ist die Kontemplation. Die meisten Gottesdienste haben kontemplativen Charakter und beinhalten irgendeine Form von Meditation. Weitere Merkmale sind Rituale, Gespräche und eine Liturgie, die aus Gottesdienstbesuchern nicht passive Zuhörer macht, sondern sie mit einbezieht.
Grace ist klein, experimentell und sehr zerbrechlich. Die Arbeit steht und fällt mit stabilen Beziehungen untereinander. Deshalb werden die Gottesdienstbesucher eingeladen, nach den Gottesdiensten zu bleiben und sich miteinander zu unterhalten. Das Leitungsteam besteht aus einer kleinen Gruppe von Freunden, offen an den Rändern. Die Führungspersönlichkeiten bekleiden kein bestimmtes Amt. Es gibt keine Hierarchie. Sie verteilen die Aufgaben danach, wer was am besten kann. Ordinierte Geistliche gibt es nicht, es sei denn sie werden eingeladen.
Grace versucht nicht, Besucher „fest einzubinden“, sondern lädt einfach jeden dazu ein, sich so in den Gottesdienst einzubringen, wie er sich wohl fühlt; dahinter steht der Gedanke, dass alle gemeinsam auf einer Glaubensreise sind. Ziel ist, denen eine Tür zur Gegenwart Gottes zu öffnen, die sich entweder unwohl fühlen mit der konventionellen kirchlichen Kultur oder sie nicht kennen. Es gibt wenig Vorgaben dazu, was aus dem Gottesdienst mitgenommen werden soll, Rätselhaftes, nicht Eindeutiges und Angedeutetes ist erlaubt. Dadurch entsteht Raum für die persönliche Begegnung zwischen dem einzelnen Gottesdienstbesucher und Gott. Menschen mit Fragen und Zweifeln sind willkommen.

Zielgruppe und Ziele

Ein paar Klischeevorstellungen bedürfen einer deutlichen Korrektur:

- Die Zielgruppe umfasst nicht hauptsächlich Jugendliche, auch wenn die Gottesdienste mit Vorliebe abends gefeiert werden. Angesprochen werden vor allem Menschen ab der Altersgruppe der jungen Erwachsenen.

- Es geht ganz eindeutig nicht um einen evangelistischen Versuch, kulturell „cool“ zu sein. Es handelt sich hier nicht um die typischen „Gottesdienste für Suchende“, nur für künstlerisch interessierte Menschen.
- Alternative Gottesdienstgemeinden sind nicht darauf aus, Menschen neu in die „wahre“ Kirche zu integrieren. Die Gruppen haben einen starken Gemeinschaftssinn und ihre ganz eigene Identität. Für die Beteiligten *ist* das, was sie tun, Kirche; es ist der Ort, zu dem sie als Christen gehören, wo sie glauben und ihren Glauben leben.
- Alternative Gottesdienstgruppen treffen sich nicht immer jede Woche. Manche Gemeinden bieten ab und zu alternative Gottesdienste an, ein sanfter Weg, um aus der Linie der traditionellen Gottesdienste auszuscheren.

George Lings schließt seine Ausführungen mit dem Wunsch,

> „dass sie auf den Wert dessen vertrauen, was sie tun. Beides, die selbst gewählte Aufgabe, kulturell relevante Gottesdienste zu feiern, und das weniger postulierte Element der Gemeinschaftsbildung zeugen von Vitalität. Es wäre hilfreich, wenn aussendende Gemeinden sie ebenfalls als Gemeindepflanzung betrachten würden; das würde sie dazu ermutigen, sich an ihrer besonderen Identität zu freuen und eine gesunde Interdependenz zu anderen Formen kirchlichen Lebens aufzubauen ... Ihre Aufgabe ist, nach Formen missionarischen Handelns zu suchen, die zu ihnen passen. Sie würden daran reifen und wären auch weiterhin ein wertvoller Teil der neu aufkommenden, von Vielfalt geprägten missionarischen Bewegung, die in der westlichen Kirche so dringend gebraucht wird.“[132+133]

[132] George Lings, „The Enigma of Alternative Worship“, Encounters on the Edge 12, Church Army, 2001.

[133] Weitere Informationen finden Sie in: Jonny Baker and Steve Collins, „Fresh Vital Worship“, CPO Grace; George Lings, „The Enigma of Alternative Worship“, Encounters on the Edge 12, Church Army, 2001; Pierson, Kirkpatrick and Ridell, „The Prodigal Project“, SPCK, 2000; Paul Roberts, „Alternative Worship in the Church of England“, Grove Worship 155, 1999; Pete Ward (Hg.), „Mass Culture”, Bible Reading Fellowship, 1999.

Basisgemeinden

Was steckt hinter dem Namen?

Base Ecclesial Communities (BEC, zu Deutsch: Basisgemeinden) haben ihren Ursprung in Lateinamerika, sie sind Mitte der 1950er Jahre in Brasilien entstanden und haben inzwischen in der ganzen Welt Verbreitung gefunden. Basisgemeinden sind unlösbar verbunden mit den Menschen, die am Rand der Gesellschaft leben, sie predigen ein Evangelium der Befreiung: Kirche von Armen für Arme. Basisgemeinden wollen Menschen zu eigenem Handeln ermächtigen.[134] Sie wollen Hoffnung bringen und Herausforderung sein – die Unterdrückten sollen Hoffnung bekommen und vor die Herausforderung gestellt werden, dass man zusammen etwas tun kann für eine bessere Welt.

David Prior, ein anglikanischer Pfarrer, der in England auch als Autor einen Namen hat, hat die ganze Welt bereist, um Basisgemeinden zu beobachten. Sein Interesse wurde geweckt, weil er in der westlichen Kirche so viele Christen erlebte, die mit den bestehenden kirchlichen Strukturen unzufrieden waren.

> „Unsere gegenwärtigen Strukturen erzeugen Abstumpfung und Entzweiung. Viele Christen, die in die Ortsgemeinde integriert sein wollten und sollten, aber die existierenden Formen kirchlichen Lebens bedrückend und unattraktiv finden, werden so vertrieben."[135]

Der zweite Grund für sein großes Interesse war seine Enttäuschung über die Hausgruppen[136], die häufig sehr oberflächlich arbeiteten: Die Gruppen stillten die Bedürfnisse ihrer Mitglieder, statt für ein missionarisches Engagement und für die Erneuerung der Kirche zu leben.

Auch Bischof Peter Price hat über Basisgemeinden nachge-

[134] Anmerkung des Herausgebers: *Mit dieser Umschreibung „zum eigenen Handeln ermächtigen" versuchen wir das englische Verb „to empower" zu übersetzen. Der Begriff des „Empowerment" ist ja als Fachbegriff im Kontext von Sozialwissenschaften und Theologie auch in Deutschland verbreitet.*

[135] „Breaking New Ground", Church House Publishing, 1994, Abschnitt 2.1.

[136] Anmerkung der Übersetzerin: *Diese Gruppen sind größer als Hauskreise und setzen sich häufig für eine bestimmte Region ein. Vgl. Bob Hopkins, „Gemeinde pflanzen", Neukirchen-Vluyn 1996, S. 75.*

dacht. In seiner Schrift „The Church as Kingdom – a new way of being church“[137] schrieb er:

„Jesus ist doch offensichtlich deshalb zu uns gekommen, weil er uns befähigen wollte, unsere Berufung zu erfüllen: Wir sollen ihm nachfolgen, und unser Dasein soll die Verhältnisse zum Besseren verändern.“[138]

Peter Price zieht den Begriff „SCC“ = Small Christian Community (zu deutsch: kleine christliche Gemeinschaft) vor und legt größten Wert darauf, dass drei Dinge wichtig seien, um die wahre Stimme Gottes zu vernehmen: Wir sollen auf die alltägliche Lebensrealität im unmittelbaren Umfeld ebenso achten wie auf das gemeinsame Leben der „kleinen christlichen Gemeinschaft“ – beides sollen wir schließlich im Licht der Bibel bedenken. Die Gruppe „Gemeinde auf neuen Wegen“ hat eine pastorale Handlungskette in fünf Schritten entwickelt: Erfahrung, Analyse, Reflektion, Aktion und Feier. Peter Price ruft dazu auf, weltweit neue „SCC“ zu pflanzen, kreativen Austausch untereinander und mit der lokalen Gemeinde zu pflegen und mit der pastoralen Handlungskette zu arbeiten.[139]

„Basisgemeinden sind weithin anerkannt und geachtet: weil sie die Menschen zu eigenem Handeln ermächtigen, weil der Dienst im Miteinander geschieht, weil die theologischen Methoden aus der praktischen Reflektion heraus entstehen und weil Lebensgeschichten erzählt (und ernst genommen) werden. Obwohl dadurch erhebliche Spannungen auszuhalten sind, bemühen sie sich um beides: Sie suchen nach Konzepten für eine radikale Veränderung der Kirche und möchten zugleich die historischen Ordnungen der Kirche achten. Sie wissen, dass ihre Rolle bestenfalls darin besteht, die Erneuerung der Kirche als Institution zu *unterstützen*; sie bilden sich nicht ein, die vorhandenen Institutionen ersetzen zu können. Sie haben sich konsequent dem radikalen Kampf für Gerechtigkeit und dem Dasein für das lokale Umfeld ver-

[137] Anmerkung des Herausgebers: *Das heißt auf Deutsch „Kirche als Reich Gottes – Gemeinde auf neuen Wegen“.*

[138] Peter B. Price, „Telling It As It Is – Interactive learning for churches building small Christian communities”, New Way Publications, 1999, S. 5.

[139] Peter B. Price, „Telling It As It Is – Interactive learning for churches building small Christian communities”, New Way Publications, 1999, S. 22.

schrieben – was in kirchlichen Zentralen einige nervöse Reaktionen ausgelöst hat.
Basisgemeinden bieten eine sehr persönliche Antwort auf die Unpersönlichkeit der modernen Gesellschaft. Sie bieten einen Ort des Glaubens, an dem jeder die Gewissheit hat, angenommen und namentlich bekannt zu sein. Sie arbeiten in Gruppen mit überschaubarer Größe (von meistens 12 Personen), in denen die seelsorglichen Bedürfnisse ohne Stress oder gar auf Kosten eines Burnout-Syndroms des Pfarrers gestillt werden können. Bei ihnen ist jeder Christ ein wichtiger Teil der Kirche und wird gebraucht. Diese ‚Zwölfergemeinschaften' bewirken mit der Hilfe des Heiligen Geistes reale Veränderungen in ihrem unmittelbaren Umfeld, aber auch in der gesamten Welt."[140]
In England sind Basisgemeinden bzw. „kleine christliche Gemeinschaften" allerdings außerhalb der römisch-katholischen Kirche nicht sehr bekannt. Es war schwierig, für diesen Bericht ein anglikanisches Beispiel zu finden:

Eine Beispielgeschichte:
John Summers hatte viele Jahre lang Erfahrungen gesammelt in seiner Arbeit mit der städtischen Arbeiterschicht. Nach und nach kam er zu der Überzeugung, dass etwas fehlte in der Art und Weise, wie den Menschen von Devonport das Evangelium verkündet wurde. Die Gemeinde schien bei der Verbreitung der Frohen Botschaft wenig Fortschritte zu machen, und doch war Jesus ganz unmittelbar die „gute Nachricht" für die Menschen, mit denen er zu tun hatte: für die Armen, die Unterdrückten, die Kranken, die kleinen Leute. Was fehlte?
Ein viertägiger Workshop mit Pater José Marins aus Brasilien im Jahr 1994 lenkte John Summers Blick in eine neue Richtung. Er belegte weitere Workshops im „College of the Ascension" in Birmingham. Ihm wurde die Idee wichtig, dass wir am besten lernen, indem wir handeln („learning by doing"). Diesen Grundgedanken brachte er mit zurück in die Gemeinden in Plymouth. Dort wurden daraufhin Nachbar-

[140] Colleen Fleischman, „Essence of BECs", an introductory outline paper towards the M.Phil., University of Wales, Lampeter, January 1995.

schaftsgruppen als missionarische Stützpunkte gegründet. Gleichzeitig lernten traditionelle Hausgruppen, missionarisches Handeln in einem wesentlich weiteren Kontext zu verstehen und eine neue Perspektive auf das Reich Gottes im Sinn Jesu zu entwickeln.
Man wollte hier nicht die lateinamerikanischen Modelle von Basisgemeinden kopieren, sondern sie dem eigenen Kontext anpassen, indem man die eigenen Handwerkszeuge und Prozesse nutzte. Die Gemeinden begannen sich zu fragen: „Was will Gott uns sagen? Was sollen wir tun? Welchen Nutzen hat unsere Gemeinde für den Stadtteil? Macht es überhaupt einen Unterschied, dass wir da sind?“ Es war wichtig, auf das zu hören, was die Bevölkerung vor Ort zu sagen hatte. Daraufhin haben Gemeinden in Plymouth ein neues Projekt gestartet: Eine der Gemeinden hatte eine kleine Segelyacht geschenkt bekommen. Mit der Zeit wurde daraus ein von Hauptamtlichen geleitetes Projekt mit einer ganzen Segelflotte, die das Leben benachteiligter junger Menschen in Plymouth ein wenig reicher machte.[141]

Kann das Modell der Basisgemeinden auch in England funktionieren?

● In Südamerika haben der Priestermangel und die große Anzahl armer Menschen dazu geführt, dass Basisgemeinden gezwungen waren, von unten her zu wachsen. In England ist die Anglikanische Kirche in den Groß- und Kleinstädten strukturell gesehen nach wie vor präsent. Aber das Modell der Kirche von England, mit einem von außen kommenden Gemeindeleiter, einem großen, beeindruckenden Gebäude und einer Hierarchie im großen kirchlichen Kontext hat den Effekt, dass viele der Menschen aus „städtischen Problembereichen“ (Urban Priority Areas – UPAs) sich davon befremdet fühlen. Das erzeugt Widerstand bei den Menschen und verhindert so das Wachstum einer als einheimisch empfundenen Gemeinde vor Ort. Auf der anderen Seite haben selbst motivierte und engagierte Mitarbeiter von außen angesichts der immer größeren Verarmung der städtischen Problembereiche zu kämpfen und werden kraftlos. Es ist

[141] Eine ausführliche Beschreibung dieser Entwicklung finden Sie in dem Buch von John Summers: „The Story of a New Way for an Anglican Parish“, New Way Publications.

hart, eine Aufwärtsbewegung in Gang zu bringen, wenn der erste Schritt zu einer alternativen und attraktiven Gemeinschaft, die durch ihr Leben von einer Vision Zeugnis gibt, so schwer ist.

- In Südamerika gibt es eine Laienausbildung zum „Pastoralreferenten“, die sowohl Theologie als auch Sozialarbeit umfasst[142]. Pastoralreferenten helfen den Basisgemeinden, ihre eigenen Erfahrungen im Licht des Evangeliums zu betrachten und ihr Leben als Gemeinschaft zu koordinieren und zu gestalten. Manche Pastoralreferenten gehören Ordensgemeinschaften an. In England gibt es keine Pastoralreferenten, und das mag ein Grund dafür sein, dass Basisgemeinden im anglikanischen Kontext so selten vorkommen. Hinzu kommt die Tatsache, dass die englische Ausbildung zum Gemeindeleiter eine Anpassung an die Werte der sozialen Mittelschicht erfordert, die den Menschen in den UPAs fremd sind und die Gemeindeleiter dieser Bevölkerungsschicht entfremdet.
- Die Institution Kirche macht sich oft Gedanken darüber, wer Gebäude und Pfarrer bezahlt. Diese Themen sind in UPAs unter Umständen zweitrangig, weil dort die Leidenschaft für christliche Erneuerung und die unmittelbare Auseinandersetzung mit den missionarischen Absichten Gottes im Mittelpunkt stehen.

Cafékirche[143]

Dieser Begriff ist ein Versuch, Beispiele zusammenzufassen, die sich den Charakter der Caféhaus-Kultur zu eigen machen und die äußerlich zunächst durch eine Veränderung des Ambientes und der Atmosphäre gekennzeichnet sind, in der Menschen zusammenkommen. Kurz: Man sitzt um kleine Tische herum statt in Kirchenbänken. Getränke und oft auch etwas zum Knabbern gibt es am Anfang und nicht erst hinterher. Im Normalfall sitzt und redet man, statt zu stehen oder den eigenen Platz zu verteidigen. Man wird zu Interaktion ermutigt statt nur Zuhörer zu sein. Die Räumlichkeiten sind oft „weltlich“ und nicht sakral:

142 Anmerkung der Übersetzerin: *... aber keine Ordination einschließt.*

143 Weitere Informationen zu diesem Thema finden Sie in: George Lings, „New Canterbury Tales“, Encounters on the Edge 7, Church Army, 2000; „Planting New Churches“, veröffentlicht von der Methodistischen Kirche, Methodist Publishing House, 2001, ist die Geschichte der Cafékirche in Raynes Park.

Stadthallen, Jugendclubs, Cafés und Kneipen. Sehr weit verbreitet sind die Beispiele für diese Art von Kirche allerdings noch nicht:

Eine Beispielgeschichte: Rubik's Cube

„Rubik`s Cube“ ist entstanden, weil Gemeinden in Bristol Menschen vor allem aus der jüngeren Generation ohne kirchlichen Hintergrund erreichen wollten. Sie sollten sich treffen, Musik hören und neue Freundschaften knüpfen können. Ruth Hiett, Mitarbeiterin des „Rubik`s Cube“ sagt: „Unsere Bar-Nacht findet an jedem Montag statt. Mittlerweile hat sie an Ansehen gewonnen. Immer neue Beziehungen sind hier entstanden. Im englischen DJ-Magazin wurde sie als ‚Kulttreffpunkt der Drum- und Bass-Szene' bezeichnet. Im Mai 2003 haben wir die ‚Rubik's Cafénacht' eingeführt, die jeden ersten und dritten Samstag im Monat stattfindet.“ Ruth beschreibt das Café als Magneten und kommentiert: „Menschen, die nie einen Fuß in eine Kirche gesetzt haben, kommen regelmäßig ins Café, werden nach und nach zu unseren Freunden und fangen an, sich für unseren Glauben zu interessieren.“[144]

Eine Beispielgeschichte: Open House, Brentford, West-London. Leiterin: Virginia Luckett

Das „Open House Projekt“ ist ein öffentliches Café im St. Paul's Zentrum. Es ist Teil der Mission und des Dienstes der Kirchengemeinde Brentford an den Menschen vor Ort. Angeboten wird nicht nur leckeres Essen, sondern auch Fürbitte, Bibelgespräche und Seelsorge durch so genannte „Zuhörer“. Motto des Cafés ist „Nahrung für Leib und Seele“, ein ganzheitlicher Ansatz, der den ganzen Menschen im Blick hat und den geistlichen Hunger genauso wie den leiblichen Hunger stillen möchte. Mit dem guten Essen, der Möglichkeit zum Erzählen und Zuhören, zum Diskutieren der Bibel und zum Beten soll dieses Ziel verwirklicht werden.

„Open House“ basiert auf dem „community ministry“-Modell[145], bei dem Christen und Nichtchristen miteinander

[144] Die Geschichte wurde übernommen und für unsere Zwecke verändert aus: CMS Yes magazine, Spring 2003.

[145] Vgl. Ann Morisy, „Beyond the Good Samaritan, community ministry and mission“, Mowbray, 1997.

arbeiten. Durch die täglichen gemeinsamen Erfahrungen bei der Arbeit im Projekt kommt es zu vielen Gesprächen, und theologische Fragen bekommen einen Bezug zum Leben im Alltag. Viele der regelmäßigen Besucher und der ehrenamtlichen Mitarbeiter bitten um zusätzliche Unterstützung: z.B. bei der Bewältigung von psychischen Problemen, auf Grund von seelischen Verletzungen oder körperlichen Behinderungen oder weil sie in Gefahr stehen, ins gesellschaftliche Abseits zu geraten. „Open House“ bietet auf ungezwungene und positive Art und Weise die Möglichkeit zu seelsorglicher Betreuung und Evangelisation. Eine kürzlich durchgeführte Umfrage unter den Gästen hat gezeigt, dass über die Hälfte von ihnen mit jemandem über den christlichen Glauben gesprochen hat, und dass zwei Drittel christliche Literatur mitgenommen hatten und nun mehr darüber wissen wollten.
Die bei „Open House“ mitarbeitenden Christen verstehen ihre Arbeit als eine Form, Gott zu loben und anzubeten, als Dienst und Zeugnis durch Gastfreundschaft und Nächstenliebe. Mehrere Menschen sind durch das Engagement im Projekt zum Glauben gekommen. „Open House“ entwickelt sich immer weiter. Das Projekt stellt eine aufregende und herausfordernde Erfahrung dar; und man wird es mit Fug und Recht als eine neue Ausdrucksform von Kirche bezeichnen können.

Warum nutzen wir die Café-Kultur?

Cafékirche ist etwas anderes als Gottesdienste für Suchende. Hier geht es hauptsächlich darum, ein Gemeinschaftsgefühl zu erzeugen, während Gottesdienste für Suchende oft darauf konzentriert sind, ein Umfeld zu schaffen, in dem man sich mit Lebensthemen und christlichen Grundsätzen befassen kann. Cafékirchen sind eine neue Frucht einer uralten missionarischen Erfahrung. Schon Gregor der Große hat Augustinus von Canterbury dazu ermutigt, herauszufinden, wie man Gastfreundschaft zu einer anhaltenden christlichen Praxis entwickeln könnte, ohne faule Kompromisse zu machen.

Cafékirche – eine radikale Ausdrucksform kirchlichen Lebens?

Um diese Frage beantworten zu können, muss erst geklärt werden, inwieweit es sich hier überhaupt um eine Ausdrucksform gemeindlichen Lebens handelt. Sicher sind Cafékirchen Orte, an denen sich Menschen auch „gottesdienstlich" versammeln, aber doch mit einer sehr veränderten Dynamik. Begegnung mit anderen findet in kleinen Gruppen und an Tischen mit Speisen und Getränken statt, auch wenn diese kleinen Gemeinschaften durchaus mit einer größeren Gemeinschaft verknüpft sind. Gottesdienste finden in einem informellen Rahmen statt, auch wenn „informell" nicht gleich die Verleugnung jeglicher Spiritualität oder Liturgie bedeutet. Die „Tischgemeinschaft" der Cafékirche hat schon Jesus so praktiziert, deshalb birgt sie das große Potenzial, intensive Begegnungen zwischen Menschen möglich zu machen und sie zum Nachdenken über ihr Leben und das Evangelium zu ermutigen. Einige Cafékirchen haben einfach eine „Tischliturgie" entwickelt.

Der missionarische Stil der Cafékirchen ist beziehungsorientiert. Cafékirchen verringern so die Kluft zwischen dem, was man im Alphakurs erleben kann, und den oft negativen Erfahrungen in den Gottesdiensten am Sonntagmorgen. Im Alphakurs sitzt man im kleinen Gruppen zusammen; so entsteht das Gefühl, selbst beteiligt und wahrgenommen zu werden. Cafékirchen könnten für die Teilnehmer der Alpha- oder anderer Glaubenskurse der nächste Schritt sein, wenn der Sprung in den mehr traditionellen Stil von Gemeinde zu groß ist.

Cafékirchen integrieren oft auch Aspekte anderer neuer Ausdrucksformen gemeindlichen Lebens. Sie werden kombiniert mit einigen Ausprägungen alternativer Gottesdienstangebote, mit Elementen kirchlicher Kleingruppen, z.B. Zellgemeinden, mit der Idee der Gottesdienste für Suchende und besonders mit den Netzwerkgemeinden, denn ihr missionarischer Ansatz basiert auf dem Gedanken des beziehungsorientierten Lebens im lokalen Kontext.

Zellgemeinden[146]

> „Zellgemeinden[147] sind die Gemeinden, die sieben Tage in der Woche ‚geöffnet' haben. Es geht um Gemeinden, in denen jedes einzelne Mitglied mobilisiert wird, in der Nachfolge Jesu zu leben, anderen zu dienen, Leitungsfunktionen zu übernehmen, für Expansion zu sorgen und so zum Multiplikator zu werden."[148]

Bevor Sie weiterlesen ...,
erlauben Sie ausnahmsweise dem deutschen Herausgeber einen Kommentar: Zum Verständnis des Themas „Zellgemeinde" ist es wichtig sich klarzumachen, dass hier an die Zelle als Grundbaustein des Lebens gedacht ist, und damit an die Fähigkeit zur Vervielfältigung, zu vielfacher Formgebung, zur Kooperation und Anpassung an unterschiedlichste Lebensräume. Es ist im Deutschen ein nahe liegendes Missverständnis, eher an die Gefängniszelle zu denken. Aber genau das ist natürlich hier nicht gemeint.

Das Zellgemeinden-Konzept geht Kirche von zwei Seiten an. Es versucht, christliche Gemeinschaft sowohl in kleinen als auch in großen Gruppen zu fördern und steht für folgende Leitideen:

- Sowohl Zellgruppen als auch gemeinsame Gottesdienstfeiern (also kleine und große Treffen) sind Ausdrucksformen gemeindlichen Lebens.
- Jedes Mitglied einer Zellgruppe hat das Potenzial, einen Dienst zu übernehmen.

[146] Weiterführende Informationen finden Sie in: Howard Astin, „Body and Cell", Monarch, 2002; Steven Croft, „Transforming Communities", Darton, Longman & Todd, 2002; Bob Hopkins, „Miniguide to Cell Church", Administry; Bob Hopkins (Hg.), „Cell Church Stories as Signs of Mission", Grove Evangelism 51, 2000; George Lings, „Has the Church reached its Cell-Buy Date?", Encounters on the Edge 3, Church Army, 1999; Phil Potter, „The Challenge of Cell Church", Bible Reading Fellowship, 2001; David Rhodes, „Cell Church or Traditional", Grove Evangelism 36, 1996.

[147] Anmerkung des Herausgebers: *2006 erschien das Buch von Phil Potter („Cell Church") ebenfalls in deutscher Übersetzung in unserer Reihe „Beiträge zu Evangelisation und Gemeindeentwicklung – Praxis": Zellgruppen - Bausteine für eine lebendige Gemeinde.*

[148] W. A. Beckham, „The Second Reformation", Touch Publications, 1995, S. 29.

- Jede Zellgruppe ist ein Baustein im Gebäude der „Kirche".
- Leiter von Zellgruppen müssen unterstützt und geschult werden.

Die Treffen einer Zellgruppe haben gewöhnlich eine feste Struktur, die den Leiter dazu befähigt, der Gruppe die richtigen Anstöße zu geben. Ein typisches Zellgruppentreffen soll vier Grundelemente von Kirche beinhalten: Anbetung, Wortverkündigung, Gemeinschaft und Sendung.[149]

Diese Ausdrucksform gemeindlichen Lebens ist Teil einer größeren Bewegung, die sich über viele Denominationen und über die ganze Welt hinweg ausgebreitet hat. Alle Zellgemeinden verbindet die wieder neu entdeckte Überzeugung, dass kleine Zellgruppen tatsächlich „Kirche" sind. Es gibt eine ganze Reihe von Modellen. In der Anglikanischen Kirche ist jedoch das „Neighbour/Beckham"-Modell am weitesten verbreitet.[150] Es gibt Gemeinden, die ihre Arbeit umstrukturieren, um das Zellgruppenprinzip einzuführen, andere pflanzen auf der Basis dieses Prinzips neue Gemeinden.

Zellgemeinden und andere, damit verbundene neue Ausdrucksformen gemeindlichen Lebens sind eine gute Antwort auf eine Kultur, in der Gemeinschaft und Familiensysteme nicht mehr funktionieren. Sie sind auch eine Möglichkeit, Menschen ohne kirchlichen Hintergrund an die ernsthafte Nachfolge heranzuführen, nachdem der Glaube für sie zuvor völlig unerforschtes Land war.

Umwandlung bestehender Gemeinden in Zellgemeinden

Eine Umstrukturierung im Sinne des Zell-Prinzips bedeutet eine Aufteilung der Gemeinde in Kleingruppen. Die Gemeinde hat dann nicht etwa nur Kleingruppen, sie besteht nach dieser Phase des Übergangs aus Kleingruppen. Und jede dieser Kleingrup-

[149] Material zum Thema Zellgemeinden finden Sie unter www.cellchurch.info (9.06.2006).

[150] Ralph Neighbour, „Where do we go from here?", Touch Publications, 2000; William A. Beckham, „The Second Reformation", Touch Publications, 1995. Viele der populären Bücher zu diesem Thema beziehen sich auf dieses Modell: Howard Astin, „Body and Cell", Monarch 2002; Phil Potter, „The Challenge of Cell Church", Bible Reading Fellowship, 2001; Lawrence Singlehurst, „Loving the Lost", Kingsway, 2001.

pen oder Zellen ist dem Wesen und der Praxis nach eine vollwertige neue Ausdrucksform gemeindlichen Lebens. Jede Zelle ist verpflichtet, die wichtigen Grundelemente kirchlichen Lebens umzusetzen: Sie muss Gemeinschaft aufbauen, Gottesdienst feiern, auf Gottes Wort hören und es umsetzen und sich in der Gesellschaft engagieren. Eine Zelle ist funktional gesehen mehr als z.B. ein Bibelkreis, eine Arbeitsgruppe oder eine Seelsorgegruppe. Sie funktioniert wie Gemeinde als Mikrokosmos. Mit gesunden Gemeindepflanzungen verbindet Zellgemeinden der Wunsch zu wachsen (etwa durch Beziehungsevangelisation) und wiederum neue Gruppen entstehen zu lassen.

Alternativ kann man auch entscheiden, nur den halben Weg zu gehen, also Gemeinde *mit* Kleingruppen zu sein. Der hierfür häufig benutzte Begriff ist „Meta-Gemeinde“[151] Der grundsätzliche Unterschied zwischen den beiden Formen besteht darin, dass bei der reinen „Zellgemeinde“ die Zelle die Haupteinheit darstellt und alles andere ihr nachgeordnet ist. Bei der „Meta-Gemeinde“ hingegen hat die Gesamtgemeinde mit ihren Versammlungen das gleiche Gewicht wie die „Zelle“, so dass sich die beiden Formen gemeindlichen Lebens einander mit ihren jeweiligen Stärken ergänzen. Die wichtigste Erkenntnis der Verfechter des „Meta-Gemeinde“-Ansatzes ist es, dass Kleingruppen den idealen Rahmen bieten, um Leitungsfähigkeiten zu fördern.

Zellgemeinden – Garanten für eine Wachstumsmentalität?

Pfarrer Paul Simmonds bemerkt zu diesem Thema[152], dass die Umwandlung einer Gemeinde in eine Zellgemeinde zwar helfen kann, dem Wachstum Form und Richtung zu geben, aber nicht automatisch selbst Wachstum schafft. Der Gedanke der Zellgemeinden kommt aus der weltweiten Kirche, wo Wachstum und Evangelisation selbstverständlich und nicht die Ausnahme sind. Zellgemeinden sollten dabei helfen, mit dem vorhandenen Wachstum umzugehen.[153] Das Modell der Zellgemeinden war al-

[151] Howard Astin, „Body and Cell“, Monarch, 2002 und Phil Potter, „The Challenge of Cell Church“, Bible Reading Fellowship, 2001, befürworten die reine Zellkirche, während Steven Croft, „Transforming Communities”, Darton, Longman & Todd, 2002 sich mit dem Ansatz der Meta-Gemeinde beschäftigt.

[152] Paul Simmonds et al., « A Future for House Groups », Grove Pastoral 66, 1996, S. 4.

[153] Dies trifft nicht so sehr auf das aus Nordamerika kommende Zellgemeinden-Modell von Neighbour und Beckham zu.

so historisch betrachtet nicht dazu gedacht, Wachstum anzuregen, sondern es zu kanalisieren und weiterzuentwickeln.

Zellpflanzung

Bei einer Zellpflanzung entsteht auf der Basis des Zellgemeinden-Prinzips eine neue Gemeinde. Im Augenblick gibt es hierfür zwei verschiedene Ansätze.

Parallele Zellgemeinde
Bei diesem ersten Ansatz entsteht neben der bestehenden, traditionell arbeitenden Gottesdienstgemeinde eine neue, zellgruppenorientierte Gemeinde. Die Gemeindeglieder können den Stil oder die Ausdruckform wählen, in der sie sich engagieren wollen. Es wird allerdings empfohlen, nicht zwischen den beiden Formen hin und her zu pendeln. Wer sich für die Zellgemeinde entscheidet, tut dies in dem Wissen, dass Nachfolge und Beziehungsevangelisation die zentralen Pfeiler für die Mitgliedschaft sind. So entsteht parallel zur existierenden Gemeinde eine neue, andere Ausdrucksform gemeindlichen Lebens, die zur selben Ortsgemeinde gehört, aber nur teilweise im selben Umfeld arbeitet.[154] Einige wenige Zellgemeinden wollen nicht alle Altersgruppen ansprechen, sondern konzentrieren sich auf Jugendliche und junge Erwachsene.

> **Eine Beispielgeschichte: St. Alkmund's, Derby**
> St. Alkmund's ist eine anglikanische Gemeinde in der Diözese Derby. Karin Hamblin ist Leiterin der Kinder- und Jugendarbeit. Sie erzählt:
> „Im Rückblick kann ich fünf Hauptfaktoren nennen, die uns dazu gedrängt haben, uns zu einer Zellgemeinde zu entwickeln:
>
> Der Wunsch nach ernst gemeinter Nachfolge statt ausschließlichem Konsumdenken.
>
> Die Sehnsucht danach, dass immer mehr junge Menschen erlöst und in die Nachfolge gerufen werden.

[154] Zellgemeinden leben tendenziell von Beziehungen und sind von daher netzwerkorientiert, während die Zellgruppe einer Gemeinde mit kirchlichem Gebäude, einer langen Geschichte und einem speziellen missionarischen Stil mehr das Umfeld im Blick hat.

Das Wissen, dass junge Menschen viel zu geben haben und der Wunsch, die richtigen Formen zu finden, um zu wecken, was in ihnen schlummert.
Das drängende Bedürfnis, die Abwanderung junger Menschen aus der Kirche zu stoppen.
Der Wunsch, die verlorenen Söhne und Töchter zurückkehren zu sehen.

Im September 1997 haben wir mit der Zellgruppenarbeit angefangen. Wir hatten das Gefühl, damit möglicherweise ein Mittel gegen unsere Enttäuschungen gefunden zu haben. Wir konnten die beziehungsorientierte Jugendarbeit ausbauen, die bereits existierte. Wir konnten dem Konsumismus erfolgreich den Rücken kehren. Wir konnten ein großes Potenzial für evangelistische Arbeit und Einübung in die Nachfolge Christi schaffen. Und wir konnten den Jugendlichen die Möglichkeit geben, ihre Gaben in einem behüteten Umfeld zu entdecken und auszuprobieren ... Um all unseren Beziehungen Raum zum Wachsen zu geben, haben wir die Jugendlichen in drei Gruppen aufgeteilt, die sich mit jeweils zwei erwachsenen Leitern in verschiedenen Räumen der Kirche trafen. Der spätere Wechsel von der Kirche in Privathäuser hat uns dann noch einmal vorangebracht, weil dort eine wesentlich intimere Atmosphäre herrschte.

Die Kleingruppen treffen sich jede Woche am Sonntagnachmittag in den Häusern der Gemeindeglieder, um dann alle abends zum Abendgottesdienst zusammenzukommen. Im Augenblick haben wir 6 Kleingruppen, 2 Mädchen- und 4 Jungengruppen. Jede Kleingruppe hat bis zu 8 Jugendliche auf der Teilnehmerliste, von denen 5-6 regelmäßig kommen. Einmal im Monat kommen wir als ‚Junge Gemeinde' zusammen (wir nennen uns ‚Wired', zu Deutsch ‚Verdrahtet'), um unser Miteinander als Kleingruppen gemeinsam zu feiern. Alle Kleingruppen tragen etwas zu diesem Fest bei, diese gemeinsame Zeit wird hauptsächlich von ihnen gestaltet und geleitet.

Jede Zellgruppe hat einen Leiter und einen Co-Leiter als ‚Auszubildenden'. So hat die Gruppe die Möglichkeit zu wachsen durch eine Kombination aus Evangelisation (so hoffen wir jedenfalls) und nachrückenden jüngeren Jugendlichen. Das hilft uns auch damit umzugehen, dass jedes Jahr die älteren Jugendlichen zum Studium weggehen. Allerdings müssen wir dadurch auch ständig Leiter gehen lassen und neue schulen.

Dem Grundgedanken der Zellgemeinden treu, gibt es Grundwerte, die als Basis für das Miteinander dienen. Unsere Werte können wir folgendermaßen beschreiben:

Jeder Teilnehmer steht im Dienst Gottes.
Jeder Teilnehmer soll innerlich reifen und wachsen.
Jesus ist der Mittelpunkt.
Wir leben aufopferungsvolle Liebe.
Wir wollen zahlenmäßig wachsen.
Unser Miteinander ist geprägt von Offenheit und Aufrichtigkeit.“

Nachtrag: Diese Gemeinde hat nach einigem Nachdenken beschlossen, nicht komplett die Struktur einer Zellgemeinde zu übernehmen.[155]

Reine Zellgemeinde

Die zweite Form von Zellpflanzung ist die Gründung einer neuen Zellgemeinde in einem Umfeld oder einer Kultur, in denen traditionelles Gemeindeleben unangemessen wäre. Dieser Ansatz ist häufig in städtischen Kontexten versucht worden, um die Menschen ohne kirchlichen Hintergrund zu erreichen. Zellgruppen reisen mit leichtem Gepäck. Das Gepäck von Kirche kann vieles sein: die Ablehnung der Institution Kirche, das Gefühl der Entfremdung von ihrer trockenen Gelehrsamkeit oder ihrer organisatorischen Komplexität, Unsicherheit beim Betreten eines heiligen Gebäudes und das Gefühl, keine Ahnung zu haben, wie man sich an einem solchen Ort benehmen muss. Einige Beispielgeschichten belegen demgegenüber den Vorteil, den eine Zellgemeinde im Sinne einer „Gegenkultur“ haben kann: Die Zellgemeinde stellt sich als ein Beispiel authentischer und attraktiver Gemeinschaft dar, wie sie im säkularen Umfeld sonst nicht vorkommt. Wo Menschen ohne kirchlichen Hintergrund weder Kontakt zu Kirche als Institution haben noch den Wunsch verspüren, von ihr angesprochen zu werden, kann vielleicht nur ein beziehungsorientierter Ansatz fruchten.

Zellpflanzung hat Vorteile

- Die Prinzipien der Zellgemeinden sind dort hilfreich, wo neue Ausdrucksformen gemeindlichen Lebens sich an nach-christ-

[155] Bob Hopkins (Hg.), „Cell Church Stories as Signs of Mission”, Grove Evangelism 51, 2000.

liche Gruppierungen richten, für die typische Mittelschicht-Gemeinden von mittlerer Größe mit ihrem Arbeitsstil kulturell fremd bleiben müssten.[156]

- Weil Zellgemeinden so klein sind und auf einzelne Mitglieder eingehen können, können sie sich auch mit den Bedürfnissen des Umfelds identifizieren und sich mit denen zusammentun, die dort etwas verändern wollen.
- Zellgemeinden unterstützen die Multiplikation ortsansässiger Leiter durch ein bewusst geplantes System fortlaufender Helferschulungen. Die Entdeckung und Ausbildung solcher Leiter ist eines der Schlüsselelemente des Prozesses.
- Das Modell einer Zellgemeinde kann einer Reihe von neu gepflanzten Gemeinden dabei helfen, endlich die magische Grenze von 50 Gottesdienstbesuchern zu durchbrechen. Denn: Nach diesem Modell wird die Gesamtgemeinde in kleinere Einheiten aufgeteilt und zugleich die Zahl der Gemeindeglieder erhöht, die in irgendeiner Form, auch in der Evangelisation, mitarbeiten.
- Das Modell einer Zellgemeinde vereinfacht und konzentriert das interne Leben aller jungen Gemeinden. Das setzt Energie frei für den Blick nach draußen und entsprechende Aktivitäten.

Eine Beispielgeschichte: Harvest, Margate

Harvest wurde im September 1998 als Ableger von Holy Trinity Margate gegründet. Fünf Jahre zuvor war dort bereits eine neue Gemeinde nach dem klassischen Muster gepflanzt worden (St. Philip's Northdown Park), mit einem Gemeindezentrum und einem geographisch abgegrenzten Gemeindegebiet. Harvest verfügte weder über ein Gebäude noch über ein Gebiet. Diese Pflanzung wurde so konzipiert, dass sie sich auf ein bestimmtes Netzwerk von Menschen konzentrieren sollte. Die Gemeinde sollte weiterhin nach dem Prinzip einer Zellgemeinde aufgebaut werden und mit Alphakursen arbeiten.

Sorgfältige Maklerdienste waren anfangs gefordert, denn die Idee war neu, und noch wusste niemand, wie es funktionie-

[156] In einigen städtischen Problemzonen (UPA) besteht ein Problem darin, dass man nur die Familie und Verwandte in die eigene Wohnung hinein lässt. Dieses Problem haben eine Reihe von UPA-Zellgemeinden bereits überwunden.

ren würde, und wie sich die Beziehungen zu benachbarten Ortsgemeinden (Parochien) gestalten würden. 52 Erwachsene bildeten das Pflanzungsteam und damit die Kerngruppe der neuen Gemeinde. Sie trafen sich in 6 Zellgruppen, die sich über das gesamte Dekanat Thanet verteilten. Jeden Sonntagmorgen fanden sich alle Zellgruppen zum gemeinsamen Gottesdienst in einer Grundschule ein.

Alphakurse sind nach wie vor der wichtigste Zugang für Menschen zur Gemeinde „Harvest". Die Mitglieder werden ermutigt, Freundschaften mit Menschen zu schließen, um sie auf ihrem Weg zum Glauben begleiten zu können. Die Zellgruppen treffen sich auch regelmäßig in Privathäusern, Kneipen oder an sonstigen Orten zum geselligen Beisammensein. Seit seinem Beginn hat Harvest 71 neue Mitglieder dazu gewonnen, 46 sind weggezogen. Jede Zellgruppe hat durch Teilung neue Zellgruppen hervorgebracht. Einige sind aber auch aufgelöst worden. Harvest lernt immer noch dazu.

Wie können wir immer wieder neue Leiter finden?

Alle Zellgemeinden – und in besonderem Maße solche in den sozial benachteiligten Gebieten – stehen vor der Herausforderung, die nächste Generation von Leitern heranzubilden. Menschen können Gaben für die Leitung von Gruppen entdecken, indem sie zunächst wie Auszubildende als Co-Leiter in der Gruppe mitwirken. Sie sind dann auch mit Hilfe einer klar vorgegebenen Struktur in der Lage, Kleingruppen zu leiten. Trotzdem ist die Schwierigkeit, immer wieder neue qualifizierte Leiter heranzubilden, die potenzielle Achillesferse der Zellgemeinden. Zugleich besteht aber auch die Chance, dass aus diesem Prozess viele verschiedene Leitungsstile erwachsen können. Die Kirche scheitert allzu oft nur deshalb an der Suche nach neuen Leitern, weil die Vorgaben für den Arbeitsstil zu eng, unflexibel und klar auf die soziale Mittelschicht begrenzt sind.

Die Früchte

Weltweit nehmen Zellgemeinden für sich in Anspruch, dass ihr stetiges Wachstum zwei Ursachen hat: zum einen legen sie nach innen größten Wert auf die Förderung eines Lebens in der Nachfolge Jesu, zum anderen ist ihre „Tagesordnung" nicht binnen- sondern außenorientiert. Weil ihre Mitgliederzahlen ständig steigen und weil sie, was noch wichtiger ist, durch ihr Schulungssystem immer neue Leiter heranbilden, sind sie davon überzeugt, dass ihrem Wachstum keine Grenzen gesetzt sind.[157] In Asien sind einige Zellgemeinden zu den größten Gemeinden der Welt herangewachsen. Clive Collier leitet in Hazlemere die vielleicht größte selbstständige englische Zellgemeinde mit 800 Mitgliedern. Einige der größten anglikanischen Gemeinden sind zwar keine reinen Zellgemeinden, legen aber großes Gewicht auf Kleingruppenarbeit, weil dort Nachfolge gelebt wird und neue Kontakte entstehen.

Ja, aber ... hier bei uns?
Ist die Struktur einer Zellgemeinde wirklich kompatibel mit der englischen Kultur? Diese Frage ist sowohl für Gemeinden wichtig, die den Übergang zur Zellgemeinde wagen wollen, als auch für (andere) neue Ausdrucksformen gemeindlichen Lebens. Zwei kulturelle Problembereiche gibt es:

In Südost-Asien ist ein stark direktiver Leitungsstil allgemein üblich. Dabei wird großes Gewicht auf die Nachfolge Jesu und auf die Evangelisation gelegt. Dieser Stil wird von einigen englischen Beobachtern als eine negative und nicht akzeptable Form der Kontrolle abgelehnt.

Dazu kommt, dass die Zellgemeindenbewegung betont, die „Zellgruppe" sei die ursprünglichste Einheit von Kirche. Westliche Christen empfinden aber die gottesdienstliche Gemeindeversammlung als ursprüngliche Einheit. Diese unterschiedliche Sichtweise ist ein Problem, das nicht unterschätzt werden sollte. Selbst die Verfechter von Zellgemeinden sind davon überzeugt, dass eine Gemeinde sich auf keinen Fall plötzlich für eine Kleingruppenstruktur entscheiden sollte, ohne sich vorher eingehend und sorgfältig darum bemüht zu haben, dass die bestehende gottesdienstliche Gemeinde den Wert der Veränderungen begreift.[158] Die Umstrukturierung in eine Zellgemeinde erfordert

[157] Gründe, warum große Gemeinden in England die Grenzen ihres Wachstums erreicht haben und sogar wieder rückgängige Zahlen verzeichnen finden Sie in: Bob Jackson, „Hope for the Church", Church House Publishing, 2002, Kapitel 11. In diesem Kapitel werden große Gemeinden dazu aufgefordert, sich einige Arbeitsweisen der Zellgemeinden zu eigen zu machen (S. 123ff).
[158] Siehe Phil Potter, „The Challenge of Cell Church", Bible Reading Fellowship, 2001. Anmerkung des Herausgebers: *Phil Potter: Zell-Gruppen. Neukirchen-Vluyn 2006 (BEG-Praxis).*

eine gründliche Vorbereitung. Einige Gemeinden haben irgendwann einmal damit begonnen, haben dann aber einen Rückzieher gemacht und sich entweder mit einigen Elementen der Zellgruppenstruktur begnügt oder sind zurückgekehrt zu ihrem ursprünglichen Konzept mit Hauskreisen, in denen Bibelstudium und Seelsorge stattfindet.

Und nun?
Wir haben der Idee und der Praxis der Zellgemeinden hier viel Raum gewidmet. Die Bewegung ist sich sicher, dass das, wofür sie eintritt, wirklich „Kirche“ ist: es gibt gottesdienstliches Leben, Gemeinschaft und missionarisches Handeln kommen im Rahmen der Zellgruppe vor. Alles wird von einer christusorientierten Spiritualität durchdrungen, mit besonderem Gewicht auf der Nachfolge. Weniger Klarheit herrscht in der Frage der Sakramente, der Ordination von Leitern und einer Verbindung zur Gesamtkirche, die über den lokalen Rahmen (z.B. durch den Besuch von größeren Versammlungen in der Umgebung) hinausgeht.[159]

Die Vielfalt der Kontexte, in denen Zellgemeinden bereits erfolgreich arbeiten, ist faszinierend. Die Tatsache, dass Menschen es geschafft haben, die Strukturen in so vielen verschiedenen Kontexten anzuwenden, macht den Gedanken der Zellgemeinde nur noch attraktiver. In der Tat ist diese neue Ausdrucksform gemeindlichen Lebens diejenige, deren Ideen am meisten auch im Rahmen anderer Ausdrucksformen angewendet werden. Ihre Flexibilität und die Tatsache, dass zentrale Werte für wichtiger erachtet werden als die strukturellen Methoden, zeigen, dass der Zellgruppengedanke eine richtungsweisende Entwicklung ist.

Gemeinden, die aus Initiativen zur Gemeinwesenarbeit entstehen

Manche Gemeinden haben ihren Ursprung in sozialdiakonischen Initiativen für bestimmte Gemeinwesen (Kommunen, Landkreise etc.). In den meisten Fällen ging es zunächst gar nicht darum, eine Gemeinde zu gründen. Die Gemeinde entwickelte sich aber aus der Initiative heraus. Gemeinden dieser

[159] Die „Church Army“ Sheffield hat eine Reihe von Stellungnahmen und Thesen gesammelt, die sich mit einigen dieser ekklesiologischen und konfessionellen Fragen beschäftigen.

Art findet man vorrangig in sozial benachteiligten Gebieten und unter Menschen, die beträchtliche Schwierigkeiten mit den herkömmlichen Formen von Kirche und Gemeinde hatten.

Warum entstanden diese Gemeinden?

In städtischen Gebieten ist der Prozentsatz der Menschen ohne kirchlichen Hintergrund am größten. Wer sich berufen fühlt, in einem solchen Kontext missionarisch zu arbeiten, weiß, dass Einladungen zur Teilnahme am Gottesdienst wenig Wirkung zeigen würden. In einem Umfeld, in dem Menschen von Armut und Entbehrungen geprägt sind, muss der missionarische Ansatz bei einem Engagement im lokalen, kommunalen Kontext ansetzen. Die Menschen vor Ort müssen selbst die Möglichkeit haben zu bestimmen, was ihre Gemeinschaft wieder aufbaut und erneuert.[160]

Häufig werden in solchen Kontexten die mangelnde Integration unzufriedener Jugendlicher und/oder die Jugendkriminalität als größtes Problem benannt. Deshalb bildet die Arbeit mit Jugendlichen oft den Rahmen für diese neuen Ausdrucksformen gemeindlichen Lebens. Konkret kann dies in Form von Schulprojekten, Arbeit mit jugendlichen Randgruppen, wöchentlichen Jugendgruppen, Spielangeboten oder Ferienaktionen geschehen. Durch diese und andere Formen von Partnerschaft entstehen Vertrauensverhältnisse, und Neugier im Blick auf das langfristige Engagement, den Arbeitsstil und die Motivationen der Gemeinde und der dazugehörigen Menschen wächst.

Robert Warren beschreibt ein solches Bild von Kirche, die Gottesdienst feiert, missionarisch handelt und Gemeinschaft lebt.[161] In seinen Beispielen haben Christen, die unter unkirchlichen Menschen missionarisch arbeiten, schwerpunktmäßig die Gemeinschaftsbildung als Zugang gewählt. „Gemeinschaft" hat hier zwei Ebenen: die partnerschaftliche Arbeit beim Aufbau des Gemeinwesens vor Ort und das Beispiel gemeinschaftlichen Lebens, das Christen durch ihren Lebensstil vorleben.

[160] Eine hilfreiche Darstellung der gedanklichen und praktischen Prozesse dieses Ansatzes finden Sie in: Ann Morisy, „Beyond the Good Samaritan" Mowbray, 1997

[161] Vgl. Robert Warren, „Building Missionary Congregations", Church House Publishing, 1995, S. 20.

Eine Beispielgeschichte: Hirst Wood, West Yorkshire

Hirst Wood ist eine kleine Siedlung mit sozialem Wohnungsbau, fernab vom wohlhabenden Teil der Gemeinde St. Peter in Shipley, West Yorkshire, zu der sie gehört. Die dort lebenden jungen Leute haben alle keinerlei kirchlichen Hintergrund. Auch von den Erwachsenen können nach Schätzungen der Mitarbeiter höchstens ein Drittel als lediglich kirchenfern bezeichnet werden. Die Mehrheit ist unkirchlich. Die Schätzungen wurden bestätigt durch eine kürzlich im nahen Huddersfield durchgeführte Umfrage, bei der Erwachsene jeden Alters befragt wurden. 58% von ihnen sagten von sich, dass sie noch nie Kontakt zur Kirche hatten. Angesichts einer solchen Herausforderung musste ein ganz eigener Ansatz gefunden werden.

1992 bekam die Gemeinde einen neuen Pfarrer. Chris Edmondson hatte vor dem Vorstellungsgespräch nur einen kurzen Blick auf Hirst Wood geworfen, doch schon da hatte er gedacht: „Hier müssen wir uns etwas Besonderes einfallen lassen."

1995 entstanden sowohl eine Gemeindevision als auch ein „mission statement", also eine Selbstbeschreibung des gemeindlichen Auftrags. Ein Element war dabei eine Gemeindepflanzung in Hirst Wood als erster Schritt nach vorne. Damit war der Wunsch verbunden, einen Sozialarbeiter für die Jugendlichen der Siedlung einzustellen.

1996 begann Pat Gratton, ein sogenannter MSE-Pastor, ein „Minister in Secular Employment" (Pastor im weltlichen Beruf)[162], seine Arbeit in der Siedlung. Außerdem erwähnte ein Freund der Gemeinde im Urlaub dem Pfarrer gegenüber nebenbei, dass im Industriegebiet von Hirst Wood ein kleines Gebäude zu vermieten sei, das so genannte „Unit 8". In Rekordzeit beschloss die Gemeindeleitung die Anmietung des Gebäudes für fünf Jahre. Der Vertrag wurde im Dezember unterzeichnet.

1997 wurde der Sozialarbeiter Tim Sudworth eingestellt. Er und seine Frau Nicki zogen im April ein und begannen mit ihrer Arbeit. Bis Juni war Unit 8 von Selbsthilfegruppen re-

[162] Anmerkung der Übersetzerin: *Ein „MSE" arbeitet in einem weltlichen Beruf und widmet sich in seiner Freizeit gemeindlichen Aufgaben (vergleichbar mit den französischen Arbeiterpriestern).*

noviert worden. Kinder aus der Siedlung, die von dem, was da vor sich ging, fasziniert waren, hatten dabei geholfen. Die Eröffnung nahm der örtliche Abgeordnete des Parlaments vor, und Unit 8 begann mit seiner Arbeit. Über die Jahre entstanden hier eine Kinder- und Jugendarbeit, ein Seniorenclub und in der Mitte der Woche die Möglichkeit zum Lernen und Beten.

Die Einrichtung wurde umbenannt in „The Source" (Die Quelle).

Manchmal bestand, wie in dem gerade beschriebenen Beispiel, die klare Absicht, durch Initiativen zur Gemeinwesenarbeit eine neue Gemeinde zu pflanzen. Und manchmal bekamen solche Programme der Gemeinwesenarbeit sehr zum Erstaunen der Mitarbeiter eine Eigendynamik, die zur Pflanzung einer neuen Gemeinde führte.[163]

Welche Bedeutung hat der Weg über Initiativen zur Gemeinwesenarbeit?

Ein wachsender Teil der Bevölkerung Englands hat keinerlei kirchlichen Hintergrund und genau in diesem Kontext ist der hier beschriebene Ansatz von großer strategischer Bedeutung. Diese neue Ausdrucksform sieht die zentrale Dynamik von Kirche nicht im Gottesdienst, sondern im Gemeinwesen. Wer sich hier engagiert, will missionarisch sein. Und das, was getan wird, *ist* frohe Botschaft und schafft zugleich die Möglichkeit, frohe Botschaft *weiterzugeben.*[164]

Differenzierte Gottesdienstgemeinden und Wochentagsgemeinden

Die Strategie der Arbeit mit differenzierten Gottesdienstgemeinden hat eine lange Geschichte. Das am weitesten verbreitete Beispiel ist wahrscheinlich die zusätzlich zu den Sonntagsgottesdiensten angebotene werktägliche Abendmahlsfeier (etwa morgens um

[163] Vgl. George Lings, „Living Proof – a new way of being Church?", Encounters on the Edge 1, Church Army, 1999.

[164] Weitere Informationen finden Sie in: Ann Morisy, „Beyond the Good Samaritan", Mowbray, 1997; David Evans und Mike Fearon, „From Strangers to Neighbours" Hodder & Stoughton, 1998.

8:00 Uhr).[165] Ein anderes Beispiel ist ein monatlicher Familiengottesdienst. Die Absicht dahinter ist der Versuch, den verschiedenen kulturellen oder sozialen Gruppen in ein und demselben Gebäude verschiedene liturgische Formen und Stile anzubieten, so dass jede von ihnen die geeignete Nahrung bekommt.

Zusätzlich zu dem Konzept der sonntäglichen Nutzung einer Kirche durch verschiedene gottesdienstliche Versammlungen, wächst das Interesse an gottesdienstlichen Angeboten in der Woche. Die Gemeindeumfrage „The Tide ist Running Out“[166] brachte zu Tage, dass 51% der daran teilnehmenden Gemeinden einen Gottesdienst mitten in der Woche anbieten. Am häufigsten verbreitet ist das Angebot unter den anglo-katholischen Gemeinden. Von ihnen haben 78% ein solches Angebot, bei den anderen kirchlichen Traditionen sind es nur 30-50%. Der Wert und das missionarische Potenzial solcher Gottesdienste wurde in einer statistischen Untersuchung des Erzbischöflichen Rates und der Verantwortlichen von Springboard[167] untersucht.[168]

Diese Form gemeindlichen Lebens scheint zunächst normal und für die Anglikanische Kirche durchaus typisch zu sein und deshalb nicht zu den *neuen* Ausdrucksformen gemeindlichen Lebens zu gehören. Aber sowohl die Gottesdienste in der Woche als auch die verschiedenen sonntäglichen Gottesdienstformen haben weitere Implikationen und verdienen es deshalb, sorgfältig überprüft zu werden.

- In der Befragung „The Tide ist Running Out“ berichtet Peter Brierley von Jugendgottesdiensten[169]: 14% der Gemeinden, die ihm geantwortet haben, bieten einen Jugendgottesdienst an, zu dem durchschnittlich 43 Jugendliche kommen.
- Das Angebot von Gottesdiensten am frühen Morgen, zur Mittagszeit oder nach Büroschluss bietet eine wertvolle Gelegenheit für Menschen aus der Geschäftswelt, Predigten zu hören, gute Argumente für den Glauben zu durchdenken oder ein-

[165] Anmerkung der Übersetzerin: *In der Anglikanischen Kirche ist die Eucharistie (Abendmahlsfeier) genauso wie in der katholischen Kirche der zentrale Teil jedes Gottesdienstes und wird auch so häufig wie möglich gefeiert. Ein ähnliches Angebot bei uns wäre eine tägliche Morgen- oder Abendandacht.*

[166] Peter Brierley, „The Tide is Running Out“, Christian Research, 2000.

[167] Anmerkung der Übersetzerin: *Hier handelt es sich um eine evangelistische Initiative des Erzbischöflichen Rates.*

[168] „Vital Statistics“, Springboard/Archbishop's Council, 2002.

[169] Peter Brierley, „The Tide is Running Out“, Christian Research, 2000.

fach der Einladung des Evangeliums zu begegnen. Für so manchen Christen mit einem arbeits- und reiseintensiven Beruf kann diese Ausdrucksform von Kirche wesentlich bedeutender und ansprechender sein als die Angebote der Heimatgemeinde, die sich oft nicht mit den Arbeitsstrukturen vereinbaren lassen. Außerdem macht es die Heimatgemeinde unabsichtlich schwer, Freunde zum Gottesdienst mitzubringen. Wer in einem Netzwerk lebt, hat es ja mit Arbeitskollegen zu tun, die häufig weit voneinander entfernt wohnen.

Eine Beispielgeschichte: Welwyn Garden City

In der Innenstadtgemeinde St. Francis of Assisi in Welwyn Garden City gibt es eine blühende Sonntagsgemeinde. Es gibt aber auch eine stetig wachsende Mittwochsgemeinde. Diese „Wochentagsgemeinde" besteht weitgehend aus Frauen, die gerne in den Gottesdienst gehen, aber auch der Familie gerecht werden möchten – und das Familienleben muss sich heute meistens auf den Sonntag beschränken. Wenn keine Sportveranstaltungen anstehen, dann sind es andere Familienaktivitäten, die in der kurzen Zeit stattfinden sollen, die am Wochenende zur Verfügung steht. Der Gottesdienst am Mittwoch umfasst immer auch eine Predigt oder Diskussion, und am Ende gibt es bei einer Tasse Kaffee Gelegenheit zum Gespräch. Und er folgt direkt auf die Minikirche für kleine Kinder, so dass man den Eltern Mut machen kann zu bleiben, wenn sie es wünschen.

- Ein anderes, nach und nach wachsendes Muster nicht sonntäglicher Gemeindeversammlungen finden wir dort, wo ganze Gruppen durch einen Alphakurs zum Glauben gekommen sind, aber den Sprung von dort zum normalen Gemeindegottesdienst nicht schaffen. Sowohl der Stil als auch Ort und Zeit der traditionellen Sonntagsgottesdienste sind für sie problematisch. Der beste Weg, aus diesen Menschen reife Nachfolger Christi zu machen, ist die Gründung einer Gemeinde oder Zellgruppe, deren Stil und Atmosphäre stärker an den Alphakurs erinnert, und deren Treffen am gleichen Tag stattfindet wie dieser.[170]

[170] So hat es vor kurzem eine von „Christ the King" in Kettering neu gepflanzte Gemeinde gemacht.

- Wochentagsgemeinden sind wirklich Gemeinden im vollen Sinn. Die Menschen, die in der Woche zum Gottesdienst gehen, werden, wollen oder können nicht am Sonntag gehen. Die Wochentagsgemeinde ist die Gruppe, zu der sie sich zugehörig fühlen: ihre Gemeinde! Das gilt auch für die Besucher der traditionellen Abendmahlsfeiern in der Woche. Immer mehr Pfarrer akzeptieren diese Situation ohne Bedauern und lernen sie zu nutzen.

Eine Beispielgeschichte[171]

Ein Pfarrer „erbte“ eine Abendmahlsfeier am Mittwochmorgen, zu der nur 10 Leute kamen. Aber: Die Gruppe wuchs, und bei den Besuchern waren einige, die nie zum Sonntagsgottesdienst kamen. Der Pfarrer beschloss, seinen Vorurteilen ins Gesicht zu sehen:

„Während ich ein Nachhutgefecht kämpfte, um den Sonntag heilig zu halten, war der Heilige Geist mir tanzend vorausgeeilt und hatte den Mittwoch gesegnet. Hier war, ohne dass ich es gemerkt hatte, eine kleine neue Gemeindepflanzung entstanden ... und diese bot nicht nur Raum für die Entwicklung einer neuen Gottesdienstgemeinde, sondern beherbergte auch noch Menschen, die sich genau dort so wohl und versorgt fühlten, ... dass sie innerhalb ihrer Netzwerke von der frohen Botschaft erzählten und andere zum Glauben führten.“

Als er einmal erkannt hatte, wo der Heilige Geist am Werk war, steckte er mehr Energie und Arbeit in die Predigtvorbereitung, suchte Lieder aus und bot am Ende Erfrischungen an. Einmal im Monat gingen die Teilnehmer jetzt ins Pfarrhaus zu einem intensiven Hauskreistreffen. Als er die Gemeinde wieder verließ, waren aus den 10 Mittwochsbesuchern 30 geworden, von denen ein Drittel nie in den Sonntagsgottesdienst ging.

Differenzierte Sonntagsgottesdienstgemeinden

Die Idee der differenzierten Sonntagsgottesdienstgemeinden hat in den letzten Jahren wieder frischen Wind bekommen. Gemeinden, die ihre wachsenden Zahlen an Gottesdienstbesuchern

[171] „Transmission“, Bible Society, Sommer 2002.

nicht mehr in einem Gottesdienst unterbringen konnten, haben diesen Weg gewählt, und auch solche, die bewusst ihr Gottesdienstangebot erweitern wollten, um eine größere Bandbreite verschiedener Menschen ansprechen zu können.[172] Sie beabsichtigen nicht nur differenzierte *Gottesdienste* anzubieten, sondern verschiedene Gottesdienst*gemeinden* entstehen zu lassen. Differenzierte Gottesdienstgemeinden gibt es dort, wo ein und dasselbe Gebäude am Sonntag (oder an anderen Wochentagen) zu verschiedenen Zeiten von verschiedenen Gruppen genutzt wird, die zwar zu der gleichen Ortsgemeinde gehören, deren Gottesdienste, Seelsorge, Leitung und missionarisches Handeln aber getrennt voneinander ablaufen.

Hilfreiche Gemeindepflanzungs-Erfahrungen

Ob die Gruppe, die eine der differenzierten Gottesdienstformen oder einen Wochentagsgottesdienst besucht, als „Gemeinde" im eigentlichen Sinne bezeichnet werden kann, hängt auch von der Sicht der Beteiligten ab. Ist es ihr Weg, zur Gemeinde zu gehen und Gemeinde zu sein? Wenn sie diese eine Zeit und diesen Tag als „ihre Gemeinde" sehen, dann ist dies etwas anderes, als wenn sie sich aus einem Angebot von verschiedenen Gottesdiensten je nach Bedarf und Tagesplan mal diesen, mal jenen aussuchen.

Folgende Maßnahmen können einer Gemeinde dabei helfen, die Identifikation mit den einzelnen Gottesdienstgemeinden zu verbessern. Je mehr man sich an die einzelnen Punkte hält, desto stärker und gesünder wird das Gefühl sein, dass jede Gottesdienstgemeinde eine eigene Gemeinschaft bildet:

- Erarbeiten Sie gezielt eine konstante Vielfalt von Gottesdienstformen: zum Beispiel einen Taizégottesdienst am Nachmittag, einen Gottesdienst für Eltern mit kleinen Kindern und/oder einen streng liturgischen Gottesdienst.
- Bilden Sie für jeden Gottesdiensttyp ein klar benanntes engagiertes Leitungsteam.
- Erarbeiten Sie für jede Gottesdienstgemeinde eine eigene missionarische Zielrichtung: zum Beispiel im Blick auf einzelne

[172] Ein Beispiel dafür finden Sie in „Thame or Wild", Encounters on the Edge 8, Church Army, 2000.

Altersgruppen, einen Teil einer geographisch gesehen großen Gemeinde oder die Sorge für ein spezielles örtliches soziales Anliegen.

- Sorgen Sie dafür, dass für jede der Gottesdienstgemeinden ein eigenes Seelsorgesystem besteht, das auch allgemein bekannt ist.
- Vermeiden und verhindern Sie jegliche Andeutungen darauf, dass eine der Gottesdienstgemeinden die „Hauptgemeinde“ mit dem „Hauptgottesdienst“ ist.
- Bilden Sie ein übergeordnetes Team, in dem jede der Gottesdienstgemeinden auf faire Weise vertreten ist.

Dieses System der differenzierten Gottesdienstgemeinden birgt allerdings die Gefahr, dass es oft stark beeinflusst ist durch die Gottesdienstbedürfnisse derer, die bereits regelmäßig kommen. Man sollte also äußerst sorgfältig auf eine klare missionarische Zielsetzung achten und versuchen, mit den Menschen außerhalb der Gemeinde in Kontakt zu treten, statt mit diesem Ansatz einfach nur die bereits vorhandenen Gemeindeglieder glücklich zu machen.

Netzwerkorientierte Gemeinden

Bereits in den vorhergehenden Kapiteln tauchte der Begriff „Netzwerk“ immer wieder auf. Netzwerke sind heute eine gesellschaftliche Realität. Es gibt zwar nach wie vor viele Menschen, deren Leben und Denken sich fast ausschließlich in ihrem geographischen Umfeld abspielt – zum Beispiel in ihrem Stadtteil oder ihrer Wohnsiedlung. Aber das Wohnumfeld ist immer weniger der Faktor, über den sich das Leben der Menschen definiert; es wird in zunehmendem Maße von dem Netzwerk ersetzt, zu dem sie gehören. Vielen stehen ihre Arbeitskollegen und ihre Freunde, mit denen sie die Freizeit verbringen (oder auch zum Gottesdienst gehen), wesentlich näher als die Menschen, die in ihrer Nähe wohnen. Die allgemein steigende Mobilität hat zur Folge, dass das Wohnumfeld immer weniger wichtig wird. Die wichtigen Elemente des Lebens und die wichtigen Freunde und Erfahrungen findet man woanders.

1994 schon wurden in der Schrift „Breaking New Ground“ der Wert und die Notwendigkeit einer missionarisch arbeitenden Kirche festgestellt, die Netzwerke genauso als ihr Arbeitsfeld ansieht wie die parochialen Gemeinden. Es ist eine missionarische Möglichkeit, Kirche und Evangelium in Verbindung zu bringen mit der Kultur und dem Lebensstil der Menschen, anstatt einfach davon auszugehen, dass diese Verbindung immer am besten über Wohnort und Ortskirchengemeinde entsteht. Eine anglikanische Netzwerkgemeinde definiert sich weder über die Art ihrer Sonntagsgottesdienste noch über ihre „Dienst-Philosophie" (also etwa „Zellgemeinde" oder „Gottesdienste für Suchende"), sondern durch die Zielgruppe: in einem Netzwerk lebende Menschen. Mit dem Begriff der „Parochie" oder Ortskirchengemeinde ist es ja ähnlich: er wird benutzt, um zu beschreiben, für wen Kirche da ist. Auch „Parochie" steht also nicht nur für eine bestimmte theologische Tradition oder ein bestimmtes soziales Umfeld (z.B. städtisch oder ländlich), sondern für eine Gemeinde, die innerhalb festgelegter geographischer Grenzen jeden Einzelnen erreichen möchte.

Viele anglikanische Gemeinden dienen bewusst oder unbewusst einer Gemeinschaft von Menschen, deren Interessen, Persönlichkeitsstrukturen und Hintergrund ähnlich sind. Sie vertrauen gewöhnlich auf eine Komm-Strategie: „Kommen *Sie* zu *uns*, dann sind Sie dabei: Wenn Sie uns so mögen, wie wir sind, dann werden Sie sich bei uns willkommen und wohl fühlen." Netzwerkgemeinden ermutigen zu einer Geh-Strategie: „*Wir* kommen zu *Ihnen* und teilen Ihr Leben": Evangelium und Kirche beheimaten sich inmitten der verschiedenen Lebensstile der Menschen. Dabei entstehen nicht allein grenz*übergreifende*, sondern gebiets*unabhängige* Gemeindepflanzungen, denn die meisten Menschen verstehen ihr Leben nicht mehr als durch einen bestimmten geographischen Raum bestimmt. Auch wenn Netzwerkgemeinden sich von dem klassischen parochialen Modell entfernen, verwirklichen sie auf eine ernstzunehmende und sehr „anglikanische" Weise den nationalen Auftrag, englische Volkskirche in England, also für *alle* da zu sein.

Wie entstehen Netzwerkgemeinden?

Netzwerkgemeinden werden gegründet, um in einem bestimmten sozialen und kulturellen Kontext missionarisch aktiv zu sein. Ihre Gestalt ergibt sich sowohl aus der Identifikation mit diesem Kontext und seiner Kultur als auch durch ein inneres Engagement für das Evangelium und die Traditionen der Kirche. Bischof Michael Nazir-Ali meint, dass diese auf zwei

Säulen basierende Methode für alle zukünftigen Ausdrucksformen kirchlichen Lebens bestimmend sein sollte.[173] Einige Beispiele für Netzwerke sind: der gemeinsame Arbeitsplatz, Freizeitinteressen, musikalische Vorlieben oder Behinderungen (etwa die Gemeinschaft der gehörlosen Menschen).

Viele Netzwerkgemeinden empfinden ihre Gottesdienste als gut zugänglich auch für Außenstehende, aber es ist im Normalfall dem Enthusiasmus der Mitglieder und dem Einsatz von Kleingruppen zu verdanken, wenn Menschen den Weg in die Gottesdienste schaffen. Netzwerkgemeinden fühlen sich verpflichtet, kulturell leicht zugänglich zu sein. Sie lassen sich auf die Kultur ihres Netzwerkes ein, aber sie haben auch den Mut, die Aspekte der Kultur abzulehnen, die ihnen lebensfeindlich und unchristlich erscheinen. Gleichzeitig können sie ihre „konterkulturelle“ Haltung auch im Blick auf gesamtkirchliche Strukturen zur Geltung bringen, wenn solche Strukturen für ihre Mission hinderlich sind. In einem solchen Fall werden sie diese Strukturen schlicht umgehen.

Kennzeichen

Die Netzwerkgemeinden haben eine Reihe von gemeinsamen Merkmalen. Dies sind zum Beispiel:

- Sie erkennen gesellschaftliche Zentren und Treffpunkte, um in einem vorher ausgewählten kulturellen Netzwerk Beziehungen zu Menschen aufbauen zu können.
- Sie richten Kleingruppen ein, in denen besonders die jüngere Generation Gemeinschaft, Lebenssinn und Wertschätzung erfahren kann. Viele machen sich die Dynamik von „Zellgemeinden“ zu eigen, ohne jedoch diese Bezeichnung zu benutzen.
- Sie setzen ihre Mission durch Beziehungsevangelisation und praktische Dienstleistungen im lokalen Umfeld in die Tat um.
- Sie empfinden persönliche Begleitung und Schulung sowie gegenseitige Verantwortlichkeit als wichtige Grundsätze.

Eine Beispielgeschichte: B1

B1 ist eine neue Ausdrucksform gemeindlichen Lebens, die mit der aktiven Unterstützung der Diözese Birmingham als Gemeindepflanzung entstand. B1 ist eine Netzwerkgemeinde,

[173] Bischof Michael Nazir-Ali, „Shapes of the Church to Come“, Kingsway, 2001, S. 40-70.

die in den Bars und Hotels am Brindley Place und in der Gegend um die Broad Street im Zentrum von Birmingham arbeitet. Sie konzentriert sich auf 20–30jährige Menschen, die entweder kirchendistanziert oder aber ganz ohne kirchlichen Hintergrund leben und in Kneipen und Bars zu Hause sind. B1 will offen sein für postmodernes Denken und legt besonderes Gewicht auf die Gemeinschaft, auf Raum für Fragen und den Einsatz verschiedener moderner Kommunikationsmedien. Als Gemeinde will B1 den an Spiritualität interessierten Menschen, die Kirche eigentlich irrelevant oder abwegig finden, einen einfachen Einstieg auf verschiedenen Ebenen ermöglichen. Sie können eine beobachtende Haltung einnehmen, während sie für sich selbst sortieren, was sie glauben. Die Gottesdienste finden auf den Monat verteilt zu verschiedenen Zeiten und in verschiedenen Formen statt. In die Gestaltung fließen Aspekte und Erkenntnisse aus den Gottesdiensten für Suchende und den alternativen Gottesdienstgemeinden ein.
Das Projekt begann mit einem Kernteam von 27 Erwachsenen. Inzwischen kommen 55 Erwachsene und 23 Kinder, und es gibt noch viele interessierte Menschen am Rande, bei denen die Saat bereits gesät ist.
Aber trotz aller Gemeinsamkeiten mit anderen Ausdrucksformen variieren die in diesem Kapitel beschriebenen Modelle von Gemeinde sehr im Stil ihrer Gottesdienste und ihrer missionarischen Konzepte.

Der Kerngedanke

Halten wir noch einmal fest: Die Parochie ist ihrem Wesen nach territorial orientiert. Für Netzwerkgemeinden ist nicht so wesentlich, dass sie grenzübergreifend sind; vielmehr sind sie gebietsunabhängig. Der treibende Faktor dieser neuen Ausdrucksform gemeindlichen Lebens ist die Leidenschaft, mit der sie sich in einem bestimmten sozialen oder kulturellen Kontext engagieren, der über ein großes Gebiet verteilt sein kann. Ihr „Hirtenamt" verstehen sie von den vorhandenen Mitgliedern her, zu denen dann deren Bekannte kommen können, zu denen sie bereits durch gemeinsame Aktivitäten und Interessen Kontakt haben oder erst noch aufbauen können.

Die meisten Netzwerkgemeinden haben es abgelehnt, ihre seelsorgerliche und evangelistische Methodik von klassischen geographischen Mustern abhängig zu machen. Sie machen keine Hausbesuche von Tür zu Tür und verteilen keine Broschüren oder Gemeindeblätter in ihrem Wohnumfeld. Sie versuchen nicht, außerhalb ihrer Kreise Taufen, Hochzeiten und Beerdigungen zu übernehmen. Manche haben sich sogar freiwillig die Verpflichtung auferlegt, Christen, die zu ihnen wechseln wollen, in ihre eigene Gemeinde zurückzuschicken. Sie versuchen also, nicht in den Verantwortungsbereich der parochialen Gemeinde einzudringen, sondern anders zu sein als die Ortskirchengemeinde. Durch eine Übereinkunft in der Diözese sind sie oft eine „juristische Person", die nicht für ein bestimmtes territoriales Gebiet verantwortlich ist. Ihre einzige Basis sind die Beziehungen, die ihre Mitglieder zu anderen pflegen.

Ein weiteres, weit verbreitetes Merkmal ist ihr Versuch, die Beziehung zur Gesamtkirche zu pflegen. In vielen der Leitungsgremien sind Leute aus der jeweiligen Diözese und manchmal auch von außerhalb vertreten. Sie haben beschlossen, sich der Katholizität der Kirche[174] direkter und auch enger verantwortlich zu fühlen als manche parochiale Gemeinde. Vielleicht erwächst dies zum Teil auch aus ihrem typisch anglikanisch geprägten Wunsch, eine Identität zum Ausdruck zu bringen, die gleichzeitig an das lokale Umfeld und die Diözese gebunden ist, das Synodale genauso wie das Episkopale im Blick hat.

Was Beachtung verdient

Auf ein paar weitere Faktoren muss im Kontext dieses Berichtes unbedingt geachtet werden:

- Es ist nicht ganz klar, inwieweit diese Gottesdienstgemeinden aus unkirchlichen Menschen (d.h. Menschen ohne jeden kirchlichen Hintergrund) zusammengesetzt sind, die neu zum Glauben gekommen sind. Ganz sicher ist ein großer Teil immerhin kirchenfern oder kirchendistanziert. Und auch in diesem Fall handelte es sich um ein wichtiges und ernstzunehmendes Missionsfeld.[175]

[174] Anmerkung der Übersetzerin: *Gemeint ist wohl der Bezug auf das Ganze der Kirche, ihren Charakter als „allgemeine", sogar weltumspannende Kirche.*

[175] Eine genaue Definition der Begriffe „kirchenfern" bzw. „kirchendistanziert" und „unkirchlich" bzw. „ohne kirchlichen Hintergrund" finden Sie in Kapitel 3.

- Ein frühes Beispiel einer Netzwerkgemeinde ist gescheitert. Das mag daran gelegen haben, dass das Leitungsteam vor Beginn des Projektes nicht gründlich genug nachgedacht hatte und seine Vision nicht ganz klar war. Es ist zu vage, wenn das Ziel einfach nur ist, sich an die „Menschen ohne kirchlichen Hintergrund“ zu wenden, besonders wenn das territoriale Gebiet, auf dem man arbeiten will, sehr groß ist. Andere Netzwerkgemeinden haben sich schlauerweise auf ganz bestimmte Gruppen spezialisiert, zum Beispiel auf Menschen, die sich gerne in Kneipen in neu belebten Innenstädten aufhalten oder sportliche Interessen teilen.
- Das Pflanzungsteam für eine Netzwerkgemeinde kann aus verschiedenen Gemeinden kommen. Wenn dies der Fall ist, sollte man unbedingt viel Zeit darauf verwenden, ein geschlossenes Team daraus zu machen mit den gleichen Visionen und Wertvorstellungen. Wird das versäumt, könnten später erhebliche Probleme auftreten. Wenn das Team keine gemeinsame Vision hat, dann ist es schwierig, harte Zeiten mit genügend Energie zu überstehen.

Fördernde Netzwerke

In der Anglikanischen Kirche gibt es eine Reihe von großen Gemeinden oder Netzwerken, die selbst Gemeinden pflanzen oder Pflanzungen unterstützen. Manche dienen auch als Modell oder Schablone für Gemeindepflanzungen in verschiedenen anglikanischen Traditionen. Dazu gehören New Wine, Holy Trinity Brompton, St. Thomas Crookes (Sheffield) und Soul Survivor (für Jugendgemeinden). Sie sind für die missionarische Arbeit der Anglikanischen Kirche ungemein wichtig, weil sie sowohl die notwendigen Visionen haben als auch über ausreichende Mittel und unternehmerische Fähigkeiten verfügen. Es gibt nämlich durchaus kulturelle Muster, die an verschiedenen Orten (lokal, national und weltweit gesehen) immer wieder auftauchen. Diese wertvolle Kraftquelle kann man nutzen und auf die Erkenntnisse und das Fachwissen anderer zurückgreifen, wenn man das Evangelium und die Kirche im eigenen lokalen Umfeld oder einem Netzwerk kulturell beheimaten möchte.

Es ist ungemein wichtig, Partnerschaften in der Mission zwischen Förderungsgruppen und einzelnen Diözesen aufzubauen. Das wird unter anderem deutlich in der Zusammenarbeit zwischen Holy Trinity Brompton und der Diözese London und zwischen Soul Survivor und der Diözese Exeter.

Eine Beispielgeschichte: St. George the Martyr, Queen Square, London

Eine der jüngsten Gemeindepflanzungen von Holy Trinity Brompton fand in St. George the Martyr am Queen Square statt. Die Ortsgemeinde liegt am Rand von Bloomsbury. Dort findet sich viel Armut, es gibt aber gleichermaßen Flüchtlinge wie erfolgreiche junge berufstätige Menschen. Trotz einer gediegenen Arbeit ist die Gemeinde in den letzten Jahren immer kleiner geworden.

Diese Gemeindepflanzung zeichnete sich durch eine ausgeprägte Zusammenarbeit mit den Menschen vor Ort aus. Ihnen wurde vorsichtig immer wieder vermittelt, dass sie selbst Teil dessen waren, was da vor sich ging. Auch die Diözese hat hier eine große Rolle gespielt, sowohl durch den zuständigen Bischof als auch durch den Archidiakon und die großzügige finanzielle Unterstützung ihres Finanzausschusses.

Über die vorsichtig eingeleitete frühe Pensionierung des Pfarrers wurde das gesamte Dekanat in den Beratungsprozess mit einbezogen und unterstützte dadurch die erarbeiteten Pläne. Holy Trinity Brompton schickte zwei Geistliche und eine Gruppe von ungefähr 100 Leuten, um mit ihnen eine neue Gemeinde zu pflanzen.

Zwei bedeutsame Erfolge haben die vorsichtigen Verhandlungen und die Partnerschaft gebracht: Erstens kommen alle Glieder der alten Gemeinde weiterhin und zwar nicht einfach als bloße Mitglieder der neuen Kirchengemeinde, sondern als dynamische Teilnehmer einer neuen Gottesdienstgemeinde. Sie sind einbezogen und dadurch integriert worden. Der zweite Segen war, dass während der ersten sechs Wochen der nun sehr belebten Gottesdienst- und Missionsarbeit 50 Menschen aus dem direkten Umfeld zu den 100 Leuten von Holy Trinity Brompton stießen.

Der Effekt war ein überwältigendes Engagement der Menschen in den Gottesdiensten, bei den missionarischen Aktivitäten und Predigten. Vorsichtige langfristige Planung und großzügige Partnerschaften befreien von Angst und Sorgen und führen dazu, dass neues Leben in der Gemeinde entsteht und neue Wege entdeckt werden, wie man Kirche im lokalen Umfeld sein kann.

Die Partnerschaft mit dem Bischof ist der Schlüssel zum Erfolg. Es wäre dumm, ein eigenes Imperium aufzubauen oder ins Sektiererische oder Illegale abzugleiten. Genauso dumm wäre es, große Gemeinden oder Netzwerke als „un-anglikanisch“ zu bezeichnen. Jede Diözese muss, als Teil ihrer proaktiven Missions- und Gemeindepflanzungs-Strategie, Partnerschaften zu den großen, förderfähigen Gemeinden und Netzwerken der Region aufbauen. Diese Fördergemeinden und Netzwerke müssen Treue zu ihren Visionen mit einer dienenden Haltung im Blick auf die Mission der gesamten Kirche verbinden. Solche Partnerschaften machen es dann auch möglich, dass finanziell besser gestellte Gemeinden in ärmeren Gegenden ihre Dienste anbieten oder die Arbeit dort tragen.

Schulgemeinden oder –gemeinschaften

Der „Dearing Report“[176] ist zu dem Schluss gekommen, dass kirchliche Schulen zu den zentralen Aufgaben, ja zur Mission der Anglikanischen Kirche für die Nation gehören. [177] Die Verbindungen zwischen Schule und Kirche scheinen enger zu werden. Einige kirchliche Schulen haben begonnen, nach Schulschluss Gruppen anzubieten, die sich allmählich zu Gemeinden entwickeln. Sie treffen sich während der Woche am späten Nachmittag, manche feiern Abendmahl miteinander, andere nicht.[178] Die Hauptzielgruppe sind Grundschulkinder, deren Mütter und Väter sowie Großeltern. Der zugänglichere Stil ist für manchen neu zum Glauben gekommenen Christen sehr angenehm. Auch die Partner der Gläubigen sind eingeladen, und ein häufig zu hörender Satz ist: „Wir können verstehen, worum es bei Ihnen geht!“

Eine Beispielgeschichte: Thatcham, West Berkshire

Thatcham ist eine der am schnellsten wachsenden Städte des Landes. Die anglikanische Gemeinde vor Ort fand, dass

[176] Anmerkung der Übersetzerin: *Das ist der vom Nationalen Komitee für Hochschulbildung herausgegebene Bericht. Das Komitee wird von Lord Dearing geleitet.*
[177] „The Way Ahead: Church of England Schools in the New Millennium“; Church House Publishing, 2001.
[178] Zwei Geschichten dazu finden Sie in: George Lings, „Never on a Sunday“, Encounters on the Edge 11, Church Army, 2001.

die Arbeit mit und in den Schulen für ihren Dienst in der Stadt zentral sei. Auch stellte sich heraus, dass es viele Christen in der Stadt gab, deren Lebensumstände den Besuch des Sonntagsgottesdienstes sehr schwierig machte.
2001 beschloss man, auf die Einrichtung einer Wochentags-Gottesdienstgemeinde hinzuarbeiten. Als der Captain der „Church Army“[179], David Scurr, zum Team hinzustieß, konnte man an die Verwirklichung der Pläne gehen. Zusammen mit der Dekanin, Moira Astin, begann er im Februar 2003 jeden Mittwoch um 16.00 Uhr einen Gottesdienst in der Kirche der Gemeinde zu feiern. Das Projekt bekam den Namen „The Link“.[180] Von Anfang an sollte hier eine eigene „Gemeinde“ entstehen, die irgendwann auch im Leitungsgremium der Ortskirchengemeinde (Parish Church Council – PCC) vertreten sein und die Sakramente (Taufe und Abendmahl) verwalten sollte.
Die Menschen wurden ab 15.30 Uhr zum Kaffeetrinken eingeladen. Süßigkeiten wurden verkauft. Der Gottesdienst endete um 16.30 Uhr. Nach drei Monaten kamen regelmäßig ungefähr 20 Menschen, von denen die Hälfte sonst nie in den Gottesdienst ging.
Ein weiterer Ansatz ist es, in einer kirchlichen Schule eine neue Gemeinde zu gründen, die sich auf dem Schulgelände trifft. So werden Gottesdienste im Rahmen der Schule für Schüler und Eltern zur „Gemeinde“. Das ist sicherlich einfacher an Grundschulen zu verwirklichen als an weiterführenden Schulen, weil Teenager nicht mehr sehr erpicht auf die Anwesenheit der Eltern sind und die Eltern auch nicht mehr so in der Schule aus- und eingehen, wie sie dies in der Grundschule tun.[181]

[179] Siehe Kapitel 2, Anm. 73.
[180] Anmerkung des Herausgebers: *Das heißt zu Deutsch „Die Verbindung“.*
[181] Die aktuelle nationale Jugendinitiative der Anglikanischen Kirche, die zur Einrichtung kirchlicher Schulen im Land ermutigt, geht von der Einsicht aus, dass „kirchliche Schulen das Herzstück des missionarischen Handelns der Kirche sind“. Dort sei genügend Raum für die Entwicklung sowohl der impliziten missionarischen Rolle der Schulen, als auch ihrer expliziten Rolle als christliche Gottesdienstgemeinschaften im Dienst an den Schülern, Eltern und Freunden.

Eine Beispielgeschichte: Appley Bridge, Lancashire

In der Grundschule All Saints in Appley Bridge, Lancashire, machte Pfarrer Ian Dewar das Experiment, mit der Liturgie des "Common Worship"[182] eine gemeinsame Gottesdienstfeier zu gestalten [183]. Er erzählt:

„Das leitende Prinzip hinter dem, was wir in All Saints (der Gemeinde und der Schule) zu erreichen suchen, ist das der liturgischen Bildung. So haben wir ein gottesdienstliches Konzept entwickelt, das eine Verbindung schafft zwischen Kirche und Schule. Jeden Donnerstag trifft man sich um 9.15 Uhr in der angrenzenden Kirche zu einem Gottesdienst in der Wochenmitte nach der Liturgie des ‚Common Worship'. Danach gehen die Kinder in die Schule zurück und die Erwachsenen können, wenn sie wollen, noch zur Feier des Abendmahls bleiben. Ein ähnlicher Wortgottesdienst wird auch jeden 3. Sonntagmorgen im Monat in der Kirche gefeiert. In dieser Form feiern wir bei allen größeren Anlässen der Schule Gottesdienst, so dass eine große Anzahl Eltern und andere Verwandte, die sonst nicht kommen, anwesend sind. Beispiele sind der Gottesdienst am Schuljahresende und der Abschiedsgottesdienst für Schulabgänger.

Wir haben damit erreicht, dass Kirche für Eltern und Kinder zu etwas Vertrautem geworden ist, auch wenn sie nicht regelmäßig zum Gottesdienst kommen. Die Verbindung zwischen Schule und Kirche macht vielleicht auch die Eltern nachdenklich, die schon vorher zu wissen meinten, wie eine kirchliche Liturgie aussieht.

Der Gottesdienst, den wir an jedem dritten Sonntag feiern, hat sich als flexibel und übertragbar erwiesen, so dass wir in dieser Form inzwischen auch Gottesdienste an anderen Orten feiern, so zum Beispiel in staatlichen Schulen und in Kneipen hier am Ort.

Die Kinder werden bei uns in der All Saints Gemeinde in der 7. Klasse konfirmiert[184]. Der nächste Schritt ist also zu über-

[182] Anmerkung des Herausgebers: *„Book of Common Worship" ist die anglikanische Agende aus dem Jahr 2000 (nach dem „Book of Common Prayer" von 1662 und dem „Alternative Worship Book" von 1980.*

[183] Vgl. Ian Dewar, „Common Worship in Schools", Grove Worship 174, 2003.

[184] Anmerkung der Übersetzerin: *Das ist im ersten Jahr auf der weiterführenden Schule und ein Jahr früher als bei uns in Deutschland.*

legen, wie die Konfirmanden die Erfahrungen aus der Grundschule in ein eigenverantwortliches Handeln in der Gemeinde weiterentwickeln können. Bis jetzt haben einige von ihnen dabei geholfen, Jugendgruppen zu gründen und zu leiten, andere haben liturgische Aufgaben übernommen, zum Beispiel als Ministranten. Unsere Beobachtung ist also: Wenn wir als Gemeinde den Kontakt zu Kindern und Eltern aufnehmen, dann geben Kinder und Jugendliche von ihrem Glauben und ihren Erfahrungen etwas zurück an die Gemeinde. Die durch dieses missionarische Programm gewollte Herausforderung und Veränderung ist also in beide Richtungen wirksam.“

Kirche für Suchende

Der Ansatz, Gemeinde für Suchende zu gestalten, wurde von der Willow Creek Gemeinde in Chicago begründet. Ihr Ziel ist es, Gottesdienst und Verkündigung so zu gestalten, dass „Suchende“ sich wohl fühlen. Dazu müssen Inhalt und Ablauf von Gottesdiensten genau überprüft werden, damit Menschen mit wenig Erfahrung und Hintergrundwissen über gottesdienstliches Leben Zugang finden und etwas Bedeutsames erleben, ohne dass schon eine persönliche Glaubensentscheidung der Teilnehmenden vorausgesetzt wird. In den Predigten werden gewöhnlich Alltags- und Lebensthemen verarbeitet (statt einer biblischen Auslegung oder der Behandlung spezifischer christlicher Lehren). Theaterstücke, Musik, künstlerische Gestaltung und zeitgenössische Medien werden eingesetzt, um das jeweilige Thema auf viele verschiedene Arten zu vermitteln und alle Sinne anzusprechen. Gottesdienste für Suchende finden häufig am Sonntag statt, obwohl je nach Zielgruppe theoretisch auch jeder andere Zeitpunkt möglich wäre. In Chicago finden die Gottesdienste mit Anbetung und Predigten für Menschen, die schon im Glauben leben, an Wochentagen statt, damit der Sonntag frei bleibt für Veranstaltungen für Suchende.

Eine Beispielgeschichte: Bracknell Leisure Centre

Easthampstead Baptist Church hatte 1999 bereits zwei Gottesdienstgemeinden und machte sich Gedanken über die Pflanzung einer dritten. Das Ergebnis war „Explore“, ein Treffen in einem lokalen Freizeitzentrum. „Explore“ wollte über

den Einsatz zeitgenössischer Kunst die Botschaft Jesu zu den Menschen bringen und dabei eine Gemeinschaft schaffen, zu der Menschen sich zugehörig fühlen konnten. Vorrangiges Ziel dieser Gemeindepflanzung war es, den Menschen die Liebe Gottes nahe zu bringen und mit Menschen zwischen 20 und 40 Jahren in Kontakt zu kommen.
Nach viel Diskussion und Gebet einigte sich die Gemeinde darauf, Phase 1 und 2 des Projektes in Angriff zu nehmen. Phase 1 begann im Januar 2001 mit einem 12köpfigen Team, das sich regelmäßig traf, um miteinander zu beten und für die neue Gemeindepflanzung zentrale Werte, eine Auftragsbeschreibung und geeignete Strategien zu entwickeln.
„Explore" basiert auf fünf Grundwerten: Gemeinschaft, Gespräch, Engagement, Fürsorge füreinander und gemeinsames Feiern. Die praktische Umsetzung geschieht durch den Aufbau von Freundschaften, durch verschiedene gesellschaftliche Veranstaltungen und Angebote für Suchende, durch Kleingruppen und durch Hingabe an die Sache.
„Explore" steht noch ganz am Anfang. Die ursprüngliche Gemeindepflanzung, die mit 12 Erwachsenen begann, ist inzwischen auf 30 angewachsen, von denen die meisten zu einer Kleingruppe gehören. Die Strategie führt dazu, dass immer neue Menschen dazukommen, und das macht Mut.

Was geschieht in England?

In England versuchen nur sehr wenige Gemeinden, das Willow Creek Konzept vollständig zu übernehmen. Die Willow Creek Gemeinde wurde mit ihrem Konzept ganz neu gegründet und konnte sich dadurch auf eine Nische mit potenziellen Gottesdienstbesuchern konzentrieren. Sie musste weder konfessionelle Erwartungen erfüllen noch langjährige Gemeindeglieder davon überzeugen, ihre alten Gewohnheiten grundlegend zu ändern. Trotzdem haben hinsichtlich der Gottesdienstgestaltung einzelne Elemente des Willow Creek Modells viele anglikanische Gemeinden deutlich beeinflusst. Der Ansatz der Kirche für Suchende, der die Gottesdienste an den Bedürfnissen von gelegentlichen Gottesdienstbesuchern und Neugierigen orientiert, hat eine Reihe von Gemeinden in England dazu motiviert, Stil und Inhalt ihrer Gäste- und Familiengottesdienste zu ändern. Außerdem fordert der Ansatz allgemein dazu heraus, Gottesdienste so zu gestalten, dass sie für alle verständlich sind und nicht nur für engagierte Christen und solche, die sich mit der kirchlichen Liturgie und Tradition auskennen. Auch in einigen Netzwerkgemeinden trifft man auf Elemente dieses Ansatzes, und in Gemeinden mit differenziertem Gottesdienstangebot findet sich mindestens eine Gottesdienstgemeinde, deren Gottesdienststil offener und zugänglicher ist.

Wahrscheinlich kann man sagen, dass in England der Ansatz der Kirche für Suchende hauptsächlich diejenigen erreicht, die sich irgendwann vom Glauben abgewandt haben, nicht aber die Menschen ohne jeden kirchlichen Hintergrund. Auch handelt es sich um eine Form von Evangelisation, die sehr viele Ressourcen, konstant große Kreativität und hohe Kompetenz erfordert. In einer Veröffentlichung, die diesen Ansatz evaluiert und ausdrücklich lobt, ist die Rede davon, dass ein Team von mindestens 50 Menschen nötig ist, um regelmäßig solche Veranstaltungen für Suchende anbieten zu können.[185+186]

Handelt es sich hier um eine neue Ausdrucksform gemeindlichen Lebens?

Gemeinde für Suchende will keine neue Art von Kirche und Gemeinde sein. Sie ist vor allem eine evangelistische Strategie, um neugierige und noch nicht entschiedene Menschen mit dem Gottesdienst, ja mit Gott selbst in Verbindung zu bringen. Das macht aus ihr keine eigene Ausdrucksform von Gemeinde, sondern zeigt eher einen anderen Weg in die Gemeinde auf. Konventionellere Anbetung, Predigt und Feier der Sakramente werden separat zu anderen Zeiten in der Woche oder im Monat angeboten.

[185] Christ Stoddard and Anne Hibbert, „Evaluating Seeker Services", Administry Paper HTG 2:8.

[186] Das Netzwerk „Reaching the Unchurched" (RUN) bietet nützliche Arbeitshilfen und Ermutigung für englische Gemeinden, die Gottesdienste für Suchende entwickeln, Elemente daraus in ihre Gottesdienste oder Gemeindearbeit einflechten möchten oder auf der Suche nach neu entstehenden Formen von Gemeinde sind. Siehe: www.run.org.uk (9.06.2006).

Traditionelle Gemeindepflanzungen

Welche typischen Merkmale charakterisieren eine traditionelle Gemeindepflanzung?

- Sie befindet sich häufig innerhalb der parochialen Gemeindegrenzen der aussendenden Gemeinde und pflegt zu dieser einen engen Kontakt. Gleichwohl wird sie als eigenständige Versammlung betrachtet und nicht nur als zusätzlicher Gottesdienst.
- Sie entstand als Reaktion auf die Entdeckung der aussendenden Gemeinde, dass ein Teil oder eine soziale Gruppierung innerhalb ihrer Gemeindegrenzen nicht von ihr erreicht werden konnte. Geographische Gegebenheiten wie eine große Straße oder eine Bahnlinie können ein Gemeindegebiet genauso zerteilen wie verschiedene Arten der Bebauung, die als unsichtbare Barriere wahrgenommen werden.
- Das Pflanzungsteam besteht aus mindestens 20 Erwachsenen plus Kindern. Ihnen wird ausreichend Zeit zugestanden zur Auswahl des Teams, zum Zusammenwachsen und zur Vorbereitung auf die vor ihnen liegende Aufgabe. Das Pflanzungsteam kann von einem Vikar oder Pastor im Entsendungsdienst oder auch einem Lektor oder Prädikanten[187] geleitet werden.
- Bevor die neue Gemeindepflanzung öffentlichen Charakter annimmt, findet eine Untersuchung des missionarischen Umfeldes statt. Mindestens aber werden einige der möglichen zukünftigen Mitglieder besucht.
- Teil der Vorbereitung ist das Aussuchen eines – normalerweise nichtkirchlichen – Gebäudes als Treffpunkt. Meistens ist dies eine Schule oder eine Stadthalle.
- Der Gottesdienststil richtet sich nach dem Vorbild der aussendenden Gemeinde, ist aber tendenziell lockerer und weniger förmlich.
- Eine öffentliche Veranstaltung, häufig mit einem bekannten Redner, markiert die Geburtsstunde der neuen Gemeinde. Oft nimmt daran eine ermutigende Anzahl neuer Gesichter teil.

[187] Anmerkung der Übersetzerin: *Im Original ist vom „Reader“ die Rede. Der „Reader“ hat eine mehrjährige Ausbildung und darf danach mit bischöflicher Lizenz Wortgottesdienste halten, predigen, lehren und beerdigen, sowie mit Einschränkungen auch am Abendmahlsgottesdienst mitwirken.*

- Nach dem Start geht die Anzahl der Mitglieder vielleicht erst einmal zurück, erholt sich aber nach und nach, so dass zu einer Gemeinde mit einem Startteam von 20 Leuten nach 4 Jahren etwa 50–70 Menschen gehören.
- Um eine bewusst überschaubare Struktur zu schaffen, werden in den meisten traditionellen Gemeindepflanzungen Kleingruppen eingerichtet: Sie bieten den Raum für Seelsorge und zum Reifen in der Nachfolge Jesu.
- Die Betriebskosten werden im ersten Jahr von der aussendenden Gemeinde getragen. Nach etwa fünf Jahren trägt sich die Gemeinde im Blick auf die Kosten der Gemeindearbeit selbst.
- Je nachdem, wie man mit den folgenden Problemen klar kommt, wird eine Gemeindepflanzung wachsen und gedeihen oder aber stagnieren oder sogar eingehen.
  - Ein Nachfolger für den Leiter der Gründungsphase ist zu suchen.
  - Vom Enthusiasmus des nächsten Pfarrstelleninhabers hängt einiges ab.
  - Möglichst viele Gemeindeglieder müssen befähigt werden, weiterhin motiviert missionarisch zu handeln.
  - Es geht darum, die wöchentlichen Kämpfe bei der Nutzung fremder, nur gemieteter Gebäude zu bestehen, die auch von anderen Gruppen belegt werden.
  - Vielleicht müssen auch neue Räumlichkeiten gefunden werden, wenn man aus den ursprünglichen herausgewachsen ist.
  - Die Pflanzung muss ihre eigene Identität finden und auf Dauer auch einen rechtlichen Status als Zeichen wachsender Reife.[188]

Eine Beispielgeschichte: St. Nicholas, Cramlington

Zwillings-Pflanzungen sind selten, aber genau dies setzte St. Nicholas, Cramlington 1993 in die Tat um. Es handelt sich hier um eine Gemeinde der Diözese Newcastle mit 30.000 Gemeindegliedern. Die Geschichte wird in einem selbst hergestellten Video mit dem Titel „Reach Out" (Hinausgehen) erzählt.

[188] Wie es einigen von den Gemeinden dabei ergangen ist, finden Sie in: „Leading Lights –who can lead new churches?", Encounters on the Edge 9, Church Army, 2001.

Cramlington war im 19. Jahrhundert ein Bergarbeiterort in der Nähe von Newcastle. Es gab dort eine normannische Kirche. Bis in die 1990er Jahre hinein war die Kirche der einzige Ort, an dem anglikanische Gottesdienste gefeiert wurden, und das mitten in einer ständig wachsenden neuen Stadt. Die Gemeinde wurde daraufhin in vier Pfarr- und Seelsorgebezirke unterteilt und man beschloss, in zweien von ihnen neue Gemeinden zu pflanzen.
St. Andrew's Beaconhill wurde als Pioniergemeinde für ein Wohnumfeld gepflanzt, zu dem kaum Beziehungen bestanden. Die Gemeinde wurde um eine sehr kleine missionarische Zelle herum aufgebaut: Nur vier Christen lebten dort, und mit ihrer Hilfe sollten die dort lebenden Menschen erreicht werden, die aus verschiedenen sozialen, kulturellen und geographischen Gründen kaum den Weg in die Pfarrkirche finden würden. Die neu gepflanzte Gemeinde wuchs langsam, aber stetig.
St. Peter's Northburn war eine Gemeindepflanzung, die ebenfalls für ein bestimmtes Wohnumfeld geplant wurde, aber auf bereits bestehende Kontakte zurückgreifen konnte. Ihr Fundament war die ansehnliche Stärke einer Gruppe von Christen, die bereits in der Siedlung wohnten und bisher in St. Nicholas zum Gottesdienst gingen. Ein Team von insgesamt 45 Menschen einschließlich Kindern wurde ehrenamtlich von zwei fähigen Laien geleitet.
Diese beiden Gruppen mit unterschiedlichen Startbedingungen und Einzugsgebieten wuchsen unterschiedlich schnell und entwickelten sehr unterschiedliche Stile. Beide treffen sich in gemieteten, nicht-kirchlichen Räumlichkeiten, die sie beide jetzt bequem füllen.
Traditionelle Gemeindepflanzungen gehen in ihren Auswirkungen über Tochtergemeinden hinaus: Sie verfolgen besondere missionarische Ziele. Sie senden ein Team aus und nicht nur einen Pastor im Entsendungsdienst. Sie verfügen über eine organisch entwickelte Identität. Sie sind bereit, sich in neutraleren, eher zugänglichen Räumlichkeiten zu treffen. Sie streben Wachstum an, um auf Dauer auf Augenhöhe mit der aussendenden Gemeinde stehen zu können.

„Traditionelle Gemeindepflanzungen" könnten durchaus an Bedeutung gewinnen, z.B. als Teil der strategischen Reaktion der Kirche auf das Entstehen neuer Wohngebiete, besonders im Südosten Englands. Aber auch in diesen Regionen mit einem starken Bevölkerungswachstum wird eine Vielfalt unterschiedlicher Maßnahmen und Ausdrucksformen gemeindlichen Lebens nötig sein. Es wird nicht ausreichen, einfach nur mehr Kirchen zu bauen. Nötig ist eine ganze Bandbreite von Ausdrucksformen gemeindlichen Lebens, die sich im jeweiligen kulturellen Kontext verwurzeln – darunter sicher einige von den Ausdrucksformen, die in diesem Buch aufgelistet werden.

Wiederbelebte Gemeinden

Wiederbelebte Gemeinden sind eine Form traditioneller Gemeindepflanzungen. Zu diesem Modell gehört auch die Wiedereröffnung eines „stillgelegten“ kirchlichen Gebäudes. Wo noch eine Gemeinde existiert, sind eher Begriffe wie „Pfropfreis“ oder „Transplantat“ angemessen. Normalerweise findet man diese Form in größeren städtischen Gebieten, denn dort kommt es häufiger vor, dass kirchliche Gebäude geschlossen wurden.

Wiederbelebte Gemeinden entstehen z.B., wenn Christen aus einer aussendenden Gemeinde in ein anderes Stadtgebiet umziehen. Für sie ist es unrealistisch, zwischen Gemeinde und Wohnort zu pendeln oder von ihren Freunden und Bekannten im neuen Wohnumfeld zu erwarten, dass sie mit ihnen quer durch die Stadt zu ihrer Gemeinde fahren. Vier von den fünfzehn Gemeindepflanzungen von Holy Trinity Brompton fallen in diese Kategorie. Sie sind das Resultat von Verhandlungen, die Holy Trinity Brompton mit der Diözese London geführt hat. Im Ergebnis wird die Chance, ein „überflüssiges“ Gebäude wieder zu nutzen, mit den missionarischen Ressourcen der umgezogenen Christen für dieses Umfeld verbunden. Eine solche wiederbelebte Gemeinde kann natürlich jede der bisher vorgestellten neuen Ausdrucksformen gemeindlichen Lebens annehmen. Es kommt nur darauf an, wachsam den Kontext wahrzunehmen und darauf angemessen zu reagieren. Keinesfalls kann es darum gehen, irgendein Gemeindemodell zu „klonen“.

Traditionelle Gemeinde – alte Formen neu entdeckt

Es gibt einige Hinweise darauf, dass die traditionellen Gottesdienste in Kathedralen und anderen Kirchen zunehmende Besucherzahlen aufweisen können. Einige Einkehrzentren verzeichnen ein verstärktes Interesse an geleiteten Einkehrkursen. Und es gibt ein paar Geschichten von neu gegründeten Gemeinden, die als Teil des Angebots differenzierter Gottesdienstformen eben auch auf der Basis des „Common Prayer Book“[189] arbeiten.

Die Wiederbelebung jahrhundertealter Formen von Gemeinde und christlicher Spiritualität gibt Anlass zu großer Freude. Sie zeigt auch noch einmal ganz deutlich, wie wichtig es ist, ein möglichst weites Spektrum an Formen und Möglichkeiten anzubieten, in denen Menschen christliche Gemeinschaft, Gemeinde und Gottesdienste entdecken und erleben können: eine Vielzahl von Typen und Stilen für eine Vielzahl von Kulturen, Kontexten und Individuen. Es muss nicht immer „neu“ sein, um zu unserer heutigen, vielschichtigen Welt zu passen. Wie schon immer suchen die Menschen auch heute nach dem Geheimnisvollen und dem Schönen, nach dem Bleibenden und dem Gefühl für die Nähe Gottes. Manche finden genau dies in den zeitgenössischen Formen und Ansätzen. Andere entdecken dasselbe eher in den Formen und Stilen kirchlichen Lebens, die stärker das liturgische und spirituelle Erbe der Kirche zum Ausdruck bringen und damit einen Sinn für heilige Stabilität in einer sich rasch wandelnden Welt.

Sowohl für die neuen als auch für die traditionellen Ausdrucksformen gemeindlichen Lebens ist es wichtig, immer wieder die missionarische Qualität und das missionarische Wesen ihrer Gemeinschaft, ihrer Gottesdienste und ihrer Zielsetzungen zu hinterfragen. Jede Ausdrucksform gemeindlichen Lebens – ob neu oder alt – kann entweder inspirierend und angenehm oder aber zu bequem und ohne Verbindung zum missionarischen Herzen Gottes sein. Neue und alte Ausdrucksformen gemeindlichen Lebens müssen das Gütesiegel einer missionarischen Gemeinde tragen und darum die Charakteristika aufweisen, die wir zu Beginn dieses Kapitels aufgelistet haben.

Neue Klöster?

„Neues Mönchtum“ ist eine Kategorie, die eine Reihe von Bewegungen, Gruppen und Aufbrüchen umfasst. Bei den meisten Formen des „neuen Mönchtums“ lebt man als Kommunität ver-

[189] Anmerkung der Übersetzerin: *Das „Common Prayer Book“ ist die traditionelle Grundlage für den anglikanischen Gottesdienst von 1662.*

streut statt miteinander oder sogar eingeschlossen in ein Kloster. Manche dieser Kommunitäten, so wie Iona und Taizé, verfügen über so etwas wie „Mutterhäuser"; trotzdem haben viele von den Menschen, die spirituell unter ihrem Einfluss stehen, diese nie besucht und sind auch nicht in einer offiziellen Form mit ihnen verbunden. Weitere Beispiele für solche verstreut lebenden Kommunitäten sind die im Wachstum begriffenen tertiären Franziskaner, die seit Mitte der 1970er Jahre langsam wachsende „Northumbria Kommunität" und der erst kürzlich gegründete Missionsorden, der seine Basis in der Gemeinde St. Thomas Crookes in Sheffield hat. Ihnen allen gemeinsam ist eine verstärkte Ausrichtung auf Jesus und die Suche nach Gott im Gebet. Beides sollte der ganzen Kirche ans Herz gelegt sein.[190]

Eine Beispielgeschichte: Der Missionsorden, „The Order of Mission" (TOM)

TOM wurde am 6. April 2003 in einem vom Erzbischof von York geleiteten Gottesdienst feierlich gegründet. Etwa 30 Menschen legten ihr Gelübde ab. Weil man erkannt hatte, dass die Kirche in der westlichen Welt in einem missionarischen Kontext lebt, wurde TOM mit dem Ziel gegründet, Menschen zu unterstützen, die als missionarische Leiter dazu berufen sind, missionarische Gemeinden zu gründen. Der Orden will allerdings keinen Menschen aus dem Kontext herausreißen, in den Gott ihn berufen hat, und das ist häufig ein weltlicher Beruf.

Die Mitglieder des Ordens verpflichten sich zu einem Leben in Einfachheit, Reinheit und Verantwortlichkeit und sehen dies als authentischen und zeitgemäßen Ausdruck alter Gelübde. Der gemeinsame Lebensstil kommt zum Ausdruck in fünf täglichen Gebetszeiten. Die Verbindlichkeit gegenüber dem Orden und der größeren Kirche ist strukturell verankert in den Ämtern des Superiors, der Visitatoren, der Wächter und der Ältesten. Man kann dem Orden auch als Mitglied auf Zeit, als permanentes Mitglied oder als angegliedertes Mitglied verbunden sein.

TOM soll eine weltweit verbreitete Bewegung werden, wobei

[190] Schon länger bestehende Ausdrucksformen dieses Phänomens sind die Kommunitäten „Lee Abbey" und „Scargill".

jeder Teil der Welt eine eigene Leitungsstruktur mit einheimischen Leitern haben soll. Heimat des Ordens ist Sheffield.[191]

Die Schwerpunkte dieser Gruppe sind genauso verschieden wie die historischer Orden. Was auffällt ist, dass einige der Gruppen (z.B. die „Northumbria Community" und der „Order of St. Thomas") sich bewusst auf eine missionarische Ausrichtung konzentrieren. In manchen Aspekten sind die Charakteristika von missionarischen Kommunitäten und Gemeindepflanzungsteams deckungsgleich. Die beiden Gruppen könnten einander sehr gut befruchten. Die Gemeindepflanzer könnten von dem Schatz der spirituellen Disziplin und Gemeinschaft profitieren. Und die neuen missionarischen Orden könnten aus der in Pflanzungsprozessen und Missionstheologie gewonnenen Weisheit lernen.

Jugendgemeinden

Man muss sorgfältig zwischen Jugendgottesdiensten (also gottesdienstlichen Veranstaltungen, die unregelmäßig stattfinden können, und die von Jugendlichen geleitet werden oder auch nicht[192]) und Jugendgemeinden (Gemeinden von Jugendlichen für Jugendliche) unterscheiden. Jugendgemeinden haben häufig einen wöchentlichen Rhythmus, offiziell anerkannte Leiter, seelsorgerliche Strukturen und klare missionarische Absichten. Ein anderes Modell konzentriert sich auf ein meistens monatlich stattfindendes Jugend-Event für die Jugendlichen eines bestimmten Gebietes, kombiniert mit Jugend-Zellgruppen in den mitwirkenden Gemeinden. Der sich verstärkende Trend zu Jugendgottesdiensten und die Entstehung von Jugendgemeinden sind Beweis für die Schwierigkeit, junge Menschen in die uns geläufige Anglikanische Kirche einzugliedern.

Auch wenn es einige bemerkenswerte Beispiele für Jugendgemeinden gibt, sind bisher in der Praxis nur sehr wenige von

[191] Eine Einführung in den „Order of Mission" und Begriffserklärungen siehe unter: www.stthomaschurch.org.uk (9.06.2006).

[192] Peter Brierley stellt fest, dass jede siebte Gemeinde solche Veranstaltungen anbietet (in: „The Tide is Running Out", Christian Research, 2000, S. 162) und in der Broschüre „There Are Answers" (erschienen bei Springboard) heißt es, dass hier ein enormes Wachstumspotenzial zu finden ist.

ihnen als solche identifiziert und bekannt.[193] Es gibt Hinweise auf wachsende Zahlen, aber der Versuch, einen nationalen Überblick zu bekommen, steckt noch in den Anfängen.

Eine Beispielgeschichte: Bracknell, Berkshire

Mark Meardon übernahm zusammen mit drei gleichaltrigen befreundeten Musikern zwischen 20 und 30 Jahren in Bracknell die Gestaltung eines Jugendgottesdienstes mit dem Namen „Eternity". Die ursprüngliche Planung war von Erwachsenen ausgegangen. Mark erzählt:

„Wir fanden, dass der Gottesdienst in seiner alten Form schrottreif war. Das alternative Weihnachtslieder-Singen 1994 war der peinliche Rest: Auf Stühlen sitzend wurden Lieder wie ‚It came upon a midnight clear' nach der Melodie von ‚All along the Watchtower' von Bob Dylan gesungen, begleitet von schlecht gespielten Akustikgitarren.

Am 13. Januar 1995 feierten wir unseren ersten Freitagabend-Gottesdienst. Wir hatten ein Budget von 20 Pfund und den Auftrag, eine Gemeinschaft aufzubauen, in der junge Menschen die Liebe Gottes erfahren konnten. Der Gottesdienst bestand aus einem kleinen Anbetungsteil, einer Ansprache und einem Aufruf, sich zu Jesus zu bekennen. Es kamen 40 bis 50 Jugendliche, und 7 oder 8 bekannten ihren Glauben. Diese Jugendlichen waren die ersten Früchte unserer Arbeit. Was sollten wir mit ihnen machen? Wir organisierten eine improvisierte Gesprächsgruppe im Pfarrhaus, zu der 15 Leute kamen. Der Erfolg ermutigte uns zum Weitermachen.

Der nun vierzehntäglich stattfindende Freitagabend-Gottesdienst wuchs auf 150 Besucher an. Die Gottesdienstnachbesprechungsgruppe wurde zu einer sich regelmäßig mittwochs treffenden Kleingruppe (mit Lobpreis, Bibelgespräch und gemeinsamem Gebet). Als die ‚Kleingruppe' auf 30 Leute angewachsen war, mussten andere Wege gefunden werden. Also teilte sie sich auf in Zellgruppen. 1998 war alles immer noch lebendig; es gab Wachstum, Vielfalt und spürbare Wirkungen. Die Anzahl der Zellgruppen war auf 8 angewachsen. Nach und nach bildete sich ein Leitungsteam heraus, von

[193] Graham Cray, „Youth Congregations and the Emerging Church", Grove Evangelism 57, 2002, berichtet auf den Seiten 13 und 23 von ungefähr zehn solchen Beispielen.

dem einige sich ein Jahr Auszeit nahmen, um sich einzelnen Aspekten unserer Arbeit zu widmen.
1997 gründeten wir das ‚Evoke', ein Café, das als Treffpunkt dienen sollte. Zunächst hatte es nur einmal im Monat geöffnet, was aber schnell auf zwei Freitage monatlich ausgeweitet wurde. Unaufdringlichkeit, jugendliche Frische und Beziehungspflege waren bezeichnend für den Stil. Auf alle Fälle musste diese junge Gemeinde flexibel bleiben. 1998 begannen die Besucherzahlen im ‚Evoke' zurückzugehen. Wir spürten, dass die Jugendkultur sich von der Cafészene weg und hin zum Tanz bewegte. Das hinter ‚Evoke' stehende Prinzip blieb erhalten: Es sollte einen Ort geben, an dem die Eternity-Gemeinde Beziehungen zu nicht-gläubigen jungen Menschen aufbauen und pflegen konnte. Aber trotz der Kreativität, die in ‚Evoke' eingeflossen war, und obwohl das Café noch gar nicht so alt war, konnten wir es loslassen und schließen. Stattdessen wurde ‚Eclipse' geboren: Dort gab es Tanz, live DJs, Playstation und eine Bar mit nicht-alkoholischen Getränken."
Die Leiter von Eternity sind davon überzeugt, dass noch ein langer Weg vor ihnen liegt, und dass sie auch in Zukunft flexibel bleiben müssen. Als neue Ausdrucksform gemeindlichen Lebens, gepflanzt für das Dekanat und von ihm offiziell als Gemeinde anerkannt, will die Gemeinde für Jugendliche in der ganzen Stadt da sein. Dadurch, dass auch die Schulen mitmachen, kommt es zu der erstaunlichen Tatsache, dass tatsächlich 100% der 11 – 16jährigen auf irgendeine Weise schon einmal Kontakt zu Eternity hatten. Jetzt wird Eternity durch den Traum nach vorne gezogen, dass 15 – 20% dieser jungen Menschen ein aktives Verhältnis zu einer Gemeinde aufbauen.[194]

Wo liegt die Kluft?

Viele Menschen meinen, es gäbe so enorm wenig junge Menschen in der Anglikanischen Kirche, dass der Anglikanismus in England in der Gefahr stünde, immer mehr zu schrumpfen. 1998 schrieb Pfarrer Paul Simmonds, Diözesanberater für mis-

194 Eine ausführlichere Beschreibung der Geschichte finden Sie in „Eternity – the beginning", Encounters on the Edge 4, Church Army, 1999.

sionarische Fragen, eine auf die Diözese Coventry bezogene Stellungnahme, in der die Einbindung und das Engagement von Jugendlichen in der Kirche genauer beleuchtet wurden. Seine Schlussfolgerung:

> „Wir schaffen es ja kaum, die jungen Leute aus kirchlich engagierten Familien zu halten und für sie zu sorgen; noch viel weniger Einfluss haben wir auf die große Mehrheit der jungen Leute ohne kirchlichen Hintergrund."[195]

Paul Simmonds und auch andere sind der Meinung, dass die Kirche faktisch hauptsächlich für die über 40jährigen da ist, und das auf Kosten der jungen Menschen (zu „jungen Menschen" gehören Teenager bis hin zu Menschen Anfang 30).

Was hat dazu geführt, dass sich die Anglikanische Kirche von den jungen Menschen wegbewegt hat?

- Es gab (im Großen und Ganzen) keinerlei Innovationen in Liturgie und musikalischer Gestaltung von Gottesdiensten. Die junge Generation findet Graham Kendrick altmodisch und die Liturgie des „Common Worship"[196] überholt.
- Das Durchschnittsalter für die Ordination zum hauptamtlichen Dienst liegt bei ca. 40 Jahren – und erhöht sich noch, wenn man die „non-stipendiary ministers" (NSM)[197] und die „ordained local ministers" (OLM)[198] mitzählt.[199] Ordinierte Pfarrer, NSMs und OLMs eingeschlossen, bilden eine Kirche für Menschen mittleren Alters. Obwohl ein Drittel der englischen Bevölkerung unter 25 ist, hat die Anglikanische Kirche nur sehr wenige ordinierte Pfarrer in dieser Altersgruppe. Sie muss sich nicht nur auf die Suche nach potenziellen Gemeindeleitern dieses Alters machen, sie muss auch die jungen Leute finden und unterstützen, die unter ihren Altersgenossen eine Führungsrolle spielen.
- Die Tatsache, dass wir uns so sehr durch das System der pa-

[195] Aus einer für die Diözese Coventry verfassten Stellungnahme.

[196] Anmerkung des Herausgebers: *Vgl. Anm. 182.*

[197] Anmerkung der Übersetzerin: *Pfarrer, die nur gewisse Auslagen ersetzt bekommen, und immer einem anderen Pfarrer zugeordnet werden..*

[198] Anmerkung der Übersetzerin: *OLMs werden in örtlichen Ordinationskursen ausgebildet und sind in ihrer Arbeit auf die eine Gemeinde oder höchstens eine Diözese beschränkt.*

[199] Quelle: „Statistics of Licensed Ministers 2001", GS Misc 673, Church House Publishing, 2002. Das Durchschnittsalter von Pfarrstelleninhabern und der ihnen zugeordneten Pastoren zur Anstellung liegt bei 50 Jahren.

rochialen Gemeinde zur flächendeckenden Versorgung verpflichtet fühlen, sollte dazu führen, dass wir uns auch mit der Gesamtheit der uns anvertrauten Menschen identifizieren. Ein Drittel der Bevölkerung ist unter 25, aber es wird bei weitem kein Drittel (nicht einmal ein Zehntel) des Gemeindebudgets in Kinder- und Jugendarbeit investiert.

Weitere Faktoren sind:

- Die meisten der in den Gemeinden auftauchenden Jugendlichen sind Kinder christlicher Eltern. Nur ein kleiner Anteil hat keinen kirchlichen Hintergrund.
- Der starke Rückgang beim Besuch der Sonntagsschule bedeutet, dass auch die Anzahl derer zurückgeht, die „in die Kirche zurückgeholt" werden können.
- Weniger als ein Viertel aller geboren Kinder werden getauft und weniger als 20% kommen zur Konfirmation wieder – und auch von diesen bricht nachher ein großer Teil weg. Die Anzahl der Konfirmationen ist während der 80er und 90er Jahre um 60% zurückgegangen.

Es ist keineswegs übertrieben zu sagen, dass die Anglikanische Kirche insgesamt gesehen junge Menschen weder hält noch gewinnt oder in die Nachfolge führt. Es gibt zwar einige Ausnahmen, sie sind aber rar gesät. Die Gemeinden, in denen junge Menschen präsent sind, machen deutlich, dass die jüngere Generation sehr wohl geistlich offen ist, und dass es zu den vordringlichsten Aufgaben gehören sollte, unter den jungen Leuten nach neuen Leitern zu suchen.

Was getan wurde

„Youth A Part" (GS 1203) wurde 1996 von der Generalsynode veröffentlicht und unterzeichnet. Das Dokument wurde zum Fundament einer Vision: Junge Menschen sollen endlich ernst genommen werden. Das Problem wurde auch in die Themenliste des erzbischöflichen Rates aufgenommen. Das führte dazu, dass der Synode im November 2002 ein Jugendstrategie-Dokument vorgelegt und empfohlen wurde. Zeitgleich wurde mit der Erarbeitung eines Konzeptes begonnen, nach dem auf Gemeindeebene Jugendmitarbeiter ausgebildet und zum Einsatz gebracht werden sollten. In diesem Prozess wurden immer wieder auch junge Leute konsultiert und es entstand die Idee, einen nationalen Fonds für Jugendevangelisation einzurichten.

„Youth A Part“ schien optimistisch daran zu glauben, dass junge Menschen zur vorfindlichen Kirche zurückfinden würden, wenn man sie nur richtig behandelte.

> „Wenn junge Menschen ernst genommen, respektiert und wertgeschätzt werden, wird die Kluft zwischen der Kirche und der Jugendkultur kleiner werden und sich auf ganz natürliche Weise ganz schließen.“[200]

Als dies geschrieben wurde, kam das Phänomen „Jugendgemeinden“ gerade erst auf. Das Dokument „National Youth Strategy“ (ein Dokument zur Strategie für die Jugendarbeit auf nationaler Ebene) nimmt dieses Thema sehr ernst, wie man in Teil B nachlesen kann. Er beschäftigt sich mit „Jugend und Gottesdienst“.

> „Die Zeit ist gekommen, um aus den innovativen Ansätzen zu lernen, dass Jugendkirchen oder –gemeinden nicht nur als alternativ oder experimentell zu bezeichnen sind, sondern gleichwertiger Teil der Gottesdienstgemeinschaft der Kirche sind.“[201]

Gesamtgemeinde und Gottesdienstgemeinde – ein wichtiger Unterschied?

Das Jugendstrategie-Dokument macht einen – hilfreichen – Unterschied zwischen Gesamtgemeinde und Gottesdienstgemeinde. Mit dem Wort „Gottesdienstgemeinde“ verbindet man gleichzeitig Eigenständigkeit und Zugehörigkeit. Man kann sich durchaus Gemeinden vorstellen, in denen es sowohl Gottesdienstgemeinden für Jugendliche als auch für Erwachsene gibt. Beide akzeptieren sich gegenseitig in ihrer Verschiedenheit und gegenseitigen Abhängigkeit und keine beansprucht, alleine „die Kirchengemeinde“ zu sein. Der Bericht legt nahe, dass beides – das, was die jungen Leute tun, und das, was die älteren Erwachsenen tun – als Ausdrucksformen einer gesunden, ausgewogenen und unterstützenswerten Gemeinde Geltung hat.

Ist Kirche wichtig für junge Menschen?

Es kann keinen Zweifel daran geben, dass Jugend-Gottesdienstgemeinden den Bedürfnissen einer besonderen (Jugend-)Kultur gerecht werden können. Die bestehenden und traditionellen Gemeinden nehmen ihre eigenen Stile und Formen nur sehr selten

[200] „Youth A Part“, Church House Publishing, 1996, S. 22.

überhaupt wahr und merken deshalb nichts von der großen kulturellen Kluft, die überwunden werden muss. Die meisten jungen Menschen leben in einer völlig anderen Welt als die meisten Gemeinden. Wer eine Verbindung schaffen möchte zwischen ihnen und der Gemeinde und dem Evangelium, der braucht eine neue Ausdrucksform gemeindlichen Lebens, in der die Jugendlichen authentische christliche Gemeinschaft, christlichen Gottesdienst und christliches Leben finden und erleben können.

Zeitalter oder Kultur?

Der Begriff „Generationenkonflikt" ist seit den 1960er Jahren bekannt. Das Problem gibt es aber wahrscheinlich schon seit Urzeiten. „Generationenkonflikt" ist allerdings eine unzureichende Beschreibung dessen, was passiert, besonders in einer Zeit des schnellen gesellschaftlichen Wandels.

> „Junge Menschen wachsen in einer anderen Welt auf als der, die vorangegangene Generationen erlebt haben. Die Lebenserfahrungen junger Leute in modernen Industriegesellschaften haben sich während der vergangenen zwei Jahrzehnte beträchtlich verändert."[202]

Die jungen Menschen von heute leben in einer anderen Kultur und nicht nur in einem anderen Zeitalter.

> „Nicht der Generationenkonflikt ist die entscheidende Grenze, die man überschreiten muss, um unter jungen Menschen missionarisch arbeiten zu können, sondern die grundlegende Änderung der Kultur."[203]

Unter diesen Umständen bekommt das Gemeinde-Pflanzen unter Jugendlichen noch einmal eine besondere Bedeutung, denn sie werden später zu Erwachsenen, die eine andere Kultur haben. In der Vergangenheit ist man davon ausgegangen, dass Jugendliche aus „dieser Phase" herauswachsen und dann „wie wir" sein würden. Diese Einstellung ist aber angesichts der heutigen Situation weder haltbar noch weise. Es ist unwahrscheinlich, dass Stil und Werte der bestehenden Kirche je so sein werden,

[201] „Good News for Young People: The Church of England's National Youth Strategy", ein gemeinsamer Bericht des Ausschusses für Bildungsfragen und des Ausschusses für missionarische Fragen, GS 1481, 2002, Teil B, S. 6-8.

[202] Andy Furlong and Fred Cartmel, „Young People and Social Change", Oxford University Press, 1997, S. 5.

[203] „Youth A Part", Church House Publishing, 1996, Abschnitt 2.11.

dass junge Menschen sich darin wohl fühlen. Für manchen sind sie sicherlich hilfreich. Aber für viele (oder die meisten) werden die praktizierten Formen, auch wenn sie erwachsen sind, weder attraktiv noch sinngebend. Gemeinden für und von jungen Menschen sind also aktuell genauso wichtig wie auf lange Sicht.

Deshalb schlug Bischof Graham Cray 1999 in einer Ansprache vor[204]:

> „Aus alledem folgt, dass ‚Jugendgemeinden' keine Übergangsstrategie sind. Sie sind kein temporäres Auffanglager, in dem junge Leute an die Kirche in ihrer heutigen Form angepasst werden. Sie sind nicht lediglich die Brücke zum Eigentlichen. Sie übernehmen vielmehr die volle Verantwortung für Gottesdienste, Seelsorge, Mission und Evangelisation. Für diejenigen, die dazu gehören, sind sie und nur sie das Eigentliche! In Jugendgemeinden wird Kirche Jesu Christi erlebbar."

Warum so viele Ausdrucksformen?

In diesem Kapitel sind eine ganze Reihe von Gemeindetypen aufgezählt worden, die in den vergangenen Jahrzehnten entstanden sind. Mit Hilfe all dieser Formen hat die Anglikanische Kirche versucht, sich in die Vielzahl der verschiedenen Kulturen und Netzwerke hineinzubewegen, die das Leben in der heutigen Zeit ausmachen. Sie spiegeln unser typisch anglikanisches Verlangen wider, zu sein „wie" und „wo" die Menschen sind, statt darauf zu warten, dass sie zu uns kommen. Sie zeigen auch, dass wir nach dem missionarischen Prinzip der Inkulturation des Evangeliums arbeiten wollen, statt der Vielfalt der Kulturen unserer Gesellschaft eine einzelne Kultur oder einen einzelnen Stil überzustülpen.

Hinter vielen dieser neuen Ausdrucksformen gemeindlichen Lebens stand die Motivation, Evangelium und Kirche mit neuen Kulturen und Menschen zusammenzubringen, die bis dahin nicht erreicht werden konnten.

> „Gemeindepflanzungen müssen kreativ sein, um in einer Gesellschaft hilfreich zu sein, in der Menschen mit spirituellen Fragen ganz selbstverständlich annehmen, dass die Kirche

[204] 3rd Academic Conference on Youth Ministry, Mansfield College, Oxford, Januar 1999.

jedenfalls nicht der Ort ist, um Antworten zu finden; denn das Christentum wurde bereits geprüft und ließ Einiges zu wünschen übrig."[205]

Manche der Pioniere und Leiter haben sich nach authentischeren Formen gesehnt, Kirche zu leben, zu sein und zu gestalten. Deshalb fing man an neu darüber nachzudenken, was Kirche ist oder sein könnte. Die Geschichte mancher dieser neuen Ausdrucksformen gemeindlichen Lebens beinhaltet auch eine gewisse Portion Enttäuschung über die bestehende Kirche und ihre Werte. Bei anderen war nicht die Enttäuschung der motivierende Faktor, sondern eine Entdeckung.

Die Vielfalt der Ausdrucksformen gemeindlichen Lebens ist ein ermutigendes Zeichen der kreativen Kraft des Heiligen Geistes in unserer Zeit. Sie sollten nicht nur deshalb willkommen geheißen werden, weil sie beliebt oder neu sind[206], sondern weil sie Zeichen des Handelns Gottes und seines Reiches sind.

Um diese Zeichen des Reiches Gottes zu erkennen, ist kritisches Urteilsvermögen nötig. Spezielle Methoden, seien sie übernommen oder neu ausgedacht, sind keine Garantie für eine reife Gemeinde oder die Präsenz des Reiches Gottes. Zum Abschluss dieses Kapitels wollen wir Ihnen deshalb einige Kriterien an die Hand geben, um wirklich missionarische Gemeinden als solche erkennen zu können.

Fünf Grundwerte missionarischer Gemeinden

Der „Consultative Council" der Anglikanischen Kirche und nach ihm die Lambeth Konferenz hat „fünf Merkmale missionarischer Gemeinden" festgelegt.[207]

[205] Stuart Murray, „Church Planting Laying Foundations", Herald press, 2001.
[206] Bob Hopkins (Hg.), „Cell Church Stories as Signs of Mission", Grove Evangelism 51, 2000, S. 3.
[207] „Five Marks of Mission", also fünf Kennzeichen der Mission, festgelegt auf der Lambeth Konferenz von 1988:
Verkündigung der Guten Nachricht vom Reich Gottes.
Unterweisung, Taufe und Versorgung neu zum Glauben gekommener Menschen.
Stillung menschlicher Bedürfnisse durch liebevollen Dienst.
Veränderung ungerechter gesellschaftlicher Strukturen.
Bewahrung der Schöpfung und Erhaltung und Erneuerung der Erde.

Entlang dieser Merkmale haben wir ebenfalls fünf Grundwerte einer missionarischen Gemeinde entwickelt. Sie sollen einen Rahmen bieten, der sowohl für eine bereits existierende Gemeinde hilfreich ist, als auch für die Weiterentwicklung, Vergrößerung oder Pflanzung einer Gemeinde oder einer neuen Ausdrucksform gemeindlichen Lebens.[208] Ein Element haben wir vorausgesetzt und es deshalb nicht mehr ausdrücklich erwähnt: die Verwurzelung jeglicher missionarischer Gemeinde, Gottesdienstgemeinde oder Initiative innerhalb der Anglikanischen Kirche im Glaubensbekenntnis. Der Bericht geht zwar davon aus, dass eine Gemeinde nur dann missionarisch sein kann, wenn sie den in der Schrift und in den Glaubensbekenntnissen bezeugten Glauben auf neue Weise verkündigt. Allerdings ist auch das nichts, was sich von selbst versteht. Aber es ist nicht nur ein „Grundwert" der Kirche, sondern das Fundament, auf dem die Kirche steht.

- *Eine missionarische Gemeinde konzentriert sich auf den dreieinigen Gott*

Herzstück einer missionarischen Gemeinde ist der gemeinsame Lobpreis Gottes. Ihre größte Inspiration und ihr erstes Ziel ist es, Gott, den Vater, den Sohn und den Heiligen Geist zu lieben und immer besser kennen zu lernen. Es ist ein missionarischer Gott, den sie anbetet und dem sie dient, und an dessen Mission sie teilhat. Alles, was sie lebt und tut, wird vom Gebet getragen.

- *Eine missionarische Gemeinde lebt der Inkarnation Christi gemäß*

Eine missionarische Gemeinde gestaltet sich in Beziehung zu der Kultur, in die sie eingebettet oder zu der sie berufen ist. Wenn sie berufen ist, transkulturell zu arbeiten, dann legen die langjährigen Mitglieder bzw. das Gründungsteam ihre eigenen kulturellen Vorlieben bezüglich der Gemeinde ab und lassen die sich neu erhebende Gemeinde von denen formen, die sie erreichen wollen. Wenn eine Gemeinde bereits seit langem etabliert ist, sollte sie ihre Beziehung zu der sie umgebenden Gemeinschaft, der sie dienen will, immer wieder neu prüfen und all das ablegen, was vom Evangelium her gesehen überflüssig ist. Eine Gemeinde, die der Inkarnation Christi gemäß lebt, versucht, auf

[208] Lesen Sie dazu auch die theologische Diskussion in Kapitel 5.

das Wirken des Geistes Gottes in der örtlichen Lebenswelt zu reagieren.

● *Eine missionarische Gemeinde verändert*
Eine missionarische Gemeinde existiert, damit sich die Gemeinschaft, der sie dient, durch die Kraft des Evangeliums und des Heiligen Geistes verändern kann. Sie existiert nicht um ihrer selbst willen, ist nicht selbstsüchtig oder selbstbezogen. Ihr Ziel ist das Reich Gottes, und sie versteht sich als Dienerin und Zeichen dieses Reiches Gottes innerhalb ihrer Gemeinschaft, ganz gleich, ob es sich um ein Wohnumfeld oder ein Netzwerk handelt.

● *Eine missionarische Gemeinde ruft Menschen in die Nachfolge Christi*
Eine missionarische Gemeinde ruft aktiv Menschen zum Glauben an Jesus Christus. Gleichzeitig versucht sie, einen beständigen christlichen Lebensstil zu entwickeln, der sich nicht von der Kultur abhebt, in der sie arbeitet, sondern ihr angemessen ist. Sie engagiert sich innerhalb der Kultur, bildet aber gleichzeitig ein herausforderndes kulturelles Gegengewicht, weil ihr gemeinsames Leben auf der Weltsicht und den Maßstäben des Evangeliums basiert. Sie ermutigt alle Kinder Gottes dazu, ihre Gaben und Berufungen zu leben und investiert in die Heranbildung neuer Leiter. Sie möchte, dass jeder Einzelne, aber auch die Gemeinschaft insgesamt sich verändert.

● *Eine missionarische Gemeinde ist beziehungsorientiert*
Eine missionarische Gemeinde will eine Gemeinschaft des Glaubens bilden. Ihre Kennzeichen sind Offenheit und Gastfreundschaft. Ethos und Stil sind veränderbar, wenn neue Mitglieder dazustoßen. Die Gläubigen werden dazu ermutigt, in ihrem Wachstum in Christus wechselseitige Beziehungen zu anderen Christen aufzubauen. Sie ist sich als Gemeinschaft bewusst, dass sie ohne die wechselseitige Beziehung zu anderen christlichen Gemeinden und Gemeinschaften unvollständig ist und bleibt. Sie will nicht allein für sich bleiben.

Es wäre noch viel mehr zu sagen zum Thema missionarische Gemeinde. Diese fünf Prinzipien aber geben uns in einer Zeit, in der Form und Gestalt der Anglikanischen Kirche im Fluss sind und an Vielfalt gewinnen, gute Unterscheidungsmerkmale an die Hand. Keines dieser Merkmale ist durch eine bestimmte missionarische Strategie für Gemeindearbeit oder –pflanzung automatisch gesichert. Auch eine kirchliche Tradition oder ein bestimmter Gemeindetyp bilden keinerlei Garantie. Es geht bei keinem der fünf Charakteristika um ein „bestanden“ oder „nicht bestanden“, sie sollen lediglich hilfreiche Kriterien dafür sein, um die missionarischen Ziele und Qualitäten einer Gemeinde besser einschätzen zu können. Wie zu Beginn dieses Kapitels gesagt, können die Prinzipien auf alle existierenden Gemeinden und alle neuen Ausdrucksformen gemeindlichen Lebens angewandt werden.

Auf jeden Fall ergibt sich aus den Werten die Frage nach einer adäquaten Theologie für eine missionarische Kirche, ein Thema, das im folgenden Kapitel behandelt wird.

Denk- und Diskussionsanstöße

- Wie kann die Kirche dem Missionsbefehl Jesu gerecht werden, der gesagt hat: „Darum gehet hin und machet zu Jüngern alle Völker“ (Matthäus 28,19)?[209] Vorgeschlagener Bibeltext: Markus 16,14-21.
- Welche von den in diesem Kapitel vorgestellten Ausdruckformen gemeindlichen Lebens könnte für das Gebiet, in dem Sie leben, hilfreich sein? Gibt es noch andere Formen gemeindlichen Lebens, die für Ihre Situation passend wären?
- Listen Sie die liturgischen Traditionen auf, die in Ihrer Gemeinde gebräuchlich sind. Wie kann der darin verborgene Reichtum dem missionarischen Handeln Ihrer Gemeinde besser zugute kommen?
- Schauen Sie sich die am Ende dieses Kapitels aufgelisteten „fünf Grundwerte missionarischer Gemeinden“ genauer an.
  - Welcher dieser Werte charakterisiert Ihre Gemeinde am besten?
  - Welcher dieser Werte ist die größte Herausforderung für Ihre Gemeinde?
- In diesem Kapitel heißt es: „Die Vielfalt der Ausdrucksformen gemeindlichen Lebens ist ein ermutigendes Zeichen der kreativen Kraft des Heiligen Geistes in unserer Zeit.“

[209] Nach der Übersetzung von Martin Luther, Deutsche Bibelgesellschaft, 1985.

- Wie können Sie lernen, die Kreativität des Heiligen Geistes in Ihrem gesellschaftlichen und gemeindlichen Umfeld besser zu erkennen? Auf welche Weise nehmen Sie wahr, was der Heilige Geist tut? Inwieweit beeinflusst diese Erkenntnis die zukünftigen missionarischen Pläne Ihrer Gemeinde?

Kapitel 5: Theologische Grundlagen für eine missionarische Gemeinde

Bisher hat sich dieser Bericht damit beschäftigt, den veränderten missionarischen Kontext zu beschreiben, in dem die meisten Christen der westlichen Welt heute leben. Wir haben besonders betont, dass das Christentum im Schwinden begriffen ist und eine Netzwerkgesellschaft im Kommen ist, die vom Konsum bestimmt wird.

Wir haben auch beschrieben, dass die Anglikanische Kirche auf diese missionarische Herausforderung zu reagieren versucht, und welche Rolle Gemeindepflanzungen in diesem Prozess spielen. Wir haben die Vielfalt der „neuen Ausdrucksformen gemeindlichen Lebens“ umrissen, die es inzwischen gibt. Wir glauben, dass diese Vielfalt sowohl gut als auch nötig ist. Die Zeit wird zeigen, welches der Modelle von bleibendem Wert ist, aber viele von ihnen haben unserer Ansicht nach ganz deutliche Stärken.

Wir müssen uns jedoch ebenfalls der Aufgabe stellen, jeder neuen Ausdrucksform gemeindlichen Lebens, die innerhalb der Anglikanischen Kirche aufkommt oder in ihr Heimat findet, eine solide Ekklesiologie (also: kirchliche „Lehre von der Kirche“) zu Grunde zu legen.

Die Anglikanische Kirche muss dem Evangelium und ihrer eigenen Geschichte treu bleiben und sich trotzdem auf angemessene Weise in der Gesellschaft engagieren, in der wir heute leben. Es geht hier nicht in erster Linie darum, eine umfassende Theologie für alle neuen Ausdrucksformen auszuarbeiten. Wir wollen vielmehr einige theologische Grundlagen benennen, die als Orientierung für alle Entscheidungen bezüglich der Form der Anglikanischen Kirche in dieser Zeit missionarischer Möglichkeiten dienen sollten.

Heilsgeschichte

Wesen und Mission Gottes in seinem Schöpfungs- und Erlösungswerk

> „Jegliche kirchliche Theologie muss fest verwurzelt sein im Wesen und im Handeln Gottes: Die Kirche ist zuerst und vor allem Volk Gottes, von Gott geschaffen, an Gott gebunden, zur Ehre Gottes gerufen.“[210]

Wenn Christen von „Gott“ sprechen, dann ist dies die Kurzform für „Heilige Dreifaltigkeit“.[211] Daraus folgen zwei Dinge. Erstens ist Gott ein Beziehungs- und Gemeinschaftswesen: „Vater, Sohn und Heiliger Geist, die sich gegenseitig innewohnen, die ineinander und füreinander existieren in einem interdependenten Geben und Nehmen.“[212] Zweitens ist Gott Missionar. Wir würden Gott nicht kennen, wenn der Vater nicht durch die Kraft des Heiligen Geistes den Sohn gesandt hätte.

Wir können feststellen, dass schon der Auftrag Gottes (die „missio dei“) Gottes beziehungsorientiertes Wesen zum Ausdruck bringt.

> „Die Gemeinschaft der drei Personen in der Trinität ist nicht in sich abgeschlossen, sondern öffnet sich in einer nach außen gerichteten Bewegung der Großzügigkeit. Schöpfung und Erlösung bringen den Überfluss des dreifaltigen Lebens Gottes zum Ausdruck.“[213]

Die Mission Gottes als des Schöpfers ist es, durch Jesus

[210] „Eucharistic Presidency“, Church House Publishing, 1997, 2.2. In Kapitel 2 finden Sie die sehr ausgefeilte Erklärung der Anglikanischen Kirche, dass der Auftrag der Kirche darin besteht, den Auftrag Gottes mitzutragen. Unsere kurzen Kommentare setzen ein Einverständnis mit diesem Kapitel voraus, sie fassen Elemente daraus zusammen und wenden sie an. In „Presence and Prophecy (a heart for mission in theological education)“, Mission theological Advisory Group, Churches Together in Britain and Ireland/Church House Publishing, 2002, finden Sie darüber hinaus die Bestätigung der These, dass das Thema „Mission” ein fundamentales Element im Wesen und in den Absichten Gottes und der Kirche Gottes ist. Siehe besonders Kapitel 2, „The World as God sees it“.

[211] Vgl. „Presence and Prophecy“, Churches Together in Britain and Ireland/Church House Publishing, 2002, S. 26.

[212] „Eucharistic Presidency“, Church House Publishing, 1997, 2.6.

[213] A.a.O., 2.7. Siehe auch: „Presence and Prophecy”, Churches Together in Britain and Ireland/Church House Publishing, 2002, S. X.

Christus und im Heiligen Geist die ganze Schöpfung ins Leben zu rufen, sie zu erhalten und zu vollenden.

Die Mission Gottes des Erlösers ist, durch Jesus Christus und im Heiligen Geist die gefallene Schöpfung wieder aufzurichten und mit sich zu versöhnen (Kol 1,20).

„Gottes missionarische Absichten haben kosmische Ausmaße: Er besorgt die Wiederherstellung aller Dinge, die Durchsetzung des Schalom, die Erneuerung der Schöpfung und das Kommen des Reiches Gottes sowie die Erlösung der gefallenen Menschheit und den Aufbau der Kirche.“[214]

Die Kirche ist beides: Frucht der Mission Gottes (also die, die er bereits erlöst hat) und Gottes Mitarbeiterin zur Durchführung der Mission (also die Gemeinschaft, durch die Gott handelt, um die Welt zu erlösen). „Die Mission der Kirche ist die Gabe, durch den Heiligen Geist an der Mission des Sohnes in der Welt teilzuhaben, die der Vater ihm gegeben hat.“[215]

Deshalb besteht die Grundsubstanz der Kirche (sozusagen ihre DNA) darin, missionarische Gemeinschaft zu sein. „Es gibt die Kirche, weil es Mission gibt und nicht umgekehrt.“[216] Alles andere ist dem untergeordnet – mit Ausnahme der Anbetung Gottes. Dies ist der Standard, an dem Kirche alles, was sie tut, messen lassen muss.

„Es ist nicht die Kirche Gottes, die einen missionarischen Auftrag in der Welt hat, vielmehr hat ein missionarischer Gott eine Kirche in der Welt.“ [217]

Gemeindepflanzung sollte sich also nicht ausschließlich auf Kirche konzentrieren. Sie sollte nicht ein weiteres Vehikel sein, um eine Institution um der Institution willen zu bewahren. Sie sollte vielmehr Ausdruck der Mission Gottes sein. „Was ist Mission, wenn nicht die Zusammenarbeit mit Gott bei dem Vorhaben, die ganze Schöpfung zu ihrer eigentlichen Bestimmung zu führen? Eine Ortsgemeinde kann nicht für sich in Anspruch

[214] Stuart Murray, „Church Planting: Laying Foundations“, Paternoster Press, 1998, S. 31. Siehe auch: „Presence and Prophecy”, Churches Together in Britain and Ireland/Church House Publishing, 2002, S. 25.

[215] James Torrance, „Worship, Community and the Triune God of Grace”. Paternoster 1996, S. ix.

[216] David Bosch, „Transforming Mission“, Orbis, 1991, S. 390.

[217] Tim Dearborn, „Beyond Duty: a passion for Christ, a heart for mission“, MARC, 1998.

nehmen, Teil dieses Prozesses zu sein, wenn sie sich nur um sich selbst dreht."[218]

Der Auftrag kommt vom Vater, durch den Sohn und in der Kraft des Heiligen Geistes. Der Sohn selbst ist durch seine Menschwerdung, seinen Tod und seine Auferstehung und durch sein Auffahren in den Himmel das einzige Fundament der Kirche.[219] Wir sind Haushalter einer Frohen Botschaft, die uns erzählt, was er getan hat.

Der Sohn Gottes verstand seine Mission im Horizont des Reiches Gottes. Das Reich Gottes ist göttliches Handeln, während die Kirche eine menschliche Gemeinschaft ist. Die Grundsätze und Werte des Reiches Gottes sind oft viel radikaler als die Kirche es gerne haben möchte. Gott selbst ist in Bewegung, indem er uns sein Reich bringt, und die Kirche versucht immerzu, mit ihm Schritt zu halten. Wir haben Teil an *seiner* Mission, aber wir sollten uns hüten, ihn zur Erfüllung *unserer* „Mission" heranzuziehen.

Es ist das Werk des Heiligen Geistes, die Kirche zu ermächtigen, so zu predigen und das Evangelium zu verkörpern, dass es dem jeweiligen kulturellen Kontext gemäß ist.

> „In einer Welt, die gesellschaftlich immer komplexer wird, kann die Kirche nicht einfach an den überkommenen Formen festhalten. Sie muss versuchen, immer besser ihre eigene Wirklichkeit und Dynamik zu verstehen und sie zu den Absichten Gottes mit dieser Welt in Beziehung zu setzen. Und sie muss den Heiligen Geist einladen, ihr Herz, ihre Seele, ihren Verstand und ihre Kraft in Bewegung zu setzen. Wenn sie dies tut, wird sie lernen, einen größeren Anteil an der Energie des Geistes Christi zu haben; er ist es, durch den Gott mit Hilfe seiner Kirche die ganze menschliche Gesellschaft zur Erfüllung im Reich Gottes führt."[220]

Der Sohn Gottes und der Geist Gottes dienen sich gegenseitig. Diese Tatsache ist für Christen eine wesentliche Grundlage, um die Beziehung zwischen Evangelium und Kultur besser verstehen zu lernen. Der Sohn Gottes ist zwar innerhalb einer bestimmten Kultur Mensch geworden, aber die ewige Erlösung, die er erwirkt hat, ist ein Angebot an alle Kulturen der Welt. Der

[218] Robin Greenwood, „Practising Community", SPCK, 1996, S. 28.
[219] 1 Kor 3,11.
[220] Daniel Hardy, „Finding the Church", SCM Press, 2001, S. 4.

Geist, durch den der Sohn Mensch wurde[221] und durch den er sich selbst zu unserer Errettung hingab[222], inspiriert und formt die besondere Gestalt, in der die durch das Evangelium zusammengeführte Gemeinschaft in der jeweiligen Kultur leben soll.

Christus und Kultur

Ein weiterer Indikator dafür, dass auch die Ausdrucksformen kirchlichen Lebens vielfältig sein dürfen, ist die durch Christus geschenkte Vielfalt der Schöpfung mit der dazugehörigen Vielfalt an menschlichen Kulturen und Gemeinschaften.

Im 2. Jahrhundert n. Chr. sprach der Apologet und Märtyrer Justin von Menschen, die schon vor dem Kommen Christi die Fähigkeit hatten, Teile der Wahrheit zu erkennen, weil sie „die Saat des Wortes“ hatten. Mit dem Kommen Jesu Christi nahm der *logos spermatikos* oder das „Wort, das die Saat trägt“ Gestalt an und wurde Mensch.[223] Justin versöhnte Elemente des griechischen Denkens mit dem Christentum. Seiner Meinung nach hatte die Kirche zwar die ganze Wahrheit, aber es gab auch noch philosophische Wahrheiten, die dem Werk desselben *logos* zugeschrieben werden konnten, der in seinem menschgewordenen Leben alle Wahrheit offenbart hat und gleichzeitig Schöpferwort und (wie es die Stoiker lehrten) göttliche Vernunft war.

Schon seit der Erschaffung der Welt ist der Dialog zwischen dem ewigen Wort und menschlichen Kulturen implizit vorhanden. Genau dieser Prozess wurde fortgesetzt und intensiviert, als das fleischgewordene Wort verkündigt wurde.[224] Bekehrung sollte deshalb nicht gleichbedeutend sein mit einem Transfer von Individuen aus ihrer eigenen Kultur heraus und hinein in die Kultur der Kirche, vielmehr sollte ihre Kultur bekehrt werden und das kulturelle Leben der Kirche bereichern.

[221] Lk 1,35.
[222] Hebr 9,14.
[223] Justin der Märtyrer, „Erste Apologie“, 44 und „Zweite Apologie“, 9 und 13. Der Text kann heruntergeladen werden unter www.earlychristianwritings.com/justin.html (9.06.2006).
[224] E. Penoukou, „L'église d'Afrique: Propositions pour l'Avenir”, Paris 1984, beschrieben in : Aylward Shorter, „Towards a Theology of Inculturation”, Geoffrey Chapman, 1988.

Das Werk Jesu Christi – Menschwerdung, Kreuz und Auferstehung

Inkarnation – eingetaucht in die Welt

Die Menschwerdung Gottes in Jesus Christus ist einzigartig. Nur Gott kann menschliche Gestalt annehmen, um uns zu erretten. Gott ist in Christus in diese Welt gekommen und hat eine bestimmte kulturelle Identität angenommen. Die Offenbarung Gottes, geschenkt für alle Kulturen, wurde Fleisch in einer spezifischen Kultur. Wenn die kulturelle Solidarität mit dem palästinischen Volk der damaligen Zeit ein notwendiger Aspekt des Auftrags Jesu Christi war, dann gilt dasselbe Prinzip auch für uns.[225] Darüber hinaus blieben auch die ersten Christen nicht kulturell fixiert und statisch. Als in nicht-jüdischen Kulturen neue Gemeinden gegründet wurden, übersetzten sie das Evangelium Jesu Christi sehr schnell aus der ursprünglichen Sprache und Kultur Jesu in andere Sprachen und Kulturen.[226] Das Evangelium kann nur in einer Kultur verkündet werden und nicht einer Kultur gegenüber.

> „Wenn die Kirche allen Menschen das Geheimnis der Erlösung verkündigen und vom gottgeschenkten Leben erzählen soll, dann muss sie genauso bei den verschiedenen Gruppen Wurzeln schlagen, wie Jesus es mit seiner Menschwerdung in dem speziellen sozialen und kulturellen Umfeld der Menschen getan hat, unter denen er gelebt hat."[227]

Das Kreuz – der Welt etwas entgegenhalten

Aber „die Inkarnation göttlicher Liebe in einer sündigen Welt führt zum Kreuz".[228] Jesus lebte in seiner eigenen Kultur und stand ihr trotzdem auf prophetische Weise kritisch gegenüber. Er lebte sein Leben in seiner Kultur in treuem Gehorsam ge-

[225] Wenn es in diesem Bericht um die Inkarnation oder um Prinzipien der Inkarnation geht, dann bezieht sich dies immer auf die kulturell eingebettete Art der Inkarnation Christi als Grundlage für das missionarische Handeln von Christen.

[226] Siehe: Lamin Sanneh, „Translating the Message: The Missionary Impact on Culture", Orbis, 1989.

[227] Aus dem Dekret zum missionarischen Handeln der Kirche des 2. Vatikanischen Konzils, „Ad Gentes 10". In: Austin Flannery (Hg.), „Vatican Council II; The Conciliar and Post Conciliar Documents", Costello Publishing Company, 1988, S. 824-825.

[228] Miroslav Volf, „Exclusion and Embrace", Abingdon Press, 1996, S. 25.

genüber dem Willen seines Vaters, und die Konsequenz dieses Lebens im Gehorsam war sein Tod. Erst durch seinen Tod und seine Auferstehung wurde offenbar, dass er der Herr über alles ist; er kann immer und überall, in allen Kulturen zu Hause sein und sie zugleich herausfordern.[229] Die Menschwerdung darf deshalb auf keinen Fall vom Kreuz getrennt werden. Genauso sind auch Christen berufen, in jeder Kultur unter der Herrschaft Jesu zu leben, ganz gleich wie viel es sie kosten mag.

Eine Kirche, die dem menschgewordenen Christus nachfolgt, wird sich – mit Hilfe des Heiligen Geistes – beide Seiten seines Wesens zum Vorbild nehmen: seine Identifikation mit seiner Kultur, die aus seiner Liebe geboren war, aber auch seine kritische, ja konterkulturelle Haltung gegenüber seiner Kultur, die ihn teuer zu stehen kam. Jesu Ankündigung und Verheißung des Reiches Gottes kann nicht losgelöst werden von seinem Aufruf zur Buße, die als „Eintrittspreis" zu zahlen ist. Die Kirche ist dazu berufen, Jesu Beispiel zu folgen, d.h. sich aus Liebe mit denen zu identifizieren, zu denen sie gesandt ist, und ein Beispiel für das Leben zu geben, dem sich Menschen in der Umkehr zuwenden. Ansonsten ist der Aufruf zur Buße lediglich ein moralisches Anhängsel.

Inkarnation und Kreuz – ein missionarischer Kreislauf

Paulus beschreibt das Werk Christi als „Austausch".[230] Irenäus hat dies so zusammengefasst: „Christus wurde, was wir sind, damit wir werden, was er ist."[231] Paulus benutzt genau dieses Muster für seine Missionsarbeit. Er wird das, was die, die er zu evangelisieren hofft, sind, damit sie an der Erlösung teilhaben können, die er gefunden hat. Hier sind Inkarnation und Kreuz ganz eng verbunden und bieten ein Modell für die Praxis des missionarischen Handelns und für die Pflanzung der Kirche.[232]

[229] Joh 12,32.
[230] Morna Hooker, „Interchange in Christ", in: „From Adam to Christ: Essays on Paul", Cambridge University Press, 1990, S. 13–72; und „A Partner in the Gospel: Paul's Understanding of His Ministry", in: „Theology and Ethics in Paul and his Interpreters", Eugene H. Lovering und Jerry L. Sumney (Hg.), Abingdon, 1996, S. 83–100.
[231] Von Irenäus stammt der bekannte Ausspruch: „Gott wurde Mensch, damit die Menschen Gott werden können." Er wollte damit deutlich machen, dass in Christus die Sünde Adams aufgehoben war. Augustin und später Thomas von Aquin nahmen diesen Gedanken wieder auf.
[232] 1 Kor 9,19ff.

„Die Inkarnation ist ein Austausch, dessen Würde und Kraft für uns Menschen unbegreiflich ist. Nur der Glaube kann uns dazu verhelfen, einen kleinen Blick auf diese Realität zu erhaschen: Gott wird einer von uns, und er geht sogar so weit, dass er dafür Leiden und Tod in Kauf nimmt. ... Dieser Austausch wird in jedem Akt der Inkulturation neu durchlebt. Gott begibt sich durch Christus immer mehr hinein in unsere menschlichen Lebensbedingungen, und wir haben immer mehr Anteil an seinem Leben. In Christus sind wir für die Sünde gestorben und durch die verändernde Kraft Jesu Christi erstehen wir auf und sind fähig zu kreativen neuen menschlichen Beziehungen."[233]

Durch die westliche Welt geprägte Anglikaner haben dazu geneigt, immer nur den einen Teil der gesamten Dynamik im Blick zu haben, wenn es um das Konzept der Inkarnation ging: die Menschwerdung Jesu Christi. Man konzentrierte sich darauf, sich auf feinfühlige Weise mit anderen zu identifizieren, für sie zugänglich zu sein und sie anzunehmen. Was dies alles den Sohn Gottes gekostet hat, wurde weit weniger deutlich betont.

Im Gottesdienst der frühen Christen ging es aber immer wieder darum, wie sich Gott selbst geopfert hat. Der Christushymnus in Phil 2 ist ein starker Hinweis auf die Bedeutung dieses Themas. Dass der ewige Sohn Gottes willig als gekreuzigter Diener stirbt, ist hier sowohl Gegenstand der Anbetung als auch das Vorbild für alle Beziehungen. Paulus spricht hauptsächlich von Beziehungen innerhalb der Kirche, aber dieses Prinzip muss auf Beziehungen zwischen der Kirche und der Welt „draußen" ausgeweitet werden, denn genau für diese Beziehungen hat der Sohn Fleisch angenommen. Johannes erzählt von dem auferstandenen Jesus, der seine Apostel beauftragt: „Wie mich der Vater gesandt hat, so sende ich euch."[234]

Auch in 1 Kor 9,19ff wird dies deutlich gemacht. Hier benutzt Paulus genau das gleiche Wort wie in Phil 2 (*doulos*, d.h. Knecht), um seine Praxis als Missionar zu beschreiben. Es gibt in der Tat Parallelen zwischen beiden Stellen, sowohl im Stil als auch in seiner Beschreibung von sich als jemand, der sein mis-

[233] Gerald Arbuckle, „Grieving for Change: a Spirituality for Refounding Gospel Communities", Geoffrey Chapman, 1991, S. 118. Als katholischer Autor benutzt Arbuckle den Begriff „Inkulturation", um darzustellen, dass Evangelisation ein Kreislauf ist, bei dem das Evangelium in das Herz einer Kultur eingepflanzt wird.
[234] Joh 20,21.

sionarisches Handeln nach dem Muster Christi gestaltet.[235] Paulus gibt seine Freiheit auf, so wie Christus seine Herrlichkeit aufgegeben hat, um die Menschen zu gewinnen. Die praktische Konsequenz ist das Eintauchen in eine andere Kultur.

Man könnte sagen, dass die Selbst-Entäußerung des Sohnes eine gravierende Veränderung bedeutet. Aber Paulus betont im Philipperbrief ausdrücklich, dass sich hier das wahre Wesen Gottes selbst offenbart. Wenn es aber das Wesen der Liebe Gottes ist, ein solches Opfer zu bringen, dann muss dies auch das Wesen seiner Kirche ausmachen. Die Kirche ist sich selbst am meisten treu, wenn sie in der jeweiligen Kultur ihre Gestalt aufgibt, um dann eine neue Gestalt inmitten der Menschen anzunehmen, die noch nichts vom Sohn Gottes wissen. In jedem neuen Kontext muss die Kirche sterben, um zu leben.

Auferstehung – vorausschauen in eine neue Welt

Im Neuen Testament ist die Auferstehung sowohl ein einzigartiger Akt Gottes in der Geschichte, die Basis christlicher Hoffnung[236], als auch eine in die Welt gesandte Kraft.[237] Weil Christus auferweckt wurde, werden auch wir auferweckt werden. Und auch unser Leben hier und jetzt leben wir aus der Kraft der Auferstehung. Durch die Auferstehung ist das, was wir für Jesus tun, nicht umsonst, sondern potenziell von ewigem Wert.[238] Der Schlüsselbegriff hierfür ist „Erstlingsgabe"; er wird benutzt, um die Auferstehung und auch die Gabe des Geistes zu beschreiben.[239] Der erste Teil der Ernte des Jüngsten Tages, der verheißene neue Himmel und die neue Erde, ist hier und jetzt schon in der Welt. Gemeinden können zu Hinweisschildern für diese verheißene Zukunft Gottes werden. Sie sollen Quellen der Hoffnung, unvollkommene Pilotpflanzungen der zukünftigen Welt Gottes vor Ort sein.

[235] Siehe auch 1 Kor 11,1.
[236] 1 Kor 15,20-22.
[237] Phil 3,10.
[238] 1 Kor 15,58.
[239] 1 Kor 15,20 und Röm 8,23.

Der Geist Christi

Die Heilige Schrift und vor allem das auf Christus konzentrierte Neue Testament können als Geschenk Gottes aus der Vergangenheit betrachtet werden. Sie soll gehütet und weitergegeben werden, denn sie ist das einzige Fundament der Kirche.[240] Wenn wir aber das Handeln des Heiligen Geistes in unseren Gemeinden heute wahrnehmen, dann entdecken wir darin vielleicht auch, dass dieses kreative Werk der Versöhnung das aus der Zukunft kommende und für uns schon vorbereitete Geschenk eines missionarischen Gottes an uns ist. Denn der Geist gibt uns als Erstlingsgabe den Vorgeschmack des kommenden Reiches Gottes.[241] Der Geist gibt in und durch die Kirche einen Vorgeschmack von den Dingen, die von der Heiligen Schrift für den Tag der Wiederkunft Christi verheißen sind.[242]

Als der Heilige Geist an Pfingsten auf die Menschen niederkam, hörten Menschen vieler verschiedener Nationen das Evangelium in ihrer eigenen Sprache. Der Geist zeigt schon bei der Geburt der Kirche, wie die Kirche wachsen soll – nicht indem sie Konformismus lebt und predigt, sondern indem sie „die Botschaft in jede Sprache übersetzt". Auch in die „Sprachen der Kultur".[243]

Das Reich Gottes ist dort, wo die Blinden sehen, die Gehörlosen hören und die Lahmen vor Freude tanzen. Es ist in einer Zukunft zu finden, in der die Armen Gerechtigkeit erfahren, die Nationen in Frieden leben und alle Unterschiede von Rasse, Kultur und nationaler Identität verschwinden, weil wir erkennen, dass wir alle zu einer Familie gehören und Gott immer und

[240] 1 Kor 15,3-11.
[241] Der Geist ist die Erstlingsgabe der Ernte, die am Ende der Zeiten eingefahren wird (Röm 8,23). Der Geist ist der Unterpfand, der erste Teil dessen, was wir in der Fülle bekommen werden, wenn Christus wiederkommt (2 Kor 1,22 + 5,5; Eph 1,14). Der Geist ist das Siegel, das „den Tag der Erlösung" garantiert (2 Kor 1,21+22; Eph 1,13 + 4,30). Der Geist ist die heute wirkende Kraft der zukünftigen Zeit (Hebr 6,4 + 5; Apg 1,8; 1 Kor 4,5).
[242] Siehe: „Presence and Prophecy", Churches Together in Britain and Ireland/ Church House Publishing, 2002, S. 26.
[243] Lamin Sanneh, „Translating the Message: The Missionary Impact on Culture", Orbis, 1989.
[244] Vgl. Tom und Christine Sine, „Living on Purpose", Monarch, 2002, S. 58.

ewig loben und preisen werden.[244] Weil der Geist die Erstlingsgabe des kommenden Reiches Gottes ist, macht er es auch möglich, dass wir in dem so uneinheitlichen Leib der Kirche schon heute etwas von der Einheit dieses Reiches erfahren.[245]

Die Kirche bekommt ihre missionarische Gestalt durch die Gaben der Vergangenheit und der Zukunft. In einer Zeit des grundlegenden Wandels muss die Anglikanische Kirche vom Heiligen Geist lernen, mehr zu einem Vorgeschmack auf die Zukunft Gottes zu werden, als eine Gesellschaft zur Bewahrung des Althergebrachten zu sein. Wohl am dringendsten bräuchten wir eine „Taufe unserer Phantasie" für immer mehr neue Formen gemeindlichen Lebens.

> „Der Geist befähigt zur Treue und Stetigkeit im Blick auf den apostolischen Glauben. Zugleich aber aktualisiert und spezifiziert er diese Traditionen immer wieder neu in der Gegenwart. So kann die Wahrheit Jesu Christi in jeder Situation, in der die Kirche ihrer missionarischen Berufung nachkommt, immer wieder neu lebendig sein. Dies ist Teil des eschatologischen Auftrags des Geistes: Er soll die Kirche in ihrem missionarischen Eifer so vorwärts treiben, dass hier und jetzt schon auf immer neue Weise etwas von dem zu schmecken ist, was nach des Vaters Sehnsucht am Ende alles bestimmen wird."[246]

Christus und Kultur – Inkulturation/Kontextualisierung

Trotz der grundlegenden Arbeit, die auf dem Gebiet von „Evangelium und Kultur" in den vergangenen Jahren geleistet worden ist, hat die Anglikanische Kirche noch keine entscheidenden Schlussfolgerungen aus der kulturübergreifenden missionarischen Arbeit der Weltkirche gezogen. „Inkulturation" (der römisch-katholische Ausdruck) und „Kontextualisierung" (von vielen Evangelikalen bevorzugt) sind in der Diskussion von geringer Bedeutung gewesen, sie waren höchstens für diejenigen interessant, die ihren Dienst in Übersee antreten wollten. Dies liegt zum Teil daran, dass festgelegte Theorien über das Christentum uns die Phantasie für neue Formen von Kirche rauben.

[245] 1 Kor 12,12-13.
[246] „Eucharistic Presidency", Church House Publishing, 1997, 2.28.

1997 sprach eine Lausanner Konsultation davon, „von der Kontextualisierung als Strategie für kulturübergreifende Evangelisation wegzukommen und statt dessen über die Kontextualisierung als notwendiger Praxis für alle missionarischen Kirchen – auch im eigenen Kulturkreis – zu sprechen".[247] Dadurch wird die Tatsache anerkannt, dass keine Gesellschaft kulturneutral ist. Jede Kultur, einschließlich unserer eigenen, braucht die verändernde Herausforderung des Evangeliums. Dies ist umso wichtiger, als die verschiedenen Netzwerke in unserer nachchristlichen Konsumgesellschaft oft, kulturell gesehen, Welten darstellen, die weit voneinander entfernt sind. Unsere Gesellschaft verändert sich so schnell, dass sie zu einem neuen missionarischen Kontext wird, in dem Mitglieder der Anglikanischen Kirche missionarisches Handeln in ihrem eigenen Land als kulturübergreifend empfinden.

Jede Theologie, die sich mit dem Wesen und der Gestalt von Kirche in einem neuen missionarischen Kontext befasst, muss sich bei der Gestaltung des kirchlichen Lebens auch der Frage nach dem angemessenen Umgang mit der Kultur zuwenden.

> „Eine treue Kirche wird fortwährend durch die innere Dynamik der apostolischen Tradition und der Schrift als fundamentaler Norm geformt. Aber auch die Welt, in der sie lebt, hat Einfluss auf ihre Formung. Die notwendige Konsequenz ist ein ständiges Hören auf das Evangelium in unserem speziellen Kontext."[248]

Jeder ernsthafte Versuch der Inkulturation[249] muss begleitet sein von einem Kommunikationsprozess auf drei Ebenen. Kommunikationspartner sind erstens das historische Evangelium, ein für alle Mal offenbart in der Heiligen Schrift und zusammengefasst in den altkirchlichen Glaubensbekenntnissen; zweitens die missionarisch engagierte Kirche mit ihrem ganz eigenen kulturellen Kontext und ihrer eigenen Geschichte; und drittens die Kultur, in der das Evangelium mitgeteilt wird.[250]

247 Bericht von den Lausanner Haslev Konsultationen, „Contextualization Revisited", 1997.

248 Michael Nazir-Ali, „Future Shapes of the Church", House of Bishops paper, 2001.

249 Wir haben uns entschieden, für den Rest dieses Kapitels den Begriff „Inkulturation" verwenden.

250 Sally Gaze, „St. Paul and Inculturation", unpublished M.Phil. thesis, University of Birmingham, 1998, S. 4–13.

Alle drei Kommunikationsebenen sind nötig in einer Gemeinde, die das Evangelium im Kontext vor Ort verkörpern will.

> „Inkulturation kann nicht von einem Missionar oder Evangelisten ‚gemacht' werden, indem er die Kultur analysiert und daraufhin die christliche Botschaft in ihrem Licht neu interpretiert. Das führt höchstens zu einer oberflächlichen Anpassung des Evangeliums ‚von oben herab'. Inkulturation ist wesentlich ein Gemeinschaftsprozess ‚von unten'."[251]

Inkulturation soll dem Evangelium Raum geben, die Kultur von innen her zu verändern. Die Anglikanische Kirche kann keinen ernsthaften Versuch der Inkulturation mit einem festgelegten Bild von der äußeren Gestalt der Ortsgemeinde beginnen. In der Praxis „gibt es viele, die Bedeutung und Formen des Evangeliums immer noch in einen Topf schmeißen".[252]

> „Der Geist bringt nicht nur Leben in eine von vorneherein feststehende Struktur. Er verändert vielmehr die Gemeinschaft kontinuierlich, indem er eine Verbindung schafft zwischen ihr und Christus, zwischen den Gemeindegliedern untereinander und zwischen ihnen und der Welt außerhalb der Gemeinde. Die Wege, die er dazu geht, passen zu den sich ständig verändernden Umständen, in denen die Gemeinde lebt."[253]

Synkretismus – eine ständige Herausforderung

Alle Versuche der Inkulturation kämpfen mit der Gefahr des Synkretismus.[254] „Der Versuch ‚relevant' zu sein kann zum Synkretismus führen und umgekehrt kann die Angst vor dem Synkretismus dazu verleiten, irrelevant zu bleiben."[255] Großbritannien ist zu Beginn des dritten Jahrtausends vor allem eine Kon-

[251] A.a.O., S. 11.
[252] Bericht von den Lausanner Haslev Konsultationen, „Contextualization Revisited", 1997.
[253] „Eucharistic Presidency", Church House Publishing, 1997, 2.21.
[254] Synkretismus ist ein Prozess, in dem Elemente einer Religion oder Glaubensrichtung an die einer anderen angepasst oder mit ihr vermischt werden, so dass der fundamentale Charakter der Religion verloren geht.
[255] Lesslie Newbigin, „Foolishness to the Greeks", Eerdmans, 1997, S. 7.

sumgesellschaft. Die missionarische Herausforderung besteht darin, die Kirche in diesem Kontext zu verkörpern und gleichzeitig die vorherrschende Konsumhaltung in Frage zu stellen. Inkulturation will die Gesellschaft durch das Evangelium von innen her verändern; deshalb ist ein unterscheidbar christlicher Lebensstil in einer Konsumgesellschaft eine fundamentale Voraussetzung für die Erfüllung dieser Aufgabe. „Die meisten christlichen Gemeinschaften müssen erst einmal überhaupt begreifen, dass der Konsumismus eine tägliche Herausforderung darstellt."[256]

Gefordert ist hier vor allen Dingen die Bereitschaft „zu sterben, um zu leben". Wenn man sich dazu verpflichtet, die eigenen Vorlieben abzulegen, der anderen Kultur Priorität im eigenen Leben einzuräumen und mit den darin lebenden Menschen zusammenzuarbeiten, um herauszufinden, wie ein gemeinsames Leben in Christus aussehen kann, dann ist dies das Gegenteil von einem egozentrischen Konsumismus. Unter der Herrschaft Jesu Christi zu leben bedeutet, unsere Wahlmöglichkeiten seinem Willen unterzuordnen und nach dem zu suchen, was dem anderen dient.[257]

Diesen Prozess müssen alle neuen Gemeindepflanzungs-Initiativen durchmachen, ganz gleich ob die kulturellen Unterschiede klein oder groß sind. Die von Paulus in 1 Kor 9 beschriebene Strategie macht dies deutlich. Obwohl er in der jüdischen Kultur zu Hause war, lautete seine Devise „den Juden wie ein Jude zu werden". Seine neue Identität findet er im Messias, was eine Distanz zwischen ihm und seinem früheren Lebensstil schafft und ihn gleichzeitig frei dafür macht, sich in andere Kulturen hineinzubegeben und sie wertzuschätzen. In seinem Dienst an „denen, die ohne Gesetz sind", wird er wie „einer ohne Gesetz" (aber „unter dem Gesetz Christi"). Dies alles tut er „um des Evangeliums willen"[258], das er empfangen hat und das er – unverändert – weitergeben muss.[259]

Eine Beispielgeschichte

Vincent Donovan war ein katholischer Missionar aus Amerika, der in den 1960er Jahren unter den Massai, dem noblen

[256] David Lyon, „Jesus in Disneyland", Polity Press, 2000. S. 145.
[257] 1 Kor 10,24+31.
[258] 1 Kor 9,19-23.
[259] 1 Kor 9,16 + 15,3ff.

Nomadenvolk in Ostafrika, arbeitete. Keiner hatte bis dahin Erfolg gehabt mit der Evangelisierung dieses Volkes. Sie wollten nicht zur Missionsstation kommen und dort bleiben. Weder die Schule noch die Gesundheitsstation zogen sie an. So beschloss Donovan, dass er dann wohl zu ihnen gehen müsse und zwar zu ihren Bedingungen. Sein Buch „Christianity Rediscovered" erzählt von seinen Kämpfen bei der Entdeckung, dass er sowohl der Lehre und den Schriften treu bleiben wollte als auch die Worte des Evangeliums neu formulieren musste, um mit den Massai in ihrer Kultur darüber reden zu können.

Es gab Gruppen, die sich – normalerweise nach einem gemeinsam gefassten Beschluss – dazu entschlossen, Jesus nachzufolgen. Aber auch bei ihnen blieb die Frage, welche Gestalt sie ihrer Gemeinde geben wollten. Sie wussten aus der Bibel, dass sie Gemeinde in ihrer Kultur formen durften, ja dass sie sogar entscheiden konnten, welches Wort sie für Gemeinde und Kirche verwenden wollten. Sie mussten ihren eigenen Weg finden und dem Heiligen Geist vertrauen, der unter ihnen sein Werk tun würde. Donovan war in diesem Prozess nur Berater und nicht Leiter.

Es gab schwierige kulturelle Herausforderungen. Ein zentrales Beispiel ist, dass Männer und Frauen bei den Massai niemals gemeinsam ihre Mahlzeiten einnehmen. Das Abendmahl löste deshalb sehr grundlegende Diskussionen aus. Aber die bekehrten Massai hatten verstanden, dass die Veränderung ihrer Glaubenshaltungen einschloss, dass Jesus verschiedene Menschen miteinander vereint, weil sie alle gleich geliebt sind. Ihr Verhaltenskodex musste sich deshalb an dieser Stelle ändern. Also aßen die Massai-Männer und -Frauen der „Bruderschaft Gottes" (das war ihre Bezeichnung für Gemeinde) das allererste Mal miteinander. Dies konnte nur geschehen, weil sie es selbst so beschlossen hatten. Das Leben und die Regeln der neu entstehenden Gemeinde nahmen Form an, weil man die kreative apostolische Aufgabe akzeptierte, gleichzeitig auf das Evangelium und auf die Kultur zu hören.

Vincent Donovan meinte, dass dieser Prozess der Inkulturation einen Hinweis auf die Zukunft Gottes schaffen konnte. Sein Kommentar bei einem Treffen mit westlichen Jugendlichen war:

„Versucht nicht, sie dorthin zurückzubringen, wo sie herkommen, und versucht auch nicht, sie dorthin zu holen, wo ihr seid, so schön ihr es auch bei euch finden mögt. Ihr müsst den Mut haben, euch mit ihnen gemeinsam zu einem Ort aufzumachen, den weder ihr noch sie jemals gesehen haben."[260]

Kirche soll „sich mehren"

Die Theologie der Inkulturation bedient sich der botanischen Bilder vom Säen und Ernten. Besonders betont wird immer wieder, dass der Same in die Erde fallen und sterben muss, sonst bleibt er allein. Dahinter steht der Grundsatz, dass Kirche die Gemeinschaft Gottes ist und von Gott das Mandat bekommt zu wachsen. Sie soll sich durch die Kraft des Heiligen Geistes vermehren und die ganze Schöpfung durchdringen.[261] Jegliche missionarische Ekklesiologie muss sich mit dieser zentralen Dimension befassen. Jede Gemeinde ist von Gott geschaffen, damit sie wächst.

> „Wir behaupten nicht, dass Wachstum der natürliche Zustand jeder Ortsgemeinde ist. Wir behaupten aber, dass Wachstum in normalen Zeiten der Normalfall für die Kirche einer Nation ist, wenn sie am Glauben festhält und mit der sie umgebenden Kultur Schritt hält."[262]

Die Genese der Kirche

Die Menschen wurden geschaffen, um als Gemeinschaft in ungebrochener Beziehung zu Gott zu leben. Sie bekamen den Auftrag, die Erde gerecht zu verwalten. Von Anfang an sollten sie sich in Erfüllung der göttlichen Absichten biologisch vermehren (Gen 1,28). Jesus, der Herr der Kirche, wird im Neuen Testa-

[260] Vincent Donovan, Vorwort zur 2. Auflage von „Christianity Rediscovered", SCM Press, 2001.
[261] Eph 1,23.
[262] Bob Jackson, „Hope for the Church", Church House Publishing, 2002, S. 31.
[263] Gen 22,17.

ment der „neue Adam“ genannt. Die Kirche soll ein neue Menschheit darstellen, sie soll sich durch Mission vermehren und so die Erde bevölkern.

Die Herausforderung des Bundes

Der Bund Gottes mit Abraham konzentriert Gottes Absichten für die Menschheit auf die Zukunft einer Familie. Sie sollte sich vermehren und so zahlreich werden wie „die Sterne am Himmel und (der) Sand am Ufer des Meeres“.[263] Aber diese Gemeinschaft existierte nicht um ihrer selbst willen. Durch sie sollten „alle Geschlechter auf Erden“ gesegnet werden.[264] In Joh 8 und Gal 3 werden die Nachfolger Jesu als die wahren Kinder Abrahams bezeichnet, als die Erfüllung der Verheißungen aus dem 1. Buch Mose.

> „Die Kirche ist das Pilgervolk Gottes. Sie ist auf dem Weg, eilt zu allen Enden der Erde, um die Menschen mit Gott zu versöhnen, und eilt an das Ende der Zeit, um ihrem Gott zu begegnen, der uns alle miteinander vereinen wird. Deshalb ist das Wesen der Kirche nicht statisch, sondern muss von ihrem Ziel her verstanden werden, auf das sie zuläuft. Nur wer die Kirche gleichzeitig aus missionarischer und eschatologischer Sicht betrachtet, kann sie richtig verstehen.“[265]

Von den Vätergeschichten bis hin zur Eroberung des gelobten Landes wurde das Volk Gottes im Alten Testament als Pilgervolk gesehen, als Menschen, die ständig auf dem Weg sind und für die ein Zelt das Zeichen für die göttliche Gegenwart war. Erst nach der Inbesitznahme des Landes änderte sich dies: der Tempel als ortsfestes Gebäude wurde zum Zeichen der Gegenwart Gottes. Nach der Zerstörung des ersten Tempels folgt eine Zeit des Exils. Post-christliches Leben weist durchaus Parallelen auf zu diesem Leben im Exil.[266] Jesus Christus steht sowohl für das Zelt als auch für den Tempel; vielleicht passt aber das Bild vom Zelt wesentlich besser zu unserer Zeit.

[264] Gen 12,3.
[265] Lesslie Newbigin, „The Household of God“, SCM Press, 1953, S. 25.
[266] Gedanken, die im Werk von Walter Brueggemann zu finden sind.

Jesus, die Kirche und das Reich Gottes

Die Kirche ist Zeichen und Enthüllung des Reiches Gottes. Die klar definierten Qualitäten dieses Reiches sind: das Überwinden sozialer Grenzen, die Hoffnung für die Armen, die Botschaft, dass Gott in Christus alle Menschen willkommen heißt. Ebenso wird das Reich als etwas beschrieben, das wächst. Besonders in den Gleichnissen zum Reich Gottes finden wir diesen Gedanken des Wachsens. Nach Joh 15 erfüllen Jesus und die Jünger die alttestamentliche Vorstellung vom Volk Gottes als einem Weinstock. In Christus bleiben bedeutet Frucht bringen zum Ruhme Gottes, des Vaters. Ein Baum trägt Früchte, um sich zu vermehren. Genauso verhält es sich mit Christus und der Kirche.

Die Geschichte der jungen Kirche – Apostelgeschichte und Briefe

Die Apostelgeschichte ist nicht einfach die Geschichte der ersten Missionsreisen. Genauer betrachtet geht es um die Geschichte des Wachstums der Kirche. Es geht um den Prozess der Pflanzung neuer Gemeinden. Nach Antiochien (Apg 13) wird die „Gemeindepflanzung“ zur allgemein üblichen Vorgehensweise; neue, aus Juden und Heiden bestehende Gemeinden werden gegründet. Ursache dafür ist die vom Heiligen Geist geschenkte Vision des Petrus (Apg 10) und die Berufung des Paulus (Apg 9). Aber die Vision zu wachsen und sich zu vermehren finden wir schon im Missionsbefehl in Mt 28[267] und auch in Jesu Verheißung des Heiligen Geistes, die Lukas in Apg 1 beschreibt (Apg 1,8)[268]. Beide Textstellen geben vor, dass Kirche durch das Zeugnis von Jüngern wachsen soll, und zwar aus

[267] „Und als sie ihn sahen, fielen sie vor ihm nieder; einige aber zweifelten. Und Jesus trat herzu und sprach zu ihnen: ‚Mir ist gegeben alle Gewalt im Himmel und auf Erden. Darum geht hin und machet zu Jüngern alle Völker: Taufet sie auf den Namen des Vaters und des Sohnes und des heiligen Geistes und lehret sie halten alles, was ich euch befohlen habe. Und siehe, ich bin bei euch alle Tage bis an der Welt Ende.‘“ (Mt 28, 17-20, „Die Bibel“ nach der Übersetzung Martin Luthers, Deutsche Bibelgesellschaft, Stuttgart, 1985.)

[268] „... ihr werdet die Kraft des heiligen Geistes empfangen, der auf euch kommen wird und werdet meine Zeugen sein ...“ (Apg 1,8, „Die Bibel“ nach der Übersetzung Martin Luthers, Deutsche Bibelgesellschaft, Stuttgart, 1985.)

und in so vielen ethnischen Gruppen, wie sie in der Welt zu finden sind.[269]

In Röm 15,23 erklärt Paulus, warum er von einem Ort zum nächsten weiterzieht. Er sagt: „Nun aber habe ich keine Aufgabe mehr in diesen Ländern, ...“ und „... durch Wort und Werk, in der Kraft von Zeichen und Wundern und in der Kraft des Geistes Gottes ... (habe ich) das Evangelium von Christus voll ausgerichtet“ (V. 18f).

> „Was genau hat Paulus getan? Er hat sicherlich nicht die gesamte Bevölkerung dieser Regionen bekehrt. Er hat sicherlich nicht all ihre sozialen und wirtschaftlichen Probleme gelöst. Er hat, mit seinen eigenen Worten gesprochen, ‚das Evangelium voll ausgerichtet' und Gemeinden hinterlassen, in denen Männer und Frauen an das Evangelium glauben und ihr Leben nach ihm ausrichten.“[270]

Im Zentrum der paulinischen Mission steht die Pflanzung von Gemeinden.

In Eph 4 werden von Christus gestiftete Aufgaben und Dienste aufgezählt: Apostel, Propheten, Evangelisten, Hirten und Lehrer. Aufgabe der Apostel ist es – wenn auch sicherlich nur unter anderem – Gemeinden zu pflanzen. Wenn eine Gemeinde gepflanzt ist, kommen all die apostolischen, prophetischen und evangelistischen Aufgaben und Dienste zum Tragen, die durch die Hirten und Lehrer in der Gemeinde entdeckt werden und in Christus zur Reife kommen.

Die Geschichte der jungen Kirche und die Dynamik ihrer Geburt legen Zeugnis ab von einer Kirche, die geboren wird, um „sich zu mehren“. Mit dem Pflanzen einer Gemeinde ist es nicht getan, vielmehr soll die Mission Gottes vorangetrieben werden.

[269] Auch schon vor Antiochien wuchs die Kirche und baute sich auf: „So hatte nun die Gemeinde Frieden in ganz Judäa und Galiläa und Samarien und baute sich auf und lebte in der Furcht des Herrn und mehrte sich unter dem Beistand des heiligen Geistes.“ (Apg 9,31, „Die Bibel“ nach der Übersetzung Martin Luthers, Deutsche Bibelgesellschaft, Stuttgart, 1985.)

[270] Lesslie Newbigin, „The Gospel in a Pluralist Society“, SPCK, 1989, S. 121.

Kirche als „sich vermehrende Gemeinschaft“ zu sehen, hilft uns dabei zu erkennen, dass ihre Aufgabe zwangsläufig in keiner Generation vollständig erfüllt werden kann. Mission und Pflanzen werden erst im Himmel ihr Ende finden. Wachstum durch Reproduktion ist ja notwendig, um die Erde zu füllen.

Die Kirche ist auch dazu berufen, ein Vorgeschmack auf das kommende Reich Gottes zu sein. Sie soll – wenn auch sicher auf unvollkommene Weise – die zukünftige Welt Gottes vorwegnehmen und nicht vergangene kulturelle Formen erhalten.

> „Die Kirche verweist nicht nur auf eine Realität jenseits ihrer selbst. Aufgrund ihrer Teilhabe am Leben Gottes ist sie nicht nur Zeichen und Werkzeug, sondern wahrhaftiger Vorgeschmack auf das Reich Gottes. Sie ist dazu berufen, mitten in der Geschichte sichtbar zu machen, was Gott letztendlich mit den Menschen vorhat.“[271]

Also wird die Kirche immer unvollkommen bleiben. Zu jeder Zeit in der Geschichte zeigt sich unvermeidlich ihre Schwachheit und Sünde. Diese Tatsache ist nicht einfach mit einer Entschuldigung aus der Welt zu schaffen! Und doch ist die Kirche durch die Gnade Gottes der Ort, an dem Vergebung und die Kraft zu einer Veränderung des Lebens sichtbar und erfahrbar werden.

Die vier Kennzeichen der Kirche

Im Nizänischen Glaubensbekenntnis wird Kirche als die „eine, heilige, katholische und apostolische Kirche“ bezeichnet. Diese vier klassischen Kennzeichen erinnern immer wieder an das wahre Wesen und die Berufung der Kirche. Gleichzeitig sind sie Aufruf zur Buße, denn alle vier Wesensmerkmale spiegeln auch die missionarische Berufung der Kirche wider.

[271] „Eucharistic Presidency“, Church House Publishing, 1997, 2.12.

Die Kirche ist EINE

Die Kirche ist „eine“ durch die Taufe, die im missionarischen Kontext eine zentrale Rolle spielt. Mission schafft Einheit inmitten einer Vielfalt von Kulturen. „Darum gehet hin und machet zu Jüngern alle Völker: Taufet sie auf den Namen des Vaters und des Sohnes und des heiligen Geistes ...“[272]

Reproduktion, Vermehrung ist nicht das Gleiche wie Klonen. Sie ist nicht gleichbedeutend mit „noch mehr von demselben“. Sie schließt vielmehr die phantasievolle Fähigkeit ein, in verschiedenen Kulturen eine Vielzahl angemessener Formen entstehen zu lassen. Auch hier kann wieder die Dreifaltigkeit als lebendiges Beispiel für eine Einheit in der Verschiedenheit dienen.

Die Verschiedenheit in der Einheit des einen Gottes kann uns auch als Vorbild für die Beziehung zwischen den verschiedenen Gemeinden dienen. Neue Ausdrucksformen gemeindlichen Lebens und traditionelle Formen sollten sich gegenseitig bereichern, denn dies ist besonders in einer vielschichtigen Netzwerkgesellschaft wichtig.

Dass die drei Personen der Trinitiät wechselseitig aufeinander bezogen sind und sich gegenseitig durchdringen, wird in der Theologie mit dem griechischen Begriff der *Perichorese* bezeichnet.

> „Die drei Personen der Trinität in ihrer perichoretischen Verbindung leben nicht nur in einer Haltung der liebevollen Zuwendung zueinander, sondern machen sich durch ihre lebendige Beziehung gegenseitig zu dem, was sie sind.“[273]

Keine christliche Gruppe hat das Recht zu denken: „Wir existieren nur durch uns und für uns“. Das gilt auch für neu entstehende und für überlieferte Formen von Gemeinde. Das Verständnis des „Einsseins“ ist an dieser Stelle eng mit der „Katholizität“ der Kirche verknüpft.

Die Kirche ist HEILIG

Die Kirche ist heilig, weil sie für Gott und für die missionarischen Absichten Gottes in der Geschichte ausgesondert wurde. „Ihr aber seid das auserwählte Geschlecht, die königliche Pries-

[272] Mt 28,19.
[273] Robin Greenwood, „Practising Community“, SPCK, 1989, S. 121.

terschaft, das heilige Volk, das Volk des Eigentums, dass ihr verkündigen sollt die Wohltaten dessen, der euch berufen hat von der Finsternis zu seinem wunderbaren Licht."[274] Eine Kirche, die sich bewusst abhebt, ja sogar abtrennt, sich aber nicht an der Mission ihres Herrn beteiligt, kann nicht beanspruchen, heilig zu sein.

Heiligkeit als Aussonderung, um den Absichten Gottes Genüge zu tun, ist gleichzeitig ein Aufruf zu einem erkennbar heiligen Leben. Das Herzstück einer solchen Heiligkeit ist die Bereitschaft, auf den eigenen Komfort und die eigenen Vorlieben zu verzichten zugunsten des Willens Gottes. Eine heilige Kirche wird der eigenen Kultur absterben, um für Gott in einer anderen Kultur lebendig zu werden.

Die Kirche ist KATHOLISCH

„Das Wort ‚katholisch' meint das, was mit Gesamtheit übereinstimmt."[275]

Der Begriff „katholisch" weist nicht etwa auf eine globale oder nationale Uniformität hin. Vielmehr wird dazu eingeladen, Vielfalt unter einem Dach zu leben. Kirche ist nur dann wirklich katholisch, wenn sie aus „allen Stämmen und Sprachen und Völkern und Nationen"[276] zusammengesetzt ist.

> „‚Katholizität' weist auf die universale Reichweite der Kirche als von Gott eingesetzter Gesellschaft hin, in der Menschen aller Arten und Lebensumstände, aller Rassen, Nationen und Kulturen willkommen sind und ein Zuhause finden. Katholisch sein heißt deshalb, dass die Kirche die Fähigkeit hat, verschiedene Formen des Glaubens und des Gebetes in sich zu vereinen. Diese Vielfalt nimmt Gestalt an durch die ‚Inkarnation' der christlichen Wahrheit in vielen verschiedenen kulturellen Formen, die dadurch sowohl kritisch hinterfragt als auch bestätigt werden. Kirche, die katholisch ist, hat ein Mandat zu kultureller Gastfreundschaft."[277]

[274] 1 Petr 2,9.
[275] Stephen Cottrell, „Sacrament, Wholeness und Evangelism", Grove Evangelism 33, 1999, S. 9.
[276] Offb 5,9 + 7,9 + 13,7 + 14,6.
[277] Paul Avis, „The Anglican Understanding of the Church", SPCK, 2000, S. 65.

Insofern stellt das Merkmal der Katholizität die Ortsgemeinde oder Kirchen vor die Herausforderung, ihr missionarisches Handeln auf die Vielfalt auszurichten. Es ist eine Einladung zum Pflanzen neuer Gemeinden und zu neuen Ausdrucksformen gemeindlichen Lebens.

„Die Ortsgemeinde soll stets danach trachten, inklusiv und nicht exklusiv zu wirken: Unbewusst werden große Teile der Menschheit ausgeschlossen, weil die Gemeinden nicht dafür sorgen, dass sie ihren ‚Platz' finden, ohne automatisch ihre Kultur, ihre Musik, ihre Art zu reden oder ihre Fähigkeit, mit Texten und Konzepten umzugehen, hinter sich zu lassen."[278]

Katholisch zu sein heißt aber auch, dass es Grenzen in der Vielfalt gibt. Das Evangelium hat sicherlich viele Gewänder, aber es gibt nur ein Evangelium. Christus war und ist für alle Menschen da, zu allen Zeiten und an allen Orten. Aber es ist nur der in den Schriften offenbarte Christus, der auch die Macht hat, uns zu erlösen.

Wenn wir Katholizität als Einladung zu kultureller Gastfreundschaft verstehen, dann muss effektives missionarisches Handeln von Christen automatisch die Themen von Einheit und Versöhnung im Blick haben. Im Neuen Testament führte die Heidenmission (die Verkündigung des Evangeliums unter Menschen, die „nicht sind wie wir") zu der notwendigen Vielfalt in den urchristlichen Gemeinden, aber auch zu Konflikten, die zur Versöhnung herausforderten.

Wahrhaftige Einheit und Versöhnung unter Christen macht die Kirche reich. Dies kann aber nur geschehen, wenn man neuen Gemeindepflanzungen und Ausdrucksformen gemeindlichen Lebens die Zeit lässt, die eigene Identität zu finden und zu stabilisieren. Dann können sich zwei Gemeinden gegenseitig als erwachsene Gegenüber bereichern. Die Alternative ist eine Absorption.

Sterben, um zu leben geschieht hier auf zwei Ebenen: Zum Einen sind die ausgesandten „Missionare" bereit, ihre eigenen, von ihnen bevorzugten Formen hinter sich zu lassen; zum Anderen ist die „Muttergemeinde" entschlossen, der neu entstehenden Gemeinde nicht ihre eigene Kultur aufzuzwingen, sondern ihr Zeit zum Wachsen und Reifen zu geben und dann offen zu sein für eine gegenseitige Bereicherung.

[278] Robin Greenwood, „Practising Community", SPCK, 1996, S. 27f.

Die Kirche ist APOSTOLISCH

Nur weil sie apostolisch ist, kann Kirche auch zur Einheit und Katholizität finden, denn die Apostolizität stellt sicher, dass aus Inkulturation nicht Synkretismus wird.

„Die Apostolizität ist die Verbindung zwischen der ursprünglichen Botschaft und Mission, mit der Jesus die ersten Apostel beauftragte, und den Herausforderungen der Kirche in der heutigen Zeit. Durch sie wird sozusagen die dynamische Kontinuität und geistliche Treue der Kirche in der Mission gewährleistet.“[279]

Gleichzeitig ist dies der Faktor, der die Kirche ununterbrochen dazu drängt, Kultur und Evangelium miteinander in Beziehung zu bringen. Die Kirche wird mit einer Botschaft in die Welt gesandt, die sie „leben“ und mitteilen soll. „Apostolizität verlangt Gehorsam gegenüber dem ursprünglichen und fundamentalen apostolischen Zeugnis. Freilich bedeutet das gerade, dieses Zeugnis immer wieder neu zu interpretieren, um jeder neuen Situation gerecht zu werden.“[280]

Wenn sie wahrhaft christlich sein will, muss die Kirche dem apostolischen Wesen Christi immer wieder neu Gestalt geben. Beides umfasst recht verstandene Apostolizität: eine Richtung für die Zukunft und ein autorisiertes Zeugnis aus der Vergangenheit. Was also ist eine „apostolische Kirche“? Sie ist darin apostolisch, dass sie von Jesus ausgesandt ist: „... so sende ich euch“. Und sie ist apostolisch, weil Jesus der Erste war, der apostolisch genannt werden konnte: „Wie mich der Vater gesandt hat ...“.[281] „In Christus war Gott sein eigener Apostel.“[282]

Ein gesundes Modell?

Die Beschäftigung mit den vier Kennzeichen der Kirche darf nicht zu komplex sein, sonst entgeht Gemeindeleitern unter Umständen, wie wichtig sie sind. Wir brauchen Arbeitsformen,

[279] Paul Avis, „Church, State and Establishment“, SPCK, 2001, S. 2.
[280] Zitiert von A. M. Hunter, „P. T. Forsyth Per Crucem ad Lucem“ SCM Press, 1974
[281] Joh 20,21.
[282] Zitiert von A. M. Hunter, „P. T. Forsyth Per Crucem ad Lucem“, SCM Press, 1974.

um mit den vier Merkmalen umgehen zu lernen: Sie können uns anleiten zu einem gesunden Wachstum der Gemeinden und zur geistlichen Überprüfung unseres Handelns. Vielleicht kann es uns helfen, die vier Merkmale als vier Dimensionen einer Reise zu verstehen, die notwendigerweise aufeinander bezogen sind, so dass keine Dimension fehlen dürfte:

Erste Dimension unserer Reise als Gemeinde: nach **OBEN**. Der erste Blick geht nach **OBEN** – eine Reise zu Gott im Gebet. Es ist wichtig, Gott zu suchen und nach seiner Heiligkeit zu streben. Ziel ist eine allmähliche Veränderung, und ohne diese Transformation handelt es sich bei allem Tun nur um liturgische Spielchen oder charismatische Streicheleinheiten. Dann bleiben unser Gottesdienst und unser Zeugnis hohl. Mit dem Blick nach **OBEN** zeigt sich die Kirche in ihrem Streben, ***heilig*** zu sein.

Zweite Dimension unserer Reise als Gemeinde: nach **INNEN**. Das Einssein der Trinität und des Leibes Christi kommt in der Praxis durch Beziehungen zum Ausdruck. Durch ihre immerwährende Liebe zeigen die drei Personen der Trinität, wie in Einheit gelebte Vielfalt aussehen kann und soll. Wenn diese Liebe nicht die Basis für die Einheit in der Gemeinde bildet, dann werden unsere kirchlichen Zusammenkünfte, ganz gleich wie groß oder altehrwürdig sie auch sein mögen, nur kraft menschlicher Organisation zusammengehalten – und das ist ein höchst künstlicher Klebstoff! Der Blick nach **INNEN** stellt uns die Kirche in ihrem Streben nach ***Einheit*** vor Augen.

Dritte Dimension unserer Reise als Gemeinde: Zum Wesen der Kirche gehört auch ihre Sendung nach **AUSSEN**. Hier sollen die fünf Merkmale von Mission[283] vollständig in die Tat umgesetzt werden.[284] Die Reise nach außen ist die Erfüllung unserer apostolischen Berufung. Es ist nichts anderes als Nachfolge Jesu, des Apostels. Ohne diese Ausrichtung läuft die Kirche nicht

[283] Die fünf Merkmale von Mission wurden in den Dokumenten des Anglican Consultative Council (ACC 6; 8) formuliert und von der Lambeth Conference übernommen. Siehe „The Truth Shall Make You Free", Bericht der Lambeth Conference, 1988.

[284] Anmerkung des Herausgebers: *Die ersten vier Kennzeichen von Mission wurden bereits 1984 festgehalten, das fünfte dann 1990 ergänzt. Als die Dekade der Evangelisation in England gestartet wurde, hat sich die Lambeth-Konferenz diese fünf Merkmale – leicht umformuliert – zueigen gemacht. Mission schließt demnach ein …*

(1) … die gute Nachricht vom Reich Gottes zu proklamieren;

(2) … zu predigen, zu taufen und neue Gläubige zu unterweisen;

nur Gefahr, sich nur noch selbst zu bespiegeln und sowohl unbeweglich als auch selbstzufrieden zu werden. Vielmehr betritt sie gefährliches Gelände: Sie wird der Berufung ihres missionarischen Gottes ungehorsam. In der Ausrichtung nach **AUSSEN** hält die Kirche das ***apostolische*** Element wach.

Vierte Dimension unserer Reise als Gemeinde: Wir sind als Kirche zu einer gemeinsamen Reise berufen, die ein **WOHER** kennt. Keiner existiert für sich oder durch sich allein. Jeder kommt irgendwo her, war Teil der Kirche als Gesamtheit und ist aufgerufen, zu anderen in Beziehung zu treten. Das verbindet die Ortsgemeinde mit der gesamten Kirche. Das gemeinsame **WOHER** bekräftigt feierlich die Verbindung zwischen der (irdischen, also:) streitenden und der (vollendeten, also:) triumphierenden Kirche. Wir haben eine Geschichte, auf die wir – zum Teil – stolz sein und aus der wir lernen können. Die streitende und die triumphierende Kirche sind unlösbar miteinander verbunden, sie teilen ein gemeinsames **WOHER**. Und die Kirche will dieser Tatsache auch Ausdruck verleihen, das ist ihr ***katholischer*** Charakter.

Anglikanische Lehre von der Kirche und „neue Ausdrucksformen gemeindlichen Lebens"

Keiner der gerade genannten Gedanken ist der anglikanischen Theologie fremd. Die Anglikanische Kirche sieht sich als „Teil der einen, heiligen, katholischen und apostolischen Kirche". Sie beansprucht für sich, zu den Hauptströmungen des Christentums zu gehören. Sie teilt die altkirchlichen Glaubensbekenntnisse mit allen Kirchen, die sich zum dreieinigen Gott bekennen. Viele der bisher zitierten Autoren sind Anglikaner. Neben all diesen Gemeinsamkeiten hat der Anglikanismus im Kontext der christlichen Kirchen aber auch noch ein eigenständiges Zeugnis abzulegen und vertritt eine besondere Tradition.

(3) ... auf menschliche Nöte mit liebevollem Dienst zu reagieren;
(4) ... bestrebt zu sein, ungerechte Strukturen in der Gesellschaft zu transformieren;
(5) ... sich zu bemühen, die Unversehrtheit der Schöpfung zu beschützen und das Leben auf der Erde zu stützen und zu erneuern.

Eine der Besonderheiten des Anglikanismus hinsichtlich der Kirche ist der Einsatz für eine dynamische theologische Durchdringung und praktische Gestaltung der Kirche: Es gibt keine unverrückbare Lehre von der Kirche, sondern einen ständigen theologischen Entwicklungsprozess des kirchlichen Lebens.[285]

Das Ordinationsgelöbnis[286]

Jeder Gemeindeleiter einer anglikanischen Gemeinde, ganz gleich, welche Ausdrucksform sie hat, sollte das Ordinationsgelöbnis[287] mit gutem Gewissen ablegen können. Die Treue zum geschichtlich gewachsenen christlichen Glauben, so wie ihn die Anglikanische Kirche empfangen hat, ist wichtiger als jegliche besondere kulturelle Ausdrucksform des anglikanischen Glaubens. Die Herausforderung besteht in der Tat darin, dass die

[285] Daniel Hardy, „Finding the Church", SCM Press, 2001, S. 238.

[286] Anmerkung des Herausgebers: *Die „Declaration of Assent" wird sowohl bei der Ordination gesprochen als auch in jedem Fall, wenn ein Pfarrer in eine neue Aufgabe eingeführt wird, für die er die „Lizenz" des Bischofs bekommt (zum Predigen, Verwalten der Sakramente, für die Amtshandlungen usw.). In deutscher Terminologie wird das Versprechen also bei Ordination und Installation abgegeben. Der Kernsatz der bischöflichen Anrede lautet: „Receive the cure of souls, which is both mine and yours" = „Empfange das Hirtenamt, das sowohl meines als auch deines ist". Vgl. auch Anm. 287 mit weiteren Erklärungen.*

[287] Das Ordinationsgelöbnis wird von allen anglikanischen Geistlichen bei ihrer Ordination abgelegt: „Ich ... bekenne und bekräftige meinen Glauben an das Bekenntnis, das in den Heiligen Schriften offenbart wurde, weiter bezeugt ist von den altkirchlichen Bekenntnissen, und das die historischen Formulierungen der Anglikanischen Kirche bezeugen ..." („Book of Common Worship", Church House Publishing, 2000, S. xi). Anmerkung des Herausgebers auf Grund einer Auskunft von Klaus Teschner und John Finney: *An sich verpflichtet die Declaration of Assent = Ordinationsgelöbnis nur auf die Heilige Schrift und die altkirchlichen Bekenntnisse. Daraus leitete das Chicago-Lambeth Quadrilateral von 1888 die vier anglikanischen Grundüberzeugungen ab: Heilige Schrift, altkirchliche Bekenntnisse, die beiden vom Herrn selbst eingesetzten Sakramente Taufe und Abendmahl sowie das Bischofsamt. Zu den historischen Formulierungen der Anglikanischen Kirche zählen aber auch die „39 Artikel" (etwa mit ihrer Verdammung der römischen Messe). Darum heißt es: Die Herausforderung bestehe darin, dass die Kirche „diesen Glauben ... in jeder Generation neu verkündigen soll". Die „39 Artikel" haben demnach nicht dieselbe Qualität wie die altkirchlichen Bekenntnisse.*

Kirche „diesen Glauben ... in jeder Generation neu verkündigen soll“.

In einer Zeit der kulturellen Stabilität geht es dabei hauptsächlich um ein Verwalten des Glaubens und der Praktiken der Vergangenheit. Will man aber diesen Glauben in Zeiten großer kultureller Veränderungen „neu verkündigen“, dann sind ein Umdenken und eine – unter Umständen sogar radikale – Veränderung der kirchlichen Formen notwendig, so wie es in diesem Bericht beschrieben wird.

> „Wer den Glauben ‚neu verkündigen’ will, kann sich nicht damit begnügen, einer neuen Generation genau das Gleiche zu sagen wie schon den vorangegangenen Generationen, um sie so in Gemeinden zu locken, die noch durch die Moderne und das zu Ende gehende christliche Zeitalter geprägt sind.“[288]

Die vierteilige Formel von Lambeth (Lambeth Quadrilateral)[289]

Als Teil einer weltweiten Kirche zieht es der Anglikanismus vor, die Einheit innerhalb einer tolerierten Vielfalt zu suchen. Diese Praxis der Anglikanischen Kirchengemeinschaft ist hilfreich, und kontextbezogene kulturelle Verschiedenheit in den verschiedenen Regionen ist erwünscht. Gleichzeitig könnte im Blick auf das Gefühl für lockere Gemeinsamkeiten ein beratendes Gremium, welches nicht zuletzt auf den Beziehungen zwischen den Bischöfen beruht, eine erhöhte Bedeutung (nicht nur im Außenverhältnis, sondern gerade auch innerhalb der Anglikanischen Kirche) beanspruchen. Auch die von der Lambeth Konferenz in Chicago 1888 eingeführten vier Säulen des anglikanischen Glaubens – die Heilige Schrift, die Glaubensbekenntnisse, die von Christus selbst eingesetzten Sakramente der Taufe und des Abendmahls und das historische Episkopat in apostolischer Sukzession – bieten eine ähnliche Messlatte für ein einheitliches Verständnis von Kirche. Über die Heilige Schrift

288 Graham Cray, „Youth Congregations and Emerging Church”, Grove Evangelism 57, 2002, S. 13.

289 Anmerkung der Übersetzerin: *Das Lambeth Quadrilateral stammt aus dem Jahr 1888 und ist eine zusammenfassende Aussage über die anglikanischen Minimalvoraussetzungen für die christliche Einheit. Vgl. Anm. 287.*

und die Glaubensbekenntnisse haben wir bereits gesprochen, aber auch die Sakramente und das Episkopat sind von Bedeutung.

Die Sakramente Taufe und Abendmahl

Die Sakramente der Taufe und des Abendmahls „besiegeln den neuen Bund". „Ein Sakrament soll Hingabe und Beziehung wecken."[290] Eine missionarische Initiative, die keine autorisierte Tauf- und Abendmahlspraxis vorweisen kann, ist nach anglikanischem Verständnis noch nicht als „Gemeinde" zu bezeichnen.

Gemeinden sind Abendmahlsgemeinschaften, und zwar unabhängig von kirchlicher Tradition oder Häufigkeit der Abendmahlsfeiern. Das Abendmahl ist ein Herzstück christlichen Lebens. Im Vollzug des Gottesdienstes (einschließlich des Dienstes am Wort) wird das Zentrum des biblischen Evangeliums jedes Mal neu erzählt und dargestellt. Sicherlich mag es bei der Entstehung von neuen Ausdrucksformen gemeindlichen Lebens zu praktischen Schwierigkeiten hinsichtlich des ordinierten Amtes der Kirche kommen. Trotzdem gilt: Wenn neu entstandene Gemeinden Bestand haben wollen, müssen sie miteinander Abendmahl feiern.

Das Episkopat in apostolischer Sukzession

Die Rolle des Bischofs in der Mission wurde auf der Lambeth-Konferenz von 1998 gründlich diskutiert.[291] Wir werden uns in Kapitel 7 genauer mit diesem Thema befassen: „Rechtliche Rahmenbedingungen für die Entwicklung missionarischer Gemeinden".

Die Rolle des Bischofs als Missionar, als Wächter über den Zusammenhalt und Hüter des Glaubens verhilft ihm konse-

[290] Stephen Cottrell, „Parable and Encounter: Celebrating the Eucharist Today", in: Pete Ward (Hg.) „Mass Culture", Bible Reading Fellowship, 1999, S. 58.

[291] Siehe Abschnitt 6 („Being a Missionary Bishop in a Missionary Church") der Sektion II („Called to Live and Proclaim the Good News"), in: „The Official Report of the Lambeth Conference 1998", Morehouse Publishing, 1999.

quenterweise zu einer strategischen Schlüsselposition. Man sagt, dass die Anglikanische Kirche „von Bischöfen geleitet und von der Synode regiert“ wird. Der Bischof leitet Gremien und Synoden in den Prozessen der Entscheidungsfindung, und er setzt Pfarrer ein. So hat der Bischof eine missionarische Rolle; sein Tun muss auf die kulturellen Wandlungsprozesse reagieren. „Das historische Episkopat ist in seinen Verwaltungsstrukturen jeweils gebunden an die verschiedenen Bedürfnisse der Nationen und Völker, die von Gott in die Einheit der Kirche hinein berufen sind.“[292]

Daran sieht man, wie wichtig es ist, zum Bischof der eigenen Diözese eine gute Beziehung zu pflegen. Sowohl theologisch als auch praktisch gesehen ist es absolut unverzichtbar, mit dem Diözesanbischof „einig zu sein“ und seine Zustimmung zu besitzen. Wer zur Anglikanischen Kirche gehört, muss in der Gemeinschaft mit dem Erzbischof von Canterbury stehen und auf Diözesanebene mit dem eigenen Bischof. In „Breaking New Ground“ wird dies als grundlegendes Prinzip betrachtet:

„Das Episkopat repräsentiert die Katholizität der Kirche.“[293]

Eine nationale Kirche

Wir haben bereits gesehen, wie sehr die Gemeinwesen vor Ort und von daher auch das parochiale System durch die Netzwerkgesellschaft beeinflusst werden. Das parochiale System wurde eingeführt, um die Priorität der Verkündigung des Evangeliums zu verkörpern. Sein Herzstück ist das Hirtenamt mit seiner Verpflichtung zur Seelsorge. Die Anglikanische Kirche gründet Ortskirchengemeinden, pflanzt Gemeinden und setzt Pfarrer ein, weil sie ihre Aufgabe in der Errettung und dem seelischen Wohlergehen des gesamten Landes sieht. Die Pfarrer teilen dieses „Hirtenamt“ mit den Bischöfen. Die Gesellschaft verändert sich und dem Bischof obliegt die Verantwortung, neue Formen des Dienstes an neuen Orten und neuen gemeinschaftlichen Lebensformen zu genehmigen. Geschieht dies nicht, so werden wir unserer Aufgabe gegenüber unserem Land nicht gerecht und der inkarnatorische Aspekt unseres Dienstes wird untergraben.

292 Chicago Lambeth Quadrilateral, 1888.
293 „Breaking New Ground“, Church House Publishing, 1994, S. 3.

Eine Familie, die miteinander teilt

Jeder Anglikaner gehört zum anglikanischen Teil der christlichen Familie. Er teilt eine Geschichte mit allen anderen Anglikanern, ganz gleich ob er in die Kirche hineingetauft wurde oder erst später dazugestoßen ist. Als Teil der Familie ist er wertvoller Beziehungspartner. Das gilt für jede Ebene: für die Kleingruppe vor Ort, die Ortsgemeinde, die Pfarrei, das Dekanat, die Diözese, die Region und die ganze Kirchengemeinschaft.

Wenn es in der Ortsgemeinde Sorgen oder Probleme gibt, kann sie sich damit an die größere kirchliche Familie wenden. Umgekehrt hat auch die Ortsgemeinde eine Verantwortung gegenüber dieser Familie: Sie soll sich an die gemeinsamen Beschlüsse (zum Beispiel von Synoden) halten und ihren finanziellen Beitrag leisten. Zum Teil sind diese Beziehungen durch Verordnungen festgelegt, aber sie führen weit über den rechtlichen Rahmen hinaus.

Reflektion

> „Mission ist die Mutter der Theologie. ... Theologie begann ihren Weg als Begleiterscheinung des missionarischen Handelns der ersten Christen.“[294]

Christliche Theologie reflektiert unsere Erfahrungen im Licht der Offenbarung Gottes in Christus Jesus. Immer wenn Kultur sich verändert, werfen sowohl der neue Kontext als auch das darauf abgestimmte missionarische Handeln von Christen neue Fragen auf. Einige der alten Methoden sind zum Scheitern verurteilt, altbewährte Formen verändern sich. Aber es werden immer wieder neue Entdeckungen gemacht und unser Dienst und unser missionarisches Handeln bekommen ein neues Gesicht. Kontinuität und Wandel gehen Hand in Hand.

Wir, als Arbeitsgruppe von „Mission-shaped Church“, glauben, dass wir uns im Augenblick in der Anglikanischen Kirche in einer solchen Phase des Umbruchs befinden, die auch unser missionarisches Handeln betrifft.

[294] Martin Kähler, 1908, zitiert von David Bosch, „Transforming Mission“, Orbis, 1991, S. 16.

Denk- und Diskussionsanstöße

- Warum hat unser missionarischer Gott uns Ihrer Meinung nach die Kirche geschenkt? Vorgeschlagener Bibeltext: Apg 2,42-47.
- Wo entdecken Sie in Ihrem Kontext bereits das Handeln des missionarischen Gottes, und in welcher Form muss Ihre Ortsgemeinde sich diesem Handeln anschließen?
- Listen Sie auf, in welcher Weise Ihre Gemeinde als die „eine, heilige, katholische und apostolische Kirche“ identifiziert werden kann. Welche Aspekte haben mehr Gewicht als die anderen? Was können Sie zusätzlich tun, um Außenstehenden zu zeigen, dass die Kirche den Auftrag Gottes hat, diese Merkmale deutlich und sichtbar zu machen?
- In diesem Kapitel wird gesagt: „Jesus lebte in seiner eigenen Kultur und stand ihr trotzdem auf prophetische Weise kritisch gegenüber.“ Welche Rolle spielt Ihrer Meinung nach prophetische Kritik in der Kirche von heute und wie kann diese Kritik Teil Ihrer missionarischen Strategie werden? Welche Rolle kann ein prophetischer Dienst in Ihren neuen Ausdrucksformen gemeindlichen Lebens spielen?
- In diesem Kapitel wird Tim Dearborn zitiert: „Es ist nicht die Kirche Gottes, die einen missionarischen Auftrag in der Welt hat, sondern ein missionarischer Gott, der eine Kirche in der Welt hat.“[295] Wo und auf welche Weise sind wir Gottes Willen gehorsam? Stehen unsere missionarischen Strategien in der Gefahr, Gott dazu zu bewegen, endlich das zu wollen, was ***wir*** für richtig halten? Wie vergewissern wir uns immer wieder, dass wir wirklich auf Gott hören?

[295] Tim Dearborn, „Beyond Duty: a passion for Christ, a heart for mission“, MARC, 1998.

Kapitel 6: Methodische Ansätze für die Gestaltung eines missionarischen Gemeindelebens

Dieses Kapitel soll ein Angebot für Gemeinden sein, die neue Ansätze gemeindlichen Lebens entwickeln wollen. Gemeint sind sowohl die Gründung ganz neuer Initiativen als auch eine generelle missionarische Neuorientierung. Für die Planung und Einschätzung verschiedener Gemeindestile und –typen ist es sicher hilfreich einmal aufzuschreiben, was sich in der Praxis bewährt hat, und dies in Beziehung zu setzen zu unseren Theorien über Mission und Kirche.

Es gibt auf dem Markt eine ganze Flut von Büchern zum Thema „Gemeinde auf neuen Wegen". Es wird genauestens untersucht, was man unter „Gemeinde" versteht und was sie ist. In diesem Kontext stoßen wir auch immer wieder auf großes Interesse für die Frage, wie Kirche missionarischer werden und wie die kultur- und kontextbezogene Entwicklung von Gemeinden gefördert werden kann.

Weitere Quellen

Wir können in diesem Bericht nur einige wenige Schlüsselaspekte von bewährten praktischen Beispielen und missionarischen Methoden herausgreifen. Wer einen neuen Ansatz oder eine neue Ausdrucksform verwirklichen will oder sie zu genehmigen hat, sollte sich deshalb unbedingt mit der von uns empfohlenen, weiteren Literatur beschäftigen.[296] Heute gibt es, anders als vor zehn Jahren, bereits erprobte Ausbildungskurse auf Universitätsebene zum Thema Gemeindepflanzung, manche werden sogar als Weiterführung nach dem Universitätsexamen und als Blockkurse angeboten, so dass sie berufsbegleitend durchgeführt werden können.[297]

[296] Siehe Literaturliste im Anhang.

[297] Kontaktadressen: Spurgeon's College in London, The Church Army College in Sheffield, oder Gemeindepflanzungsinitiativen der Anglikanischen Kirche.

Weitere hilfreiche Textquellen, allerdings nicht als Bücher veröffentlicht, können Sie unter www.encountersontheedge-.org.uk herunterladen. Hier finden Sie unter anderem: eine Praxishilfe für Gemeindepflanzung (geschrieben für die Evangelisten der „Church Army", die hier ihren Arbeitsschwerpunkt haben), Erfahrungen aus schlecht laufenden und gescheiterten Gemeindepflanzungen und hilfreiche Maßnahmen dagegen (basierend auf Erfahrungen aus der Beratungsarbeit von Gemeindepflanzungs-Initiativen der Anglikanischen Kirche)[298] und praktische Schritte und Fakten für alle, die eine neue Gemeinde pflanzen wollen oder sich in der Anfangsphase eines Pflanzungsprozesses befinden (ebenfalls von anglikanischen Gemeindepflanzungs-Initiativen).

Allgemeine Methodologie

Doppeltes Hinhören

Wer Gemeinde pflanzen will, muss gut hinhören können: zum einen auf das, was die Kultur zu sagen hat, in der die Gemeinde gepflanzt werden soll, und zum anderen auf das tradierte Erbe des Evangeliums und der Kirche. Das ist der Ausgangspunkt für den Entscheidungsprozess, welche Form die neue Gemeinde bekommen soll.

Wer also Gemeinde pflanzen will, für den ist das Hören sowohl auf die aktuelle Kultur als auch auf die kirchliche Tradition absolut unverzichtbar. Die Gemeindepflanzer – in diesem Falle einfach diejenigen, die an der Gründung und Weiterführung bestehender und neuer Glaubensgemeinschaften beteiligt sind – sollten ein lebendiges Verständnis des Glaubens und der Kirche mitbringen. Sie kommen also nicht mit leeren Händen! Als nächstes aber brauchen sie vor allem offene Ohren! Bevor wir herausfinden können, wie unser christliches Erbe in dem neuen Kontext „funktioniert", müssen wir sehr aufmerksam auf diesen Kontext, dieses Stück „Welt" hören. Mission hat Vorfahrt vor der Frage nach der Gestalt und Struktur der Gemeinde. Die Gestalt der Gemeinde entsteht erst dann, wenn die

[298] www.acpi.org.uk (9.06.2006).

Saat des Evangeliums in der jeweiligen Kultur aufgegangen ist. Das Hören auf den weltlichen Kontext formt, was neu entsteht, also aus dem Boden heraus wächst.[299] In einem zweiten Schritt wird dieses Neue bestätigt, indem eine Verbindung zu dem Glauben geschaffen wird, wie er ausschließlich in der Schrift offenbart wurde.

Doppeltes Hinhören ist ein Prozess. Dieser Prozess erlaubt Weiterentwicklung, wenn der Kontext sich ändert. So bleibt eine lebendige Spannung zwischen einem kreativen Engagement im kulturellen Kontext und der Treue gegenüber der frohen Botschaft Jesu Christi bestehen.

> „Eigentlich kann man sagen, dass der Begriff ‚Entwicklung' am allerbesten den anglikanischen Umgang mit Veränderung zusammenfasst. Er umfasst Kreativität, ein Reagieren auf das aktuelle Umfeld und die Fähigkeit, an einem Thema (oder einer Tradition) zu arbeiten."[300]

Ein Beispiel für diesen Ansatz ist das Buch „Shapes of the Church to Come" von Bischof Michael Nazir-Ali, besonders in den Kapiteln 1 und 2. Hier geht es um eine besonders ausgeprägte Form des doppelten Hinhörens.[301]

Durch den Kontext geformte Gemeinde

Auf diesen Ansatz stoßen wir vor allem da, wo Gemeindepflanzungen vorbildlich gelungen sind. Er sollte aber zu einem Grundsatz für die gesamte Kirche werden. In der Vergangenheit haben zwei Tendenzen Probleme bereitet: Zum Einen haben manche Gemeindepflanzer wie die Missionare des 19. Jahrhun-

[299] Anmerkung des Herausgebers: *Hier wie schon öfter in diesem Bericht benutzen die Verfasser im Englischen den Begriff „emerging" bzw. das Verb to „emerge". Es hat eine große Bedeutungsfülle, meint aber oft im ekklesiologischen Kontext mehr als die aufkommende, zukünftige Gemeinde. Emergenz kann auch verstanden werden als ein geistlicher, hierarchisch nicht gelenkter Prozess, an dessen Ende sich etwas Neues zeigt, das niemand vorher so kannte. Der Begriff „emerging church" ist vor allem in den USA die Kennzeichnung für eine breite Palette postmoderner Gemeindemodelle. Vgl. dazu auch das jüngst erschienene Buch von Fabian Vogt: Das 1x1 der Emerging Church. Asslar 2006.*

[300] Robert Warren, „Towards a Theology of Change", private paper.

[301] Michael Nazir-Ali, „Shapes of the Church to Come", Kingsway, 2001.

derts ihr eigenes, bevorzugtes Gemeindemodell importiert und es auf Situationen übertragen, in die es nicht hineinpasste.

Zum Zweiten wurden zwar viele der in diesem Kapitel beschriebenen Gemeindemodelle von den 1980er Jahren an in verständlicher Form verbreitet, aber ihnen wurde keine ausreichende Aufmerksamkeit geschenkt. Es hat einige Zeit gedauert, bis man in der Gemeindepflanzungs-Bewegung gemerkt hat, dass dies wenig hilfreich war.

Schauen wir nun mit unserer größeren Erfahrung auf das Thema, dann scheinen uns drei Dimensionen für das Pflanzen von Gemeinden besonders wesentlich zu sein. Man kann verschiedene Modelle oder Kategorien von Gemeindepflanzung anführen, um diese Dimensionen zu illustrieren; für alle aber gilt, dass jede der Dimensionen absolut notwendig ist. Ebenso notwendig ist die Beachtung der Reihenfolge, in der man die drei Dimensionen betrachtet.

Die erste von ihnen betrifft nur in geringem Maße oder gar nicht die Gestalt der Gemeinde, steht und fällt aber mit dem missionarischen Engagement, das letztendlich vielleicht mitentscheidend ist bei der Findung der Form von Gemeinde.

Erste Dimension: Gemeindepflanzung für wen?

In jedem Gemeindepflanzungsprozess und bei jeder Planung einer neuen Ausdrucksform gemeindlichen Lebens sollte zu allererst nach den missionarischen Zielen gefragt werden. Wenn wir im Bild der drei Dimensionen bleiben, dann wäre dies die Dimension der **Weite** dessen, was ausgewählt, geschaffen und geformt wird.

Zielgruppe: Nachbarschaft oder Netzwerk?

Die Studie „Breaking New Ground“ hat auf grundlegende Weise die Notwendigkeit und den Wert einer Arbeitsweise herausgestellt, die Leben und Kultur in England berücksichtigt und in die Entwicklung von Gemeinde und Kirche einbezieht.

„Man kann beobachten, dass Netzwerke heute die Gemeinschaften sind, denen sich die Menschen hauptsächlich verbunden fühlen.“ [302]

„Wir müssen ... Wege finden, um verschiedenen Stilen des Ge-

[302] „Breaking New Ground“, Church House Publishing, 1994, Abschnitt 1.7, S. 3.

meindelebens die Möglichkeit zu geben, nebeneinander zu existieren, ohne immer an territoriale oder auch konfessionelle Grenzen gebunden zu sein. Hier können wir viel von der Gemeindepflanzungs-Bewegung lernen. Außerdem wäre es gut, wenn eine bischöfliche Kirche merken würde, wann der Schwerpunkt parochialer Gemeindebildung, die sich an Territorien orientiert, durch die nüchterne Wahrnehmung und Einbeziehung von Netzwerken und Nachbarschaften ergänzt werden muss, damit wir in der Gesellschaft verwurzelt bleiben.“[303]

Dieses Thema ist deshalb so wichtig, weil man für die Arbeit in Netzwerken oder Nachbarschaften andere Strategien der Evangelisation, der Gemeindepflanzung und der Kontaktaufnahme braucht. Sie funktionieren auf andere Weise und in einem anderen Tempo. Teamleiter etwa müssen mit anderen Teamgrößen arbeiten und nach Teammitarbeitern mit anderen Gaben suchen. Die Erfahrung hat zum Beispiel gezeigt, dass man für eine Arbeit in einem Netzwerk ein wesentlich größeres Team braucht als für die nachbarschaftsorientierten Ausdrucksformen gemeindlichen Lebens. Gemeinde für ein Netzwerk erfordert ein höheres Maß an Kreativität und eine andere Qualität in der Präsentation, weil die jüngeren Generationen – die typischen Vertreter der Netzwerkgesellschaft – auf Qualität achten und nicht nur auf einen möglichst informellen Stil bei den öffentlichen Treffen. Genauso sind ganz andere Arten von Genehmigungen durch kirchliche Autoritäten nötig. Es kann passieren, dass zwei entstehende Gemeinden verschiedene juristische Personen brauchen. Sie sind Ausdruck zweier gleich wichtiger, aber deutlich unterschiedlicher missionarischer Aufgaben, die zur Entstehung völlig verschiedener Gemeinden geführt haben.

Zielgruppe: Kirchenferne oder unkirchliche Menschen?

Kirchendistanzierte Menschen haben bereits Erfahrungen mit Kirche gesammelt, auch wenn sie sich jetzt von ihr entfernt haben. Unkirchliche Menschen sind noch nie mit Kirche in Kontakt getreten und haben auch weiterhin kein Bedürfnis, dies zu tun. Eine sensible Umfragearbeit kann uns dabei helfen herauszufinden, in welchen Größenordnungen wir diesen beiden

[303] „Breaking New Ground“, Church House Publishing, 1994, Abschnitt 1.9, S. 3f.

Gruppen begegnen werden. Dazu fließt in die Vorplanung sicherlich auch die Erfahrung aus Geschichten und Anekdoten ein, die Teammitarbeiter von den Freunden aus ihrem eigenen Netzwerk erzählen können.

Die meisten der heute üblichen Evangelisationsstrategien zeigen die stärkste Wirkung bei kirchendistanzierten Menschen. Die meisten Gemeindeglieder kennen zudem nichts anderes als *diese* Form der Evangelisation, eben unter den Kirchenfernen. Arbeitet man mit wirklich unkirchlichen Menschen, muss man viel bescheidener ansetzen. Man muss auch damit rechnen, viel mehr Zeit zu brauchen, um Gemeinschaft aufzubauen, bevor man auch nur Ansätze spirituellen Interesses entdecken kann. In der Reihe „Encounters on the Edge" („Begegnungen am Rand", herausgegeben vom Zentrum der Church Army in Sheffield) finden Sie Beispielgeschichten, die sowohl von Schwierigkeiten als auch von ermutigenden Erlebnissen bei der Entwicklung von Gemeinden unter Menschen ohne kirchlichen Hintergrund berichten.[304]

Zielgruppe: Menschen mit einem bestimmten kulturellen Hintergrund?

Mit „Kulturen" sind nicht nur ethnische Gruppen gemeint. Es geht hier (zum Beispiel) genauso um die Entstehung einer Gemeinde, die sich etwa auf eine Generation konzentriert, oder einer Gemeinde für Gehörlose. Es kann sich um eine Arbeit unter Wohnungslosen handeln oder um eine Gemeinde für einsame, alte Menschen, die nicht mehr vor die Tür kommen. In manchen Städten findet man eine bunte Vielfalt von ethnischen Gruppen, aber es gibt, über das ganze Land verteilt, eben auch eine Vielzahl nicht ethnischer Kulturen, Klassen und Lebensstile. Der Ausdruck „nicht erreichte Volksgruppen" wird im Kontext der Mission in Übersee angewendet, aber ein ähnliches Phänomen gibt es auch innerhalb Großbritanniens: Gruppen von Menschen und Kulturen ohne kirchlichen Hintergrund, die wenig oder gar keine Verbindung zum Evangelium oder zur Kirche haben.

Im Zusammenhang mit der amerikanischen Gemeindewachstums-Bewegung hat Dr. Ralph Winter die Überwindung der verschiedenen Arten von kulturellen Gräben in drei Gruppen eingeteilt:

[304] Vgl. aus der Reihe „Encounters on the Edge" Nr. 1, 2, 6, 14 (siehe auch: www.encountersontheedge.org.uk, 9.06.2006).

- E1 **Ausdehnungswachstum:** die Pflanzung von Gemeinden unter Menschen, die nicht zur Kirche gehen, aber derselben Kultur angehören wie die Gemeindeglieder der aussendenden Gemeinde. Beispiel: St. Philip in East Kent. Holy Trinity in Margate pflanzte diese neue Gemeinde in einer Neubausiedlung der sozialen Mittelschicht.
- E2 **Überbrückungswachstum 1:** die Pflanzung von Gemeinden unter Menschen, die in miteinander verbundenen, also gleichsam verwandten Kulturen leben. Die gleiche Gemeinde in Margate hat zum Beispiel auch noch die „Harvest New Anglican Church" gegründet, die nach den Prinzipien von Netzwerkevangelisation und Zellgruppen arbeitet und sich in einer Schule trifft. Mit ihrem Stil ist sie eher in der Lage, soziale Barrieren in der englischen Gesellschaft zu überwinden.[305]
- E3 **Überbrückungswachstum 2:** die Pflanzung von Gemeinden in einer völlig anderen Kultur, wie zum Beispiel unter Menschen aus einer fremden Sprachgruppe oder aus einer anderen Weltreligion. Ein Beispiel für ein solches Unterfangen ist die Gemeinde Holy Trinity, Hounslow, die in den frühen 1990er Jahren die Gemeinde St. Paul Hounslow wieder eröffnete, indem sie den Pfarrer und ein ethnisch gemischtes Team aussandte, um unter den Menschen einer großen asiatischen Gemeinschaft zu arbeiten.

Selbstverständlich gilt, dass der Unterschied zwischen der „neuen" und der aussendenden Gemeinde sich mit der vorhandenen Kluft zwischen den Kulturen vergrößert. Je weiter die zu überwindende Kluft ist, desto riskanter ist das Unterfangen und desto komplexer werden die mentalen, emotionalen und kirchlichen Anforderungen an die Flexibilität des Missions-Teams. Da die Bevölkerung Englands in zunehmendem Maße post-christlich ist, wird sich die zu überwindende kulturelle Kluft generell erweitern.[306] In diesem kulturellen Kontext existiert die Kirche

[305] Die Geschichte finden Sie in: „Cell Church Stories as Signs of Mission", Grove Evangelism 51, 2000.

[306] Einige Kommentatoren würden sagen, dass viele der in England lebenden Menschen mittlerweile nicht mehr „post-christlich", sondern „prae-christlich" sind. „Post-christlich" beinhaltet eigentlich, dass Kirche oder Evangelium irgendwann im Leben der Menschen Einfluss gehabt haben, während heute bei vielen Menschen bereits in der dritten oder vierten Generation gar keine entscheidende Verbindung zu beidem mehr besteht. Sie sind im Grunde „prae-christlich", müssen dem Christentum erst noch begegnen.

in England heute, deshalb sollte eine Schulung in kulturübergreifender missionarischer Arbeit eigentlich selbstverständlicher Teil der theologischen Ausbildung eines jeden Pfarrers sein.

Eine wichtige Zwischenfrage: Ist es gerechtfertigt, eine Gemeinde für nur eine Sorte Menschen zu gründen?

Das „Homogeneous Unit Principle“ (HUP, zu Deutsch etwa: das Prinzip der Ausrichtung an möglichst homogenen Zielgruppen) ist eines der umstrittensten Themen, die im Zuge der Gemeindepflanzungsbewegung aufkamen. Das Prinzip wurde durch den Missionstheologen Donald McGavran in seinem Buch „Bridges of God“[307] erarbeitet und verbreitet.

Es sagt aus, dass Menschen gerne Christen werden möchten, ohne dabei ethnische, sprachliche und kulturelle Grenzen zu überschreiten oder sich in einer anderen sozialen Schicht zu bewegen. Mit anderen Worten: Menschen ziehen es vor, ihre kulturelle Identität zu behalten, auch wenn sie zum Christsein wechseln. In kultureller Hinsicht bleiben sie dieselben, und sie neigen auch dazu, sich am liebsten mit anderen Menschen aus ihrem kulturellen Umfeld zu treffen, die ihren Glauben teilen. Diese Gleichheit lässt eine „homogene“ Gruppe entstehen.

McGavran leitete sein Prinzip der Ausrichtung an möglichst homogenen Zielgruppen aus Beobachtungen vor allem in Indien ab. Dort verbreitete sich das Evangelium in ganzen Volksgruppen (bis hin zu der Bekehrung ganzer Dörfer) durch die evangelistische Arbeit von Menschen, die zur selben Gemeinschaft gehörten. Eigentlich hat McGavran damit nur gesagt, dass das Evangelium sich auf diese Weise am leichtesten verbreitet. Dennoch haben seine Schlussfolgerungen während der darauf folgenden 50 Jahre zu großen Diskussionen geführt. Manche haben sich sehr kritisch gegenüber diesem Missionsprinzip geäußert. Sie führen an, dass das Neue Testament Jesus als Versöhner beschreibt, der die Grenzen zwischen Gott und den Menschen und zwischen den Menschen untereinander niederreißt. So schreibt Paulus an die Galater: „Hier ist nicht Jude

[307] Donald McGavran, „Bridges of God“, Friendship, 1955.

noch Grieche, hier ist nicht Sklave noch Freier, hier ist nicht Mann noch Frau …“[308]

Wir können dieses Anliegen erstens positiv aufnehmen, indem wir die Vielfalt der Schöpfung noch einmal betonen. Gott ist als der Schöpfer allen Lebens sowohl der Schöpfer jeder einzelnen Kultur als auch der Vielfalt unterschiedlicher Kulturen. Auch wenn durch den Sündenfall Teile jeder Kultur zerstört wurden, ist jegliche Kultur doch, so wie der Rest der Schöpfung auch, ein Werk Gottes.

Ein zweiter Anhaltspunkt ist die Inkarnation Jesu Christi, wobei der Gemeindepflanzer herausfordert ist, Jesu Beispiel nachzufolgen: Er wählte eine bestimmte Kultur und Zeit, in die er hineingeboren wurde. Der Gedanke der Inkarnation spricht dafür, kulturspezifische Gemeinden zu gründen, die zu den Menschen passen, die erreicht werden sollen.

Ein dritter Faktor kommt aus der Theologie der Befreiung. Soziologische Studien haben gezeigt, dass keine gesunde, heterogene Mischung entsteht, wenn zwei Kulturen sich in einem sozialen Kontext miteinander verbinden. Vielmehr versucht dann die eine, die andere zu dominieren; und die Oberhand haben meistens diejenigen, die gebildeter und reicher sind. Aus dem Versuch, Vielfalt zu erzeugen, erwächst ein Dominanzproblem.

Manche sind der Meinung, dass die Anglikanische Kirche die Armen in den Städten hauptsächlich deshalb selten wirklich erreicht hat, weil sie daran gescheitert ist, in ihrer Kultur Kirche zu sein. Die Gute Nachricht ist für die Armen nur dann gut, wenn sie die Armen und Marginalisierten dazu ermächtigt, ihre eigenen Glaubensgemeinschaften aufzubauen. In diesen Gemeinschaften können die einheimischen Kräfte zusammen für Veränderung und Erneuerung wirken. Das entspricht auch der Erfahrung von Gemeinden, die aus lokalen sozialen Initiativen entstanden sind, und den Einsichten der Basisgemeinden.

Es gibt also durchaus theologische Aspekte, die dafür sprechen, das Evangelium im kulturspezifischen sozialen Kontext zum Ausdruck zu bringen. Andere Aspekte fordern uns dazu heraus, Brücken der Einheit und der Versöhnung über die Kluft zu schlagen, die Gruppen voneinander trennt. Vielleicht wäre es gut, eine anfängliche kulturelle Übereinstimmung zunächst zu

[308] Gal 3,28.

akzeptieren, aber gleichzeitig nach und nach eine kulturelle Vielfalt einzuführen, indem man Kontakt zu Gruppen aus anderen Kulturkreisen pflegt und sich gegenseitig bereichert.

Ziel: Größere Auswahl oder verkürzte Wege – was ist missionarisch?
Die Pflanzung neuer Gemeinden oder Gottesdienstgemeinden hat unter anderem zum Ziel, mehr *Auswahlmöglichkeiten* für Menschen zu bieten, die sich von keinem der existierenden Angebote angesprochen fühlen.[309] Damit sind auch Pflanzungen gemeint, die das Angebot an Denominationen erhöhen, oder solche, die eine Vergrößerung der Auswahl kirchlicher Traditionen („Frömmigkeitsstile") innerhalb einer Denomination zum Ziel haben.

Dieser Gedanke der „größeren Auswahl" birgt allerdings die Gefahr, dass sich dahinter keine wirklich missionarische Motivation verbergen muss. Jede Gemeinde kann in die Falle tappen, sich selbst zu genügen oder den Blick ausschließlich nach innen zu richten. Das kann zu inneren Spaltungen führen und zu einem weniger effektiven Arbeiten. Trotzdem kann die Schaffung einer größeren Auswahl, wenn man sich einig ist und sie gemeinsam plant, auch ein besseres gemeindliches Angebot zur Folge haben und somit ein breiteres Spektrum von Menschen ansprechen – einschließlich solcher, die noch keine Christen sind.

Gemeindepflanzung kann auch darauf abzielen, die Zugänglichkeit zu verbessern, indem die Wege zur Gemeinde verkürzt werden: Man pflanzt *mehr* (nicht unbedingt *unterschiedliche*) Gemeinden, um überall in der Nähe der Menschen zu sein. Das macht zum Beispiel Sinn, wenn große Straßen, Eisenbahnlinien oder Berge den Weg zur Gemeinde abschneiden. Oftmals ist dann die Entfernung vom Wohnort zur Kirche zu groß, und die Kirche kann nicht mehr bequem erreicht werden. Ein guter Maßstab ist die Distanz, die man auch mit einem Kinderwagen zurücklegen würde. Möglicherweise birgt dieser Ansatz aber auch eine Gefahr in sich: Mehr Gemeinden der gleichen Art werden nicht unbedingt mehr Menschen anziehen, die von den bereits existierenden Gemeinden nichts halten.

[309] Siehe auch; Stuart Murray, „Church Planting: Laying Foundations", Paternoster Press, 1998, S. 96–108.

Wenn die oben genannten Fragen zu den missionarischen Zielen zur Grundlage aller Überlegungen gemacht werden, dann ist jede Entscheidung für eine Ausdrucksform oder einen Typ von Gemeinde auch missionarisch geprägt und motiviert.

Zweite Dimension: Gemeindepflanzung durch wen?

Ist einmal klar, für wen die Ausdrucksform gemeindlichen Lebens gedacht ist (wenn also die Zielgruppe feststeht), dann muss im nächsten Schritt darüber nachgedacht werden, wie das Team für die Arbeit aussehen muss (sozusagen die missionarischen Ressourcen, um die Zielgruppe erreichen zu können). Nach der sorgfältigen Betrachtung und Analyse des missionarischen Kontextes muss man sich Gedanken machen, in welche Art von Gemeinde die Menschen hoffentlich hineinwachsen sollen.

Diese zweite Dimension ist die der **Höhe** der Gemeindepflanze. Wir wollen versuchen, näher zu erläutern, wie man den eigenen Weg inmitten all der verschiedenen Möglichkeiten und Variablen finden kann.

„Etappen-Pflanzung“ oder „Pionier-Pflanzung“?

Eine „Etappen-Pflanzung“[310] findet dort statt, wo eine beträchtliche Anzahl von Christen zu einem Netzwerk gehört oder in einem geographischen Gebiet wohnt und daraus eine neue Gemeindepflanzung entsteht. Bei dieser Arbeitsweise wird auf bereits vorhandenen Kapazitäten und Kontakten aufgebaut. Im Gegensatz dazu werden bei der „Pionier-Pflanzung“ einige Christen dazu berufen, eine Gemeinde an Orten und in Kulturen zu pflanzen, in denen bisher nur einige wenige oder gar keine Christen leben. „Pionier-Pflanzung“ ist eine Antwort auf vorhandene Schwächen. Ganz sicher haben beide Ansätze ihren Wert und ihre Berechtigung.

Die Vorteile der „Etappen-Pflanzung“ liegen in ihrer bereits vorhandenen Stärke. Das Team, das schon Teil des missionarischen Kontextes ist, versteht diesen Kontext und die dazu-

[310] Anmerkung des Herausgebers: *Im Englischen ist hier von „progression planting“ die Rede: Progression meint hier aber, dass nicht ein erster Schritt in der Kontaktaufnahme zu machen ist, sondern auf Vorhandenes aufgebaut werden kann. Wir können fortschreiten und die nächste Etappe in Angriff nehmen.*

gehörige Kultur und verfügt wahrscheinlich bereits über reichhaltige Beziehungen, auf denen die evangelistische Arbeit aufgebaut werden kann. Wahrscheinlich ist auch die Anzahl der Mitarbeiter im Team relativ groß, so dass die vielen verschiedenen Aufgaben, die bei der Entstehung einer neuen Gemeinde anfallen, gut auf viele Schultern verteilt werden können.

Die Aufgabe einer „Etappen-Pflanzung" erscheint angenehmer und leichter. Zugleich werden wir zunehmend mit neuen, verlockenden „Pionier-Kontexten" konfrontiert, die dringend nach „Pionier-Pflanzungen" rufen.[311] Es ist wichtig, sich vor Augen zu halten, dass „Pionier-Pflanzungen" nicht immer kulturelle Grenzen überschreiten müssen. Es kann auch sein, dass einfach eine Gemeinde in einem Kontext gegründet werden muss, in dem es bisher noch keine Gemeinde gab. Das Fehlen von Menschen mit gemeindlicher Anbindung kann verschiedene Gründe in einem Kontext haben: große Straßen oder Bahnlinien, soziale Gründe, wie zum Beispiel Einzugsgebiete bestimmter Schulen, oder die Existenz bzw. das Fehlen von Einkaufszentren.

Die Unterscheidung zwischen „Etappen-Pflanzungen" und „Pionier-Pflanzungen" ist deshalb wichtig, weil sie oft unterschiedliche Ausgangspunkte markiert: etwa hinsichtlich der geistlichen Geschichte vor Ort und im Blick auf unterschiedlich reichhaltige Ressourcen. Pionier-Teams für Menschen ohne kirchlichen Hintergrund sind tendenziell kleiner. Das liegt zum Teil daran, dass sich schwerer Mitarbeiter dafür finden lassen, zum Teil aber auch daran, dass große Teams den Anwohnern wie eine Invasion von „Heilsbringern" vorkommen könnten. Für kleinere Pionier-Teams ist es wichtig, dass sie aus begabten, widerstandsfähigen und visionären Mitarbeitern zusammengesetzt sind, die gut zusammenarbeiten können. Sie haben den Vorteil einer größeren Flexibilität. Große Teams unterliegen der Versuchung, die Gemeinde genauso aufzubauen, wie sie es vor ihrer Aussendung gewöhnt waren. Und dann scheitert die Initiative daran, dass das Team sich nicht genügend auf die Menschen vor Ort einlässt.[312]

[311] Dies ist vor allem bedingt durch die sich verändernden Wohnverhältnisse, durch die Regeneration einiger Großstadtzentren und die Regionen, in denen die Abdeckung durch parochiale Gemeinden schwach oder unvollständig ist.

[312] Eine Ausnahme bildeten die Eden-Projekte in Manchester. Vgl. „Encounters on the Edge", 14.

Größe der Pflanz-Einheit
Arbeitet man besser nach dem Modell der Zellgemeinde oder der größeren Gottesdienstgemeinde? Die Entscheidung wird zum Teil davon beeinflusst, wie viele Menschen die aussendende Gemeinde an das Pflanzungs-Team abgeben kann (und wie viele Mitarbeiter noch von außerhalb gewonnen werden können). Die Erfahrung hat gezeigt, dass die Dynamik, die Herausforderungen und die erforderlichen Fähigkeiten je nach Größe der Gemeindepflanzung variieren. Verschiedenen Typen von Gemeindepflanzungen können verschiedene Größen von Starterteams zugeordnet werden.[313] Jede Art der Gemeindepflanzung hat ihre eigenen Vorteile und Nachteile und ihren Schlüssel zum Erfolg.[314]

Zu allererst muss die Frage nach der Kultur geklärt werden: Inwiefern ist eine andere Form von Gemeinde nötig, um die Zielgruppe zu erreichen? Wie groß muss der Abstand bzw. Unterschied im Blick auf Formen von Gemeinde sein, die sie bereits erlebt und/oder abgelehnt haben? Die Beantwortung dieser beiden Grundfragen kann für Mitarbeiter, die ganz bewusst mit Menschen ohne kirchlichen Hintergrund arbeiten, zu der Schlussfolgerung führen, dass eine „gottesdienstgemeindliche" Form von Kirche für sie als Ausgangspunkt ungeeignet ist.

Erfahrungen haben gezeigt, dass die Arbeit in den folgenden Kontexten besonders gut in einer zellgruppenorientierten Gemeinde funktioniert oder wenn „Kleingruppenarbeit" in eine andere Ausdrucksform gemeindlichen Lebens fest integriert wird:

- Arbeit mit Menschen ohne kirchlichen Hintergrund, bei denen erst ein schlechtes Image der Kirche überwunden werden muss.
- Arbeit in Gemeinden, die aus lokalen sozialen Initiativen entstanden sind.
- Arbeit mit Menschen mit Suchtproblemen.
- Arbeit mit Menschen, die gerade erst in die Nachfolge getreten sind und das Prinzip der gegenseitigen Verantwortlichkeit einer Kleingruppe brauchen.

[313] Es kann sich bei den Starterteams um eine Einzelperson oder ein Ehepaar handeln, ebenso um ein kleines Team aus ungefähr 3-14 Leuten oder um eine größere Gruppe von 15-45 Leuten oder gar um eine ausgesandte Gruppe, die mit über 45 Leuten selbst schon Gemeindegröße hat.
[314] Bob Hopkins und Richard White, „Enabling Church Planting", CPAS, 1995, S. 11 und 13.

Differenzierte Gottesdienstgemeinden oder räumliche Trennung? Eine „differenzierte Gottesdienstgemeinde" ist dort zu finden, wo eine Ortsgemeinde über mehr als eine Gottesdienstgemeinde mit jeweils einer bestimmten Ausprägung verfügt. Viele anglikanische Gemeinden arbeiten bereits nach diesem Muster mit dem Angebot eines traditionellen Abendmahlsgottesdienstes sonntags (etwa) um 8:00 Uhr und eines weiteren sonntäglichen Hauptgottesdienstes. Diese Praxis wird allerdings wohl eher selten als missionarische Strategie betrachtet. Missionarisch ausgerichtete differenzierte Gottesdienstgemeinden wollen unterschiedlichen Menschen mit ihren unterschiedlichen spirituellen und kulturellen Bedürfnissen gerecht werden. Sie sollen die Möglichkeit haben, ihren Glauben auf verschiedene Arten im Gottesdienst auszuprobieren und zu erleben. Eine Gemeinde könnte zum Beispiel aus missionarischen Gründen zunächst einen sonntäglichen Frühgottesdienst für alle Altersgruppen anbieten, dann einen zweiten Gottesdienst etwas später am Sonntag Morgen, der eher den Kopf anspricht und auf die Predigt konzentriert ist, und/oder schließlich einen dritten Gottesdienst am Sonntagabend (etwa als Jugendgottesdienst oder Taizé-Gottesdienst). Möglich sind auch Gottesdienste oder Veranstaltungen während der Woche.

Die Frage, ob es besser ist, neue Gottesdienstgemeinden in den eigenen Gemeinderäumen oder eine ganz neue Gemeinde an einem anderen Ort zu pflanzen, hängt davon ab, wie die erste Frage (*„für wen?"*) beantwortet wurde. Die Antwort wird auch Auswirkungen auf Form und Identität der neu entstehenden Gemeinde sowie auf die missionarischen Ressourcen haben, die gebraucht werden bzw. gerade durch diese Herausforderung angelockt werden können.

Zu bedenken ist:

- Sind die anvisierten Räumlichkeiten für die Gruppe, die erreicht werden soll, geeignet und gut erreichbar?
- Welche Begrenzungen legen uns Größe und Ausstattung der vorhandenen Räumlichkeiten auf?
- Wie ist das Image des gewählten Treffpunktes?
- Wie lautet die kulturelle Botschaft, die man durch die Wahl eines bestimmten Gebäudes aussendet?
- Muss die „ausgesandte" Gottesdienstgemeinde erkennbar anders sein als die „aussendende"?

Abhängige oder eigenständige Gemeindepflanzung?
„Breaking New Ground“ hat sich dankenswerterweise bereits mit diesem Thema auseinandergesetzt.[315] Die für eine neue Gemeindepflanzung gewählte Bezeichnung lässt auch Rückschlüsse auf den Grad der Abhängigkeit zu. Die größte Abhängigkeit haben die zusätzlichen „Predigtstätten“. „Gottesdienstgemeinden“ haben bereits eine gewisse Unabhängigkeit. Aber die größte Unabhängigkeit haben die als eigenständige „Gemeinden“ bezeichneten neuen Pflanzungen. Die Bezeichnungen „Predigtstätte“ und „Gottesdienstgemeinde“ können auch von dem bedauerlichen Versuch zeugen, die neuen Gemeindepflanzungen abhängig und unter Kontrolle zu halten. Dies hat in der Vergangenheit bereits bei manchen traditionellen Gemeindepflanzungen zu Frustration und Scheitern geführt. Wer wirklich Wert auf missionarische Bemühungen und auf eine gesunde Gemeinde legt, dem sollte es auch um die Pflanzung einer eigenständigen, reifen neuen Gemeinde gehen, mit der ein Austausch auf Augenhöhe möglich wird. So wird es ja auch schon in der Studie „Breaking New Ground“ immer wieder betont.

> „Der gesündeste Weg, um das kontinuierliche Wachstum einer neu gepflanzten Gemeinde zu fördern besteht darin, so schnell wie möglich eine partnerschaftliche Beziehung zur aussendenden Gemeinde aufzubauen.“[316]

Wir haben bisher zwei fundamentale Dimensionen beleuchtet: „Gemeinde für wen?“ und „Gemeinde durch wen?“. Die dritte Dimension nimmt in den Blick, wie Partnerschaft mit der gesamten Kirche gestaltet und erhalten werden kann.

Dritte Dimension: Gemeindepflanzung mit wem?

Bei dieser Dimension geht es sowohl um die Frage der Katholizität von Gemeindepflanzungen als auch um ein Thema, das im Bereich der Weltmission sehr geläufig ist: Wer sind die „Partner in der Mission“ für diejenigen, die ausgesandt sind? Wie bekommen sie Unterstützung? An wen können sie sich wenden, und

[315] „Breaking New Ground“, Church House Publishing, 1994, 4. Teil, S. 11–14.
[316] „Breaking New Ground“, Church House Publishing, 1994, Abschnitt 4.4.

zu wem gehören sie? Dies ist die Dimension der **Tiefe**. Wo sind die Kraftreserven?

Aus der Geschichte unserer Kirche ist uns ein starkes Empfinden für die Bedeutung der geographischen Gemeindegrenzen, nun auch hinsichtlich der Gemeindepflanzungen, zugewachsen. Ein klar definiertes Territorium war wichtig zur Klärung der Zuständigkeiten. Es war auch wichtig für die Entwicklung eines Zugehörigkeitsgefühls. Es war außerdem ein Garant für Vielfalt – und vermittelte dabei doch auch die Sicherheit, dass Ethos und Traditionen der benachbarten anglikanischen Gemeinde nicht auf unfaire Weise durch Wettbewerb und Übergriffe untergraben wurden.

Diese Besorgnis um die Einhaltung von Gemeindegrenzen muss allerdings im Licht des missionarischen Kontextes, in dem die Kirche heute arbeitet, neu überdacht werden. Die Frage nach dem „Mit wem?“ kommt erst an dritter Stelle, nachdem die Fragen „Für wen?“ und „Durch wen?“ beantwortet sind. Wenn man entscheiden will, welche Form von Gemeindepflanzung für die Menschen außerhalb der Kirche am besten geeignet ist, dann ist es unangemessen, wenn Fragen der internen Organisation parochialer Strukturen *am Anfang* der Überlegungen stehen. Wo grenzunabhängige oder grenzüberschreitende missionarische Aktivitäten geplant sind, sind frühe Gespräche ratsam. Solche Gespräche sollten allerdings durch den missionarischen Imperativ geprägt und bestimmt sein, der allem Tun die Richtung gibt.

Unterstützung und Partnerschaft sind für die Pflanzungen wichtig. Es bedeutet einen großen Unterschied, Partner zu haben oder ohne Partner auskommen zu müssen. Partnerschaften geben Kraft, die aus der Tiefe der Wurzeln kommt, und sind ein Teil der Nahrung, die die Pflanze am Leben erhält. „Breaking New Ground“ spricht von vier verschiedenen Typen von Gemeindepflanzungen. Auch wenn diese Kategorien häufig einfach als Namensgeber für Gemeindepflanzungen genutzt werden, sind sie im tieferen Sinne der Versuch, die unterschiedlichen Beziehungen zur aussendenden Gemeinde zu beschreiben. Sie beschreiben nicht die missionarischen Ziele, sondern die möglichen Partnerschaften in der Mission.

Ableger

Dieser Typ der Gemeindepflanzung ist in Anlehnung etwa an Erdbeerpflanzen benannt, die einen Ableger in der Nähe bilden.

Der Ableger bekommt Wurzeln, und daraus wächst eine neue Pflanze. In vielen Fällen stirbt dann die biologische Verbindung, der ursprüngliche Ableger, ab.[317]

Welche Kennzeichen haben „Ableger"?

- Sie entstehen innerhalb einer Ortskirchengemeinde (Parochie) und bleiben auch dort.[318] Es besteht eine enge Verbindung zur aussendenden Gemeinde, die auch Unterstützung bietet.
- Der ausgewählte Versammlungsort befindet sich innerhalb der parochialen Gemeindegrenzen. Es ist keine zweite anglikanische Gemeinde beteiligt.
- Das ausgesandte Team besteht in der Regel aus weniger als 50, aber mehr als 12 Menschen.
- Der Prozess lässt sich ohne Probleme wiederholen, solange noch weitere Gebiete erschlossen werden sollen bzw. genügend Menschen da sind, die ausgesandt werden können.
- Wenn sich die neue Gemeindepflanzung etabliert hat, stirbt die durch den Ableger entstandene Verbindung zur Muttergemeinde ab (auch wenn sie aneinander angrenzen).
- Die enge Beziehung führt häufig dazu, dass die neue Pflanzung der Muttergemeinde sehr ähnlich ist. Das Potenzial von Ableger-Pflanzungen, Vielfalt zu kreieren, ist nicht besonders groß.

Aufpfropfung

Dieses biologische Bild spricht von der Praxis, einen jungen Ableger auf eine andere Pflanze aufzupfropfen, indem man einen Schlitz in diese Pflanze schneidet und den Ableger hineinschiebt. Die Lebenskraft des Ablegers und der Saft der ursprünglichen Pflanze zusammen erschaffen ein fruchtbareres Exemplar der Pflanze.

Welche Kennzeichen haben „Aufpfropfungen"?

- Sie überschreiten die Grenzen einer Ortskirchengemeinde, eines Dekanates oder auch einer Diözese, freilich mit kirchlicher Genehmigung, um sich mit einer anderen Gemeinde zu-

[317] Der Ausdruck wurde verbreitet und wahrscheinlich geprägt von Pfarrer Ian Bunting und erschien Mitte der 1980er Jahre in verschiedenen missionarischen Zeitschriften.

[318] Dies ist fast immer richtig. Es gibt aber auch Beispiele, bei denen starke Verbindungen mit der Erlaubnis der Diözese über die Grenzen der Ortskirchengemeinde hinaus existierten.

sammenzutun, die zu ihrem Partner wird. Die Verbindung zur aussendenden Kirche verschwindet nach und nach.

- Genau wie in der Natur ist das aufgepfropfte Team oder der Ableger kleiner als die empfangende Gemeinde oder Pflanze. Das dazukommende Team spielt die Rolle des Juniorpartners in der neuen Gemeinde.
- Versammlungsort ist in der Regel das Gebäude der empfangenden Gemeinde.
- Ziel der Aufpfropfung ist es, die neue Gesamtgemeinde wieder neu missionarisch auszurichten. Dieses Modell ist häufig bei der Reorganisation von Gemeindeverbänden angewandt worden.
- Die schwierige Frage ist, ob die geringe Zufuhr neuer Impulse durch die neuen Mitarbeiter die große Gemeinde wiederbeleben kann. Dazu kommt, dass die Fähigkeit Neues zu schaffen (falls dies gewünscht ist) begrenzt sein kann. Aufpfropfung ist im Normalfall keine revolutionäre, sondern lediglich eine erneuernde Maßnahme.[319]

Verpflanzung

Bei einer Verpflanzung wird eine große Pflanze genommen, geteilt, und zum Teil an anderer Stelle wieder eingepflanzt, so dass beide Teile Platz zum Wachsen haben.

Welche Kennzeichen haben „Verpflanzungen“?

- Verpflanzungen überschreiten in der Regel mit bischöflicher Zustimmung die Gemeindegrenzen, um sich als Partner mit einer Gemeinde zusammenzuschließen, die um ihr Überleben kämpft.
- Das ausgesandte Team ist gewöhnlich größer als die empfangende Gemeinde und, was noch wichtiger ist, das Team hat die Rolle des Seniorpartners, ist also bestimmend.
- In der Regel wird das Gebäude der empfangenden Gemeinde genutzt.
- Die Größe eines solchen Teams beträgt häufig 50 Menschen und mehr.
- Das ausgesandte Team steht wahrscheinlich in einer engen Beziehung zur aussendenden Gemeinde und hat deshalb einige Ähnlichkeit mit dem „Ableger“-Typ einer Gemeindepflanzung. Hier wird jedoch von Anfang an darauf hingearbeitet, ei-

[319] Das Beispiel einer solchen Geschichte wird erzählt in: „Hard Graft?“, Encounters on the Edge 10, Church Army, 2001.

ne selbstständige Ortskirchengemeinde zu bilden, so dass die Verbindung den Charakter von Abhängigkeit relativ schnell verliert, während der Kontakt selbst bestehen bleibt.

- Der Vorteil an dieser Form ist eine vorher und nachher von Stärke geprägte Dynamik, und das bedeutet relativ schnelles Wachstum. Ein Nachteil ist unter Umständen eine mangelnde Flexibilität, wenn es nötig ist, auch andere Wege zu gehen. Herrscht jedoch Einigkeit über die Notwendigkeit eines nächsten Schrittes, dann sind auch Mitarbeiter und Mittel da, um ihn umzusetzen.[320]

Aussaat

Bei der „Aussaat" wird ein kleiner Same vom Wind mitgenommen, vielleicht weit weg von seiner Ursprungspflanze und in eine völlig andere Umgebung, wo er einen neuen Anfang an einer Stelle macht, an der es seine Art von Pflanze vielleicht vorher nicht gegeben hat.

Welche Kennzeichen hat die „Aussaat"?

- Bei der Aussaat werden Grenzen leichter als in anderen Formen der Gemeindepflanzung überschritten. Ihre Missionspartner sind am weitesten weg. Es ist fast so wie bei den Missionaren, die in fremden Ländern arbeiten und zu Hause eine Missionsgesellschaft haben, die für sie betet und sie unterstützt, aber nicht physisch bei ihnen sein kann.
- Per definitionem macht sich bei der „Aussaat" eine kleine Gruppe von 1 bis höchstens 6 Menschen auf den Weg. Allerdings sind diese Mitarbeiter in der Regel hoch motiviert und meistens auch sehr gut ausgebildet.
- Mitarbeiter eines Saat-Teams wechseln ihren Wohnort, um die neue Gemeinde zu pflanzen, damit sie sich mit den Menschen, zu denen sie berufen sind, tiefer identifizieren können.[321] Die Mitarbeiter können sich auch aus unterschiedli-

[320] Das bekannteste Beispiel hierfür sind die Gemeindepflanzungen von Holy Trinity Brompton in London. Eine Untersuchung dazu, ob es sich in allen Fällen um Verpflanzungen handelt, und ob die Arbeit mit missionarischer Kreativität getan wird, finden Sie in dem Buch „Dynasty or Diversity?", Encounters on the Edge 15, Church Army, 2002.

[321] In „Church Planting: some experiences and challenges", (Grove Evangelism 8, 1989), beschreibt Bob Hopkins, wie er mit seiner Frau und einigen anderen aus einer wohlhabenden Siedlung außerhalb Londons in den Stadtteil St. Helens in der Innenstadt gezogen ist. Er spricht in diesem Fall von einer „Aussaat".

chen Gemeinden aus verschiedenen Orten zusammengefunden haben, um das Team zu bilden.

- Der große Vorteil dieser Form von Gemeindepflanzung liegt sicher darin, dass hier die Dynamik des missionarischen Pflanzungsprinzips am besten zur Geltung kommt: Es geht darum, einer alten Identität abzusterben, damit in einem neuen missionarischen Kontext Evangelium und Gemeinde aufs Neue Gestalt annehmen können.
- Wenn die Saat-Teams klein sind, kann es lange Jahre dauern, bis sich in ihrem Umfeld spürbar etwas bewegt. Es hat auch in England die Gemeindepflanzer oft Jahre gekostet, Saat-Teams zusammenzustellen, auszubilden, einzusetzen und zu unterstützen.[322]

Zusammenfassung

Ein methodisch gutes Gemeindepflanzungs-Projekt stellt folgende Fragen in der folgenden Reihenfolge:

- Mission *für wen?* – die Frage nach den missionarischen *Zielen.*
- Mission *durch wen?* – die Frage nach den missionarischen *Ressourcen.*
- Mission *mit wem?* – die Frage nach den missionarischen *Partnern.*

Folgendes ist dabei wichtig:

- Stellen Sie die drei Fragen getrennt voneinander und jede zu ihrer Zeit.
- Finden Sie heraus, was zu der jeweiligen Frage gehört.
- Gehen Sie dort weiter, wo es in der augenblicklichen Situation angemessen erscheint.
- Vergewissern Sie sich immer wieder, dass die Missionsfragen die Gemeindethemen bestimmen und nicht etwa umgekehrt.

Alle, die gleich zu Beginn die Frage nach der Beziehung zur bestehenden Gemeinde stellen, haben bereits einen allgemein üblichen, gleichwohl höchst gefährlichen Fehler gemacht.

Wer Kirche als Ausgangspunkt nimmt und mit ihr startet, dem wird wahrscheinlich die Mission verloren gehen. Wer mit der Mission startet, wird vermutlich die Kirche finden.

[322] Ähnliche Initiativen der Baptisten, wie zum Beispiel „Urban Expression", finden Sie beschrieben in: Stuart Murray und Anne Wilkinson-Hayes, „Hope from the Margins – New Ways of Being Church", Grove Evangelism 49, 2000, S. 9+13.

Eine Beispielgeschichte … von einer Gemeinde mit drei verdächtig einfachen Fragen

St. Saviour's in Washington DC ist heute über 30 Jahre alt. Die Gemeinde liegt außerhalb des Regierungsviertels in einem Zentrum mit großer städtischer Armut und hoher ethnischer Vermischung. Die Gemeinde besteht aus 9 verschiedenen Gottesdienstgemeinden, jede von ihnen mit einem ganz eigenen Profil. Im Augenblick hat jede dieser Gottesdienstgemeinden ein besonderes Angebot, zum Beispiel ein Krankenhaus für Menschen von der Straße, eine Arbeitsvermittlung, eine Wohngesellschaft, ein Café mit einem Buchladen und eine generationenübergreifende häusliche Pflege für alte Menschen.
Menschen, die von der Straße kommen, durchlaufen häufig die unterschiedlichen Angebote der verschiedenen Gemeindezweige. Untereinander verbunden sind die einzelnen Zweige durch ein Lehr- und Nachfolge-Programm, das von der „Servant Leadership School“[323] angeboten wird, dem speziellen Angebot eines weiteren Gemeindezweiges.
Wenn ein neuer Gemeindezweig entstehen soll, stellt die Gesamtgemeinde vorher folgende Fragen:

> Wie sieht der missionarische Auftrag in dem entsprechenden Wohngebiet oder Stadtteil aus?
> Welche Art von Gemeinschaft ist nötig, um den Auftrag ausführen zu können?
> Welche regelmäßigen geistlichen Übungen sind erforderlich, um die Gemeinschaft in diesem Missionsgebiet zu stützen?[324]

Gottesdienstformen

Wenn autorisierte Gemeindepflanzungen und neue Ausdrucksformen gemeindlichen Lebens in der Anglikanischen Kirche eine gewisse anglikanische „Familienähnlichkeit“ aufweisen wollen, dann wird diese auf verschiedene Weise in ihren Gottesdiensten deutlich.

[323] Anmerkung der Übersetzerin: *Leiter- und Mitarbeiterschulungen. Wörtlich: „Schule für dienende Führungskräfte“.*
[324] Einzelheiten finden Sie in: „Hope from the Margins – New Ways of Being Church“, Grove Evangelism 49, 2000, S. 11f.

„Common Worship: Lent, Holy Week and Easter"; „The Promise of His Glory"; und ganz besonders die in „New Patterns for Worship"[325] angebotenen Vorschläge und Anregungen bieten einen reichen Schatz an Möglichkeiten.

Vielleicht sind sie aber auch an vielen Stellen nicht ausreichend. Das Jugendstrategie-Dokument des Erzbischöflichen Rates hat bereits die Notwendigkeit eingeräumt, bewährte Praxismodelle und methodische Hilfen für Jugendgottesdienste zu entwickeln. Viele neue Ausdrucksformen gemeindlichen Lebens legen besonderes Gewicht auf Klein- oder Zellgruppen und benötigen angemessenes Arbeitsmaterial für diese Rahmenbedingungen. Die Erfahrung hat gezeigt, dass alternative Gottesdienstgemeinden eine reiche Quelle für liturgische Kreativität sind, indem sie die modernen und alten Formen auf neue Weise miteinander in Verbindung bringen. Cafékirchen wiederum haben eine „Tischliturgie" rund um eine Mahlzeit entwickelt.

Unser Bericht betont die Bedeutung eines Anglikanismus, der kulturell angemessen ist und „von unten" wächst, aus dem Zusammenspiel von anglikanischen Pflanzungsteams, Zielkultur und historischem Evangelium heraus. Das hat auch Auswirkungen auf die Entscheidungsprozesse bei der Entwicklung neuer gemeinsamer Gottesdienstformen.

Hintergrund für die Entwicklung von „Common Worship"[326] war eine „neue Strategie".[327] Sie war darauf ausgerichtet, den anglikanischen Gottesdiensten einen „gemeinsamen Kern" zu geben. Dieser Kern sollte nicht statisch sein, auch wenn einige Gottesdienstelemente, besonders die Abendmahlsliturgie, komplett der Autorisierung durch den Bischof bedurften. Der Kern sollte sich gleichwohl weiterentwickeln und zum Teil von den kulturellen Bedingungen mitgeformt werden.

Der Balanceakt zwischen der Treue zu unserem liturgischen Erbe (einschließlich der kirchenrechtlich vorgeschriebenen Erhaltung der Schlüsseltexte, wie zum Beispiel der Abendmahlsli-

[325] Anmerkung der Übersetzerin: *Agenden und Gottesdienstbücher der Anglikanischen Kirche für das Kirchenjahr. Vgl. Anm. 326.*
[326] Anmerkung des Herausgebers : *Nach dem „Book of Common Prayer" (1662) und dem (auf eine Dauer von 20 Jahren befristeten) „Alternative Worship Book" ist das „Common Worship" die dritte anglikanische Agende.*
[327] Vgl. „Promoting a Common Core" von Michael Vasey, in: „The Renewal of Common Prayer", Church House Publishing/SPCK, 1993, S. 81.

turgie) und der Anpassung an den kulturellen Kontext spiegelt in mikrokosmischem Maßstab die enorme Herausforderung kulturübergreifender Gemeindepflanzungen und die Spannung zwischen relevanter Verkündigung und Synkretismus wider.

Die Strategie des „gemeinsamen Kerns", auf dessen Hintergrund „Common Worship" entstand, ist sehr hilfreich. Sie legt das Gewicht auf liturgische Strukturen und Muster anstatt detaillierte Texte verpflichtend vorzugeben. Wenn Gemeindepflanzer ein solides Wissen über diese allgemeingültigen Strukturen und Muster christlicher Gottesdienste vermittelt bekommen haben, dann sollte man ihnen vertrauensvoll die Freiheit lassen, gemeinsam mit ihren neuen Gottesdienstgemeinden eine kulturell angemessene Liturgie von unten zu entwickeln. Mit Hilfe dieses Ansatzes ist es möglich, ein simples Klonen von liturgischen Modellen und Gemeinden in den missionarisch neu erschlossenen Gebieten zu verhindern.

Gemeindepflanzung in ländlichen Gebieten

Wenn in ländlichen Gebieten Gemeinden gepflanzt werden, dann geschieht dies selten in der „traditionellen Form", die den Bau eines neuen Gebäudes einschließt. In der Regel sind nämlich ausreichend Gebäude vorhanden. Deshalb ist es keine Überraschung, dass eine der Schlussfolgerungen der 2002 durchgeführten Untersuchung der Diözesen lautete: „In Anbetracht der Tatsache, dass wir in unserer Diözese über 648 Kirchen verfügen, sehen wir kaum Veranlassung zur Pflanzung weiterer Gemeinden." Da in England jedes Dorf, und sei es noch so klein, über eine Pfarrkirche verfügt, funktioniert die Arbeit der Anglikanischen Kirche in ländlichen Gebieten normalerweise so, dass eine Pfarrstelle mehrere Predigtstellen umfasst, mehrere Gottesdienstgemeinden sich also einen Pfarrer teilen.

Es werden also keine weiteren kirchlichen Gebäude gebraucht. Was aber gebraucht wird, sind neue Ausdrucksformen gemeindlichen Lebens, die auch die Bewohner der ländlichen Gebiete erreichen, die mit dem in ihrer Dorfgemeinde üblichen Stil der Gemeindearbeit nichts anfangen können. Auch wenn auf dem Land die traditionellen Formen des Gemeindelebens noch größere kulturelle Relevanz haben als in den Städten, kann selbst hier ein sozialer Wandel beobachtet werden. Ländliche Gemeinden, die noch in der überlieferten Form arbeiten, sind für die jüngeren Generationen meistens nicht mehr attraktiv. Viele Dorfgemeinschaften erleben große gesellschaftliche Umwälzungen: Die jungen Leute sind gezwungen, sich bezahlbare Wohngelegenheiten in den Städten zu suchen und werden durch wohlhabendere Pendler ersetzt. Deshalb haben „städtische" Faktoren wie Leben in Netzwerken, Auswahlmöglichkeiten und Mobilität auch im ländlichen Umfeld Einzug gehalten und stark an Einfluss gewonnen. Jede der in Kapitel 4 aufgelisteten neuen Ausdrucksformen gemeindlichen Lebens könnte auch eine „ländliche Variante" haben, die zusätzlich zur „traditionellen" Gemeindepflanzung in Betracht zu ziehen ist.

Eine Beispielgeschichte: Warham, Diözese Winchester

Mitte der 1980er Jahre lud der Besitzer eines Herrenhauses im ländlichen Hampshire die Londoner Gemeinde Holy Trinity Brompton ein, in seinem Haus einen Alphakurs für seine Nachbarn und Freunde durchzuführen. Viele von ihnen wurden Christen oder lebten ihren Glauben danach auf engagiertere Art und Weise. Die Gruppe wollte daraufhin wiederum ihren Freunden und Bekannten die Möglichkeit geben, den Alphakurs zu erleben, und im Laufe von zehn Jahren wurden so mindestens 200 Menschen erreicht.

Die Gegend gehört zu den Gebieten, in denen der nächste Nachbar gut 8 Kilometer entfernt wohnt. Die Diözese Winchester stellte dem Netzwerk eine nicht mehr benutzte Dorfkirche als Treffpunkt für die in der Woche stattfindenden Unterweisungen und Bibelarbeiten und die monatlichen Sonntagsgottesdienste zur Verfügung. Gleichzeitig wurden die Mitglieder des stetig wachsenden Netzwerkes dazu ermutigt, sich auch in ihren eigenen Ortskirchengemeinden zu engagieren.

1997 wurde Tim Humphrey „Beauftragter für Glaubensentwicklung" im Norden der Diözese Winchester und sollte als „Warham-Beauftragter"[328] offiziell das entstandene Netzwerk leiten. In den darauffolgenden fünf Jahren entstand eine

[328] Anmerkung der Übersetzerin: *Die „Warham Community" wurde gegründet, um das Netzwerk der durch die Alphakurse erreichten Menschen in den Dörfern um Berks und Hants zu unterstützen. Vgl. Nick Spencer, „Rediscovering the ‚Minster Model'" (Issue 9 – Autumn 2001), herunterzuladen unter: www.acpi.org.uk/articles/newsfrom.pdf (9.06.2006).*

Warham-Gemeinschaft, von der ausgehend ausgebildete Teams in ungefähr zehn verschiedenen Ortskirchengemeinden Dutzende von Alphakursen durchführten. Mitglieder der Gemeinschaft und neu zum Glauben gekommene Christen wurden in Zellgruppen zusammengefasst, die sich über ein Einzugsgebiet mit einem Radius von ungefähr 30 Kilometern erstreckten, und in drei Regionen eingeteilt, in denen jeweils ab und zu gemeinsame Feste und Alphagottesdienste gefeiert wurden. Diese neue Ausdrucksform gemeindlichen Lebens steht kurz davor, den Status als „außerparochialer kirchlicher Ort“ (Extra Parochial Place, EPP) zu bekommen.

Neue Ausdrucksformen gemeindlichen Lebens auf dem Land beginnen häufig damit, Netzwerke mobiler Menschen zu erreichen, und zwar über ein geographisches Gebiet, das weit größer als eine einzelne Ortsgemeinde ist. Manchmal hat dies missionarische Gründe, wie zum Beispiel bei einer Jugendgemeinde, die über alle Ortsgemeindegrenzen hinweg im gesamten Einzugsgebiet einer weiterführenden Schule arbeitet. Manchmal hat das Konzept aber auch mehr mit dem Mangel an Leitungspersonal zu tun. Nur wenige Gemeindepflanzer werden in ländliche Ortskirchengemeinden gesandt. Wenn sich Pfarrer und Lektor[329] bereits um sechs oder mehr verschiedene Predigtstellen kümmern müssen, können sie nicht auch noch in jeder Gemeinde neue Initiativen auf die Beine stellen.

Weil Gemeindepflanzung in ländlichen Gebieten fast immer bedeutet, dass eine neue Ausdrucksform gemeindlichen Lebens neben einer alten entsteht, ist hier große Sensibilität erforderlich. Eine kleine Ortskirchengemeinde im Dorf könnte sonst das Gefühl bekommen, die neue Ausdrucksform von Gemeinde wolle mit ihr „in Konkurrenz“ treten. Wenn die Zielgruppe allerdings ein deutlich anderer Teil der Bevölkerung ist, kann die neue Ausdrucksform sogar willkommen sein, weil sie die traditionelle Gemeinde von dem Druck befreit, einen liebevoll gepflegten Gottesdienststil aufzugeben oder die unmögliche Aufgabe zu meistern, den vielen verschiedenen Bedürfnissen von jedermann gerecht zu werden. Der Druck, all den verschiedenen Menschen gerecht zu werden, ist auch deshalb auf dem Land größer, weil dort die Anglikanische Kirche oft die einzige Art

[329] Anmerkung der Übersetzerin: *Zum Begriff „Reader“ = Lektor vgl. Kapitel 4, Anm. 187.*

christlicher Präsenz darstellt. Deshalb gibt es auch dort in den anglikanischen Gemeinden eine große Anzahl von Christen, die ursprünglich aus anderen Denominationen kommen. Diese Vielfalt kann Spannungen erzeugen, kann aber auch von großem Wert sein, weil Pflanzungsteams dann aus einer konfessionellen Mischung bestehen, die einen Reichtum an Erfahrungen und Ansatzmöglichkeiten mit sich bringt.

Eine Beispielgeschichte: „4 All“, Southrepps, Trunch Team Ministry

Als David Bartlett Pfarrer und Teamleiter von Southrepps wurde, beabsichtigte er, den Rat seines Bischofs zu beherzigen und ein Jahr lang erst einmal nichts zu verändern. Aber schon bald stellte er fest, dass ungefähr 20 Christen aus verschiedenen Ortskirchengemeinden den unerfüllten Wunsch nach einem zeitgemäßen Gottesdienst hegten, in dem sich auch ihre Kinder wohlfühlen würden. Einige der Familien hatten bereits aufgehört, die Gottesdienste in ihrer Gemeinde zu besuchen.

Man beschloss, einen Gottesdienst um 16.30 Uhr anzubieten, der nicht mit den Gottesdiensten anderer Kollegen kollidierte und der parallel zu dem bereits existierenden monatlichen Kindertreff „Offene Tür“ stattfinden sollte. Der Gottesdienst hatte einen mehr informellen Stil mit vielen interaktiven Elementen und einem gemeinsamen Abendessen am Schluss. Die Erwachsenen, die den „4 All“-Gottesdienst besuchten, wurden eingeladen, an einem Alphakurs teilzunehmen oder sich einer Kleingruppe anzuschließen. Nach etwas mehr als einem Jahr beteiligten sich etwa 70 Leute regelmäßig an diesem Projekt. „4 All“ stärkte das Engagement der alteingesessenen Gemeindeglieder und zog gleichzeitig neue Leute an, die nie auf den Gedanken gekommen wären, einen traditionellen Gottesdienst zu besuchen.

Es gibt zwei Faktoren, die der Anglikanischen Kirche bei ihrer Arbeit in ländlichen Gebieten häufig begegnen. Sie stellen entweder ein großes Potenzial dar oder bergen eine große Gefahr für neue Ausdrucksformen gemeindlichen Lebens.

Der erste Faktor sind die häufig vorkommenden Pfründen mit mehreren Ortskirchengemeinden. Solche eine Pfründe mit sechs Parochien, die wie Schwestergemeinden zueinander stehen, verfügt bereits über fertige Rahmenbedingungen, um eine auf Zellgruppen oder einem Netzwerk basierende neue Gemeinde als Gemeinde im vollen Sinn anzuerkennen. Eine solche neue Gemeinde wäre dann ein Partner mit einem Auftrag, der die Arbeit der ursprünglichen Gemeinden ergänzt. Eine Gefahr besteht aber dann, wenn innerhalb der Pfründe jede Ortskirchengemeinde über einen eigenen Gemeindekirchenrat verfügt. In diesem Fall fehlt den neuen Ausdrucksformen gemeindlichen Lebens das klare, geordnete Gegenüber, dem es zur Rechenschaft verpflichtet wäre. Sie werden es auch schwer haben, sich einen Platz neben den alten Formen von Gemeinde zu erobern und auch eigene Verantwortung für ihre Finanzen und die Zahlung des Zuschusses für die Ortskirchengemeinde zu übernehmen. Ein zentrales Leitungsgremium (Parish Church Councils – PCC, also: Gesamt-Gemeindekirchenrat) für die Gesamtgemeinde (Pfründe) und jeweils zusätzlich ein kleineres Gremium (District Church Council – DCC, also: Ortsgemeindekirchenrat)[330] für die alten und die neuen eigenständigen Teilgemeinden würden eine geeignetere Struktur bieten, in der neue Ausdrucksformen gemeindlichen Lebens gut arbeiten könnten: Sie könnten heranreifen, eigenständig werden und doch einer Gesamtleitung verantwortlich bleiben.

Der zweite Faktor betrifft die Gebäudefrage. Alte, ehrwürdige Gebäude können wundervolle Orte der Anbetung Gottes sein. Inzwischen kämpfen die ländlichen Gemeinden jedoch damit, die Kirchen als nationales Erbe in dem Ausmaß zu erhalten, wie sie es in der Vergangenheit getan haben. Es ist wichtig, ihnen die Möglichkeit zu geben, zunächst und an erster Stelle über den Auftrag nachzudenken, den sie von Gott bekommen haben. Oft sind wenige Menschen verantwortlich für eine zu große Anzahl solcher Gebäude, und die Kosten für die Erhaltung oder die Anpassung an moderne Bedürfnisse liegen außerhalb der Reichweite. In diesem Fall wird es unmöglich, den missionarischen Auftrag zu erfüllen oder neue Ausdrucksformen gemeindlichen Lebens zu entwickeln, weil ein unverhältnismäßig großer Teil des Geldes, der Zeit und der Anstrengungen an dieser Stelle versickert. Der Umgang mit diesen beiden Faktoren hat entscheidenden Einfluss darauf, ob und inwieweit es in der Zukunft neue Ausdrucksformen gemeindlichen Lebens in ländlichen Gebieten geben wird.

[330] Anmerkung der Übersetzerin: *Diese Struktur würde bei uns in etwa einer Gemeinde mit mehreren Gemeindebezirken entsprechen, die ein Gesamtpresbyterium und mehrere Bezirkspresbyterien hat.*

Auf dem Weg zur Reife

Mit der Notwendigkeit einer Reifung von neuen Ausdrucksformen gemeindlichen Lebens und dem Weg dorthin haben sich bereits große missionstheologische Vordenker der Vergangenheit beschäftigt, zum Beispiel Henry Venn von der „Church Missionary Society"[331]. Er war einer der wenigen bedeutenden Menschen, die sich in der Mission dafür einsetzten, bewusst auf eine Gründung von selbständigen einheimischen Kirchen hinzuarbeiten, die in die jeweilige Kultur passten und von den Menschen vor Ort auch selbst geleitet wurden.

1846 sprach Venn davon, „das Prinzip der Selbstbestimmung in die Eingeborenen-Gemeinden hineinzubringen". Ein solches Prinzip wurde tatsächlich entwickelt und ist heute bekannt unter der „3x-Selbst-Formel": sich selbst versorgen, sich selbst verwalten und sich selbst vermehren oder manchmal auch sich selbst aussäen. Diese Schlagwörter beschreiben sehr gut die drei Dimensionen einer reifen Gemeinde.

Das Muster kann sehr gut übertragen werden auf das heutige Modell von Gemeindepflanzungen und insbesondere auf neue Ausdrucksformen gemeindlichen Lebens. Für sie sind die Einschränkungen bezüglich der Einstellung von hauptamtlichen Vollzeitmitarbeitern und die Frage nach der finanziellen Unterstützung von außen unter Umständen ein besonders wunder Punkt. Henry Venns Prinzipien bieten gute Verständnishilfen sowohl für die aussendenden als auch für die ausgesandten Gemeinden. Mit ihrer Hilfe kann man auf ganz praktische Weise den Grad der Interdependenz messen, und deshalb sollten sie sowohl in neu gepflanzten Gemeinden und neuen Ausdrucksformen gemeindlichen Lebens als auch auf Diözesanebene Beachtung finden.

Die „3x-Selbst-Formel"

Es ist sowohl für Gemeindepflanzungen als auch für neue Ausdrucksformen gemeindlichen Lebens von grundlegender Wichtigkeit, dass sie darauf hinarbeiten, sich selbst zu verwalten.

[331] Die heutige „Church Mission Society".

Gelingen oder Scheitern einer Selbstverwaltung hängen entscheidend davon ab, ob eine Gemeinde es schafft, sich selbst zu finanzieren oder nicht. Und eine gesunde Gemeinde kann man daran erkennen, dass sie fähig ist, sich selbst auszubreiten und zu vermehren.

Sich selbst vermehren
Geschichten von Gemeindepflanzungen, die ihrerseits wieder zu reifen, aussendenden Gemeinden werden, sind Anlass zur Freude. Alle Ausdrucksformen gemeindlichen Lebens, ganz gleich ob sie alt sind oder neu, sollten das Potenzial haben, selbst wieder neue Gemeinden zu pflanzen.

Jede wachsende Gemeinde wird sich darum bemühen, Gaben und Dienste unter ihren Mitgliedern zu fördern und zu entwickeln. Die Schulung der nächsten Generation von Leitern ist ein guter Prüfstein für jede örtliche Gemeinde, auch wenn dies in eher benachteiligten Gegenden eine der größten Herausforderungen darstellt. Die innere Verpflichtung sich auszubreiten und zu vermehren sollte im Denken aller Leiter und Gemeindeglieder der Gemeindepflanzung verankert sein. Ein inneres Engagement in diese Richtung hilft dabei, den Blick kontinuierlich nach außen zu wenden und eine gebende Haltung zu bewahren.

Sich selbst finanzieren
Die Offenlegung von Kosten und Ausgaben ist für Gemeindepflanzungen ein hilfreicher Faktor in ihrer Beziehung zu ihrer parochialen Muttergemeinde und zur Diözese. Offenlegung heißt Aufrichtigkeit und Vertrauen und führt dazu, dass bessere Entscheidungen getroffen werden. Offenlegung heißt auch Aufrichtigkeit bezüglich der Kosten, die die Unterhaltung einer neuen Ausdruckform gemeindlichen Lebens mit sich bringt, und bezüglich jeglicher Zuschüsse und Unterstützung, die der Gemeinde die weitere Arbeit ermöglicht.

- In der Planungsphase wird empfohlen, für die neue Gemeinde einen Haushalt aufzustellen und zu verabschieden. Dieser sollte folgende Haushaltsstellen umfassen:
- ➢ Gehälter
- ➢ Mieten
- ➢ Gebäude (Nebenkosten)
- ➢ Ausstattung
- ➢ Fortbildungen
- ➢ Evangelisation

Gemeindeberater haben festgestellt, dass sich die meisten Diskussionen über Gemeindepflanzungen um die Punkte drei und vier drehen. Dabei geht es im Vergleich zu Punkt eins und zwei um relativ geringe Summen. Sie belaufen sich im Jahr vielleicht auf einige Hundert Pfund, während die ersten beiden Punkte leicht ungefähr 30.000 Pfund ausmachen können (eventuelle größere Ausgaben bei der Bedienung von Krediten für Gebäude noch gar nicht mitgerechnet). Die Punkte fünf und sechs sind wichtig, weil die Weiterentwicklung von Gaben und Fähigkeiten in direktem Zusammenhang steht mit der Fähigkeit, sich selbständig zu vermehren, und weil es ja der missionarische Gedanke war, der überhaupt zur Pflanzung der Gemeinde geführt hat.

- Der Haushaltsplan sollte bereits für mehrere Jahre im Voraus verabschiedet werden, um festlegen zu können, welche Zuschüsse nötig sind.

Wenn Vollzeit-Hauptamtliche angestellt werden, können sich die jährlichen Kosten durchaus auf 35.000 Pfund belaufen. Wenn man ein altes Kirchengebäude ererbt hat, kann auch das erhebliche Kosten verursachen. In neuen Ausdrucksformen gemeindlichen Lebens gibt es meistens relativ viele, die noch am Rande der Gemeinde stehen und sich zurückhalten, weil sie erst anfangen, den christlichen Glauben zu entdecken. Deshalb ist es vermutlich sinnvoll, mit der Diözese eine Abmachung über nach und nach zu reduzierende Zuschüsse zu treffen und/oder eine Befreiung von den Diözesanabgaben zu vereinbaren.

Sich selbst verwalten

Alle Gemeindepflanzungen und neuen Ausdrucksformen gemeindlichen Lebens profitieren davon, wenn sie nach und nach lernen, ihre Angelegenheiten so weit wie möglich selbst zu regeln. Um wachsen und reifen zu können muss man lernen, Entscheidungen zu treffen und Verantwortung zu übernehmen – und dabei auch Fehler zu machen. Muttergemeinden mit zu viel Beschützerinstinkt müssen lernen, Kontrolle und Macht abzugeben und sich über die Unabhängigkeit und den Austausch mit der neuen Gemeinde zu freuen und ihn zu genießen.[332]

[332] Vgl. Martyn Percy, „Power and the Church: Ecclesiology in an Age of Transition“, Continuum International, 1998, besonders die Kapitel 4, 5 und 8.

„Breaking New Ground“ hat schon 1994 auf diesen Punkt aufmerksam gemacht und dafür geworben:

„Die Praxis beweist: Je mehr die Muttergemeinden ihre führende Position abgeben und sie vertrauensvoll der neu gepflanzten Gemeinde überlassen, desto kräftiger ist das daraus resultierende qualitative und quantitative Wachstum.“[333+334]

Wohlgemerkt: Selbstverwaltung heißt nicht, dass keine Verbindungen zwischen der Ortsgemeinde und anderen Gemeinden bestehen. Vielmehr sollte es eine Interdependenz zwischen den Gemeinden eines Dekanates und einer Diözese geben, die alle dem Bischof und der Synode verantwortlich sind. Die Praxis hat gezeigt, dass es vorteilhaft ist, wenn neue Ausdrucksformen gemeindlichen Lebens einen angemessenen rechtlichen Status zugestanden bekommen.

Im Anglikanismus sind rechtlicher Status und Formen der Selbstverwaltung eng miteinander verbunden. Es würde allerdings den Rahmen dieses Berichtes sprengen, detaillierte juristische Empfehlungen zu geben. Allgemeine Empfehlungen finden Sie in Kapitel 8.

Warum ist der rechtliche Status ein wichtiger Faktor?

- Der juristische Status ist wie das Rückgrat im Körper. Es ist meistens auf den ersten Blick nicht sichtbar, aber viele andere sichtbare Körperteile sind von ihm abhängig. Und wenn etwas mit dem Rückgrat nicht in Ordnung ist, dann führt dies zu großen Beeinträchtigungen. In Krisenzeiten kann das Fehlen einer juristischen Grundlage zum Zusammenbruch der Gemeindepflanzung führen. Umgekehrt kann ihr Vorhandensein dabei helfen, stressige Zeiten zu überstehen.

[333] „Breaking New Ground“, Church House Publishing, 1994, Abschnitt 4.5, S. 14.

[334] Vgl. Roland Allen, „Missionary Methods: St Paul’s or ours?“, Eerdmans, 1962. Schon vor 90 Jahren betonte der dem katholischen Flügel der Anglikanischen Kirche angehörende Roland Allen (1868-1947), wie wichtig es ist, darauf zu vertrauen, dass der Geist Gottes das Volk Gottes bei der Erfüllung seines missionarischen Auftrages führt, befähigt und ermächtigt, und zwar besonders dann, wenn neue, unabhängige Gemeinden gegründet und aufgebaut werden. Er begründete seine Argumentation mit der paulinischen Art und Weise des Gemeindeaufbaus.

- Der rechtliche Status bietet Schutz bei personellen oder anderen grundsätzlichen Veränderungen in der Diözese oder in der aussendenden Gemeinde, die vielleicht negative Auswirkungen auf die Gemeindepflanzung haben könnten. Er stellt sicher, dass die junge Gemeinde ausreichend anerkannt und respektiert wird.
- Junge Gemeinden, die ausschließlich von der Gunst und Gnade anderer abhängen, haben zwar finanzielle Verpflichtungen gegenüber der Diözese, können aber keine Rechte einfordern. Rechte und Pflichten sollten in einem ausgewogenen Verhältnis stehen.
- Enthusiastisches Engagement bei der evangelistischen Verkündigung und steigende Zahlen beim Gottesdienstbesuch sind unter Umständen keine Garantie für den Fortbestand der gepflanzten Gemeinde. Dies stimmt vor allem dann, wenn es um die Verteilung von Leitungspersonal geht. Denn wo es so lebendig zugeht, so wurde in der Vergangenheit oft argumentiert, braucht man eigentlich keinen Leiter. Wenn eine Gemeindepflanzung den Status „eines interessanten Experimentes" behält, kann man sie ganz willkürlich entweder loben oder schließen.

Wir wollen hier nicht dafür plädieren, aus allen Ausdrucksformen gemeindlichen Lebens Ortskirchengemeinden zu machen. Das wäre in vielen Fällen nämlich weder gewollt noch passend. Wenn man jedoch neue Ausdrucksformen gemeindlichen Lebens einfach nur als „Experiment" oder „Projekt" bezeichnet, dann ist dies sowohl gefährlich als auch beleidigend.

Wenn eine entstehende, neu aufkommende Gemeinde durchgängig wie ein „Projekt" behandelt wird, das man bearbeiten muss, anstatt in ihr einen fundamental anderen theologisch-philosophischen Ansatz zu sehen, dann hat dies die Marginalisierung einer solchen Gemeinde zur Folge. Die gesamte Kirche steht vor der Herausforderung, die Pflanzungskonzepte und –erfahrungen einzubetten und ihnen normativen Wert zu geben, statt sie einfach nur als Zusatz zu dem zu betrachten, was schon da ist.

Wir brauchen festgelegte Methoden, um neue Ausdrucksformen gemeindlichen Lebens einheitlich bewerten zu können.[335] Kapitel 8 beschäftigt sich einigermaßen ausführlich damit, wie

[335] Vgl. „Joining the Club or Changing the Rules?", Encounters on the Edge 5, Church Army, 2000.

dies funktionieren könnte. Weitere, von „Breaking New Ground" festgesetzte Kriterien sind bereits seit 10 Jahren im Umlauf. Trotzdem herrscht in der Praxis immer noch ein beträchtlicher Widerstand dagegen, Gemeindepflanzungen und neuen Ausdrucksformen gemeindlichen Lebens die anglikanischen „Bürgerrechte" zuzugestehen. In einigen Fällen verlief dieser Prozess, Neues zu akzeptieren und anzuerkennen derartig unwillig und schleppend, dass der Anglikanischen Kirche wertvolle Ressourcen verloren gegangen sind.[336]

Es stärkt die Bindungen zwischen neu und alt, wenn den Gemeindepflanzungen und den neuen Ausdrucksformen gemeindlichen Lebens durch gute rechtliche Regelungen gezeigt wird, dass sie dazugehören. Es ist eine Bestätigung, dass Vielfalt willkommen ist: eine Vielfalt, die die ganze Bandbreite von traditionellen Gemeinden bis hin zu radikalen Formen umfasst. Außerdem bekommen entstehende und existierende Gemeinden einen Rahmen, um im ständigen Gespräch miteinander zu bleiben und voneinander zu lernen. Kurz gesagt würde so im rechtlichen Sinn umgesetzt, was theologisch über den Leib Christi zu sagen ist: ein Leib mit verschiedenen Gliedern, von denen eines das andere wertschätzt, denn alle haben ihre Identität durch den Einen, durch ihr gemeinsames Haupt, Christus.

Denk- und Diskussionsanstöße

- Haben wir Menschen Formen von Gemeinde aufgezwungen, die sie nicht wollen? Vorgeschlagener Bibeltext: Eph 4,11-16.
- Welche neuen Ausdrucksformen gemeindlichen Lebens könnten in Ihrer Wohngegend (sei sie ländlich, städtisch oder am Stadtrand) oder Ihrem Netzwerk realistisch gesehen entwickelt werden, um Menschen anzusprechen, die bisher noch keinen Kontakt zur Gemeinde hatten?
- Welche Merkmale machen eine Ortsgemeinde „reif"? Gibt es solche „reifen" Gemeinden in Ihrem Umfeld, und wie sehen sie aus? Kann eine Gemeinde jemals *zu* reif sein?

[336] Vgl. Graham Cray, „Youth Congregations and Emerging Church", Grove Evangelism 57, 2000, S. 23.

- ➢ In diesem Kapitel wird von kreativem Umgang mit Liturgie gesprochen. Welche Elemente Ihrer Gottesdienste können hilfreich sein für ein missionarisches Handeln in Ihrem Kontext? Welche Aspekte der Liturgie und der Gottesdienste sind dagegen eher hinderlich?
- ➢ In diesem Kapitel wird empfohlen, auf Folgendes sorgsam zu achten:
  - „Wer Kirche als Ausgangspunkt nimmt und mit ihr startet, dem wird wahrscheinlich die Mission verloren gehen. Wer mit der Mission startet, wird vermutlich die Kirche finden."
  - Was könnte es in der Praxis bedeuten, nicht die „Kirche als Ausgangspunkt" zu wählen, sondern „mit der Mission zu starten"?

Kapitel 7: Rechtliche Rahmenbedingungen für die Entwicklung missionarischer Gemeinden

1994 formulierten die Verfasser von „Breaking New Ground" die folgende Hoffnung:

> „Wir müssen die verschiedenen Stile gemeindlichen Lebens dazu befähigen, nebeneinander zu existieren, ohne sich immer an territorialen oder auch konfessionellen Grenzen zu orientieren. An dieser Stelle können wir viel von der Gemeindepflanzungs-Bewegung lernen. Außerdem sollte eine bischöflich verfasste Kirche erkennen, wann eine Fixierung auf parochiale Grenzen nicht ausreicht, wenn man als Gemeinde wirklich im jeweiligen Kontext verankert sein will. Sie muss ergänzt werden durch eine realistische Wahrnehmung von Netzwerken und Nachbarschaften. Die Betonung, dass Gemeindegrenzen immer vorgehen, lähmt in solchen Situationen jegliche vorhandene Initiative."[337]

Es ist Zeit, sich mit den praktischen Einzelheiten für die Verwirklichung dieser Ziele auseinanderzusetzen. Wir werden uns in diesem Kapitel mit vier wichtigen Fragen befassen.

Welche Erfordernisse bringen Netzwerke mit sich?

Seit dem Erscheinen von „Breaking New Ground" sind in England nach und nach territorial ungebundene Netzwerkgemeinden entstanden.[338] Inzwischen ist aus dem Rinnsal ein schnell fließender, kleiner Bach geworden. Aufgrund der Vorbilder in den Diözesen Sheffield und Canterbury haben inzwischen die Hälfte der Netzwerkgemeinden einen Status als „außerparochialer kirchlicher Ort" (EPP), auch wenn dem immer langwierige Verhandlungen vorangingen und die Hilfe eines wohlgesonne-

[337] „Breaking New Ground", Church House Publishing, 1994, Abschnitt 1.9.
[338] Siehe Kapitel 2.

nen Fürsprechers unter den Mitarbeitern des Bischofs nötig war. Die übrigen Netzwerkgemeinden sind entweder bewusst davon abgehalten worden, diesen Weg zu gehen, oder sie haben einen Antrag gestellt, der von der aussendenden Gemeinde oder der Diözese abgelehnt worden ist.

Ein Unterausschuss unserer Arbeitsgruppe hat sich mit der „Pastoral Measure“[339] von 1983 befasst und dazu eine Fragebogenaktion durchgeführt. Der Ausschuss ist dabei zu dem folgenden Ergebnis gekommen:

> „Die aktuellen Bestimmungen, einschließlich derer für außerparochiale kirchliche Orte, sind nicht immer ganz zufriedenstellend und angemessen. Sie beinhalten Vorgehensweisen und Strukturen, in denen der Umgang mit modernen Formen von territorial ungebundenen Netzwerkgemeinden nicht vorgesehen ist. Deshalb sind unserer Meinung nach neue Bestimmungen auf einer freieren Basis nötig, um auch nicht-parochialen Gemeinde- und Missionsmodellen Anerkennung und Ermutigung zu gewährleisten.“

Diese Worte vernehmen wir mit Freude. Sie machen deutlich, dass die englische Gesellschaft in zunehmendem Maße in Form von „Netzwerken“ funktioniert, und dass viele der neuen Ausdrucksformen gemeindlichen Lebens und der existierenden Gemeindepflanzungen ihre Arbeit in genau dieser Wirklichkeit tun. Es handelt sich hier wohlgemerkt nicht um eine Maßnahme für außergewöhnliche Umstände im Rahmen des „Normalen“. Es geht hier vielmehr um eine zukünftige Norm, die bereits hier und heute sichtbar ist.

> **Die alte Form von Gesellschaft und Kirche hat eine auf bestimmte Weise gewebte Struktur. Wir möchten nicht einfach Flicken auf das alte Gewebe setzen, sondern einen neuen Webstuhl bauen, um für die zukünftige Gesellschaft des Reiches Gottes ein neues Gewand zu weben.**

[339] Anmerkung der Übersetzerin: *„Pastoral Measure“ ist der Ausdruck, mit dem das 1983 beschlossene und verabschiedete Kirchenrecht der Anglikanischen Kirche in England bezeichnet wird. Es wurde von der Generalsynode erarbeitet und beschlossen, von beiden Häusern des englischen Parlaments ratifiziert und von der Krone gebilligt. Die „Pastoral Measure“ ist bindend und hat den gleichen rechtlichen Status wie ein vom Parlament verabschiedetes Gesetz. Quelle: www.swuklink.com (9.06.2006).*

Wie können Gemeindepflanzungen Anerkennung als „erwachsene" und eigenständige Gemeinden bekommen?

Die Geschichte von neuen gottesdienstlichen Gemeinden, die in Abhängigkeit gehalten wurden, und deren Reife implizit oder explizit in Frage gestellt wurde, ist lang und alt. In der Überschrift wird von „erwachsenen" Gemeinden gesprochen. Dieser Begriff soll den Status neuer Ausdrucksformen gemeindlichen Lebens in ihrer Beziehung zu anderen, sie umgebenden anglikanischen Gemeinden deutlich machen. „Erwachsen" zu sein bedeutet nicht, dass die Gemeinde nur aus Erwachsenen bestehen soll. „Erwachsene" Gemeinden sind solche, die Anerkennung, Respekt und liebevolle Beachtung durch Gemeinden erfahren, die eine längere Geschichte haben. Die Länge ihres Bestehens oder der Stil ihrer Gottesdienste oder ihres Gemeindelebens sollten keinen Einfluss auf das Ansehen oder den Umgang mit neuen Ausdrucksformen gemeindlichen Lebens haben.

In Kapitel 6 dieses Berichtes und besonders auch in den Empfehlungen von „Breaking New Ground" wird betont, wie wichtig es ist, Gemeindepflanzungen und neue Ausdrucksformen gemeindlichen Lebens als erwachsene Gemeinden anzuerkennen. Es gibt viele Geschichten von Gemeindepflanzungen, die in finanzieller Abhängigkeit gehalten wurden, und denen die synodalen Rechte und ein rechtlich anerkannter Status vorenthalten wurden, oder die in einer untergeordneten Position gehalten wurden. Es sollte ein Anliegen der Anglikanischen Kirche in England werden, neue Ausdrucksformen und Gemeindepflanzungen darin zu vergewissern, dass sie wirklich Kirche sind. Das schließt ein, Gemeinden zu ermutigen und zu unterstützen, die sich um rechtliche Anerkennung bemühen und sich ganz in Struktur und Leben der größeren kirchlichen Gemeinschaft einbringen möchten.

Manchmal wurde angeführt, dass es im Rahmen der bestehenden Vorschriften für die Autorisierung von Leitern einer neuen Ausdrucksform gemeindlichen Lebens sehr wohl ungenutzte Spielräume gibt. Das mag vielleicht den Start eines Prozesses vereinfachen, weil dadurch eine gewisse Flexibilität gegeben ist, aber es löst weder die Frage nach dem Status der neuen, aus dem Prozess entstehenden Gemeinde, noch sagt es etwas aus über die Verpflichtungen und Rechte gegenüber anderen Ortskirchengemeinden und der Diözese aus.

Wir können auf gute Anleitung und Praxiserfahrung zurückgreifen!

Im Anhang 1 von „Breaking New Ground“ finden sich Leitlinien, die einen allmählichen Übergangsprozess zur Reife und rechtlichen Anerkennung für Gemeindepflanzungen möglich machen. Sie richten sich an Gemeindepflanzungen mit verschiedenen Ausgangsbedingungen, unterschiedlicher Stärke und Größe sowie unterschiedlich langen Prozessen auf dem Weg zur Nachhaltigkeit und zum „Erwachsensein“. Vielleicht war es ein Fehler, diese Hinweise in den Anhang zu verbannen, wo sie von der Mehrheit der Kirche unbemerkt geblieben sind. Die Leitlinien haben weder in den weiteren Planungen auf Diözesanebene Niederschlag gefunden, noch sind sie in die Ausbildungskonzepte von Pfarrern eingeflossen. Dies ist eine Unterlassung, die revidiert werden sollte. Man sollte also aktiven Gebrauch von all dem machen, was die Generalsynode in „Breaking New Ground“ längst gutgeheißen und veröffentlicht hat.

Wie hilfreich sind vorhandene rechtliche Optionen für die verschiedenen Gemeindepflanzungen und neuen Ausdrucksformen?

Diese Überprüfung gegenwärtiger rechtlicher Optionen beruht auf einer 20jährigen praktischen Erfahrung mit Gemeindepflanzungen. Die folgende Zusammenfassung bietet einen Überblick über die gegenwärtig existierenden Möglichkeiten. Es soll deutlich werden, wie der Reifungsprozess und die Anerkennung der einzelnen Formen unter den heutigen rechtlichen Bedingungen funktionieren, welche Vor- und Nachteile sie bieten, und mit welcher Wahrscheinlichkeit eine Gemeinde den Status der Eigenständigkeit erreicht. Es handelt sich hier, wohlgemerkt, um eine Zusammenfassung und nicht um eine umfassende Beleuchtung aller Einzelheiten.[340]

[340] In diese Tabelle sind Ortskirchengemeinden mit mehreren, voneinander geographisch getrennten und unzusammenhängenden Gemeindebezirken und „normale Gemeindebezirke“ (die durch die Beteiligung an einem gemeinsamen Gemeindeleitungsgremium repräsentiert sind) nicht einbezogen.

Rechtliche Option	Beschreibung	Vorteile	Nachteile	Zusammenfassung
Gemeindestatus als Parochie = Ortskirchengemeinde (mit neuem Gebäude)	Der neuen Gemeinde wird wie allen anderen, bereits existierenden Ortskirchengemeinden in der Diözese ein geographisch abgegrenztes Gebiet zugewiesen.	Die Nachfolgeregelung für ein ordiniertes Pfarramt ist gesichert. Das gilt auch für die Bereitstellung einer Pfarrwohnung. Selbstverwaltung durch einen eigenen Gemeindekirchenrat. Synodales Wahlrecht. Kirchliches Gebäude als zentraler Gemeindetreffpunkt. Sofortige Anerkennung durch andere Gemeinden.	Schwer zu erreichen! Erfordert mehr als 5.000 Einwohner im dazugehörigen geographischen Bezirk. Hohe Unterhaltungskosten für Kirche und Pfarrhaus.	Durch den Status als Parochie ist der Platz in der Diözese garantiert. Ungeeignet für Netzwerkgemeinden, aber gut geeignet für geographisch orientierte Gemeindepflanzungen.
Gemeindestatus als Parochie = Ortskirchengemeinde (mit bereits existierendem Gebäude)	Neue Gottesdienstgemeinde übernimmt kirchliches Gebäude, das unbenutzt war oder geschlossen werden sollte.	Wie oben.	Ins Positive zu verkehrende Geschichte des Scheiterns. Territoriale Gemeindegrenzen könnten an der missionarischen Aufgabe vorbeigehen. Notwendige Versorgung der Gemeinde könnte die Beschäftigung mit einer bestimmten Zielgruppe (z.B. Jugendliche) verhindern.	Wie oben.

Rechtliche Option	Beschreibung	Vorteile	Nachteile	Zusammenfassung
„Konventionsbezirk“	Eine befristete Quasi-Ortskirchengemeinde wird dadurch geschaffen, dass ein Gebiet aus einer oder aber mehreren benachbarten Ortskirchengemeinde ausgegliedert wird. Durch eine Vereinbarung („Konvention“) der beteiligten Gemeinden wird das Gebiet zum Gemeindebezirk.	Ordinierter Gemeindeleiter (allerdings ohne Anrecht auf Erhalt der Stelle). Gemeindeleitungsgremium mit partieller Unabhängigkeit. Synodales Wahlrecht.	Die *dauerhafte* Existenz ist abhängig von der Einwilligung der einzelnen Pfarrstelleninhaber – und die können wechseln. Pastor bleibt kürzer als ein Pfarrstelleninhaber, dessen Stelle unbefristet ist. Gebäude hat weniger den Charakter eines zentralen Treffpunktes als die parochiale Kirche. Langer Prozess bis zum Erhalt des Status einer vollständigen Ortskirchengemeinde. Nicht geeignet für Netzwerkgemeinden, da gebietsabhängig.	Sprungbrett zum Ortskirchengemeindestatus, aber anfällig für schnellen Leitungswechsel. Nur sinnvoll als Teil einer langfristigen Planung zur Erlangung des Ortskirchengemeindestatus, wenn für den Dienst in einem abgegrenzten Gebiet eine neue Gemeinde entstehen soll.
Privatkapelle	Eine nicht in die lokalen Strukturen eingebundene Kapelle, in vergangenen Jahrhunderten genutzt, um unterschiedlichen Traditionen ein Zuhause zu geben. Es handelt sich teilweise um Patronatskirchen auf Landgütern, teilweise um Missionshäuser der London City Mission.		Oft mit einer konfliktreichen Geschichte verknüpft. Nicht missionarisch fokussiert.	Aufgrund der umkämpften Geschichte selten benutzt.

Rechtliche Option	Beschreibung	Vorteile	Nachteile	Zusammenfassung
Pfarrteam	In der Regel schließen sich hier drei oder mehr Gemeinden und Gottesdienstgemeinden zu einem Team zusammen und arbeiten gemeinsam in einem geographischen Gebiet. Einer der Pastoren ist Teamleiter.	Jede Gemeindepflanzung ist eingebettet in eine große Familie. Schenkt in den ersten Jahren Sicherheit. Teampfarrer haben längere Anstellungszeiten als Pastoren im Entsendungsdienst. Bei Vergrößerung des Teams können ohne Probleme weitere Gemeindepflanzungen integriert werden.	Teamleiter kann die Ernennung von Mitarbeitern kontrollieren. Komplexe Strukturen sind unter Umständen eine zusätzliche Belastung für die junge Gemeinde. Der gepflanzten Gemeinde kann das synodale Wahlrecht verweigert werden. Schlechte Erfahrungen mit einigen Teams zwangen zu deren Auflösung. Es gibt wenig Weiterbildungen und Hilfsangebote zum Thema Teamarbeit für Pfarrer. Entwicklung einer Gemeindepflanzung zu einer eigenen, über den Rahmen des Teams hinausgehenden Identität ist selten. Schwerfälliger Entstehungsprozess.	Innerhalb von Teams entstandene Gemeindepflanzungen bleiben leicht in der Rolle des Juniorpartners ohne automatisch synodale Rechte und anteilige Verantwortung zu bekommen. Das verhindert, dass sie den Status einer „erwachsenen“ Gemeinde erlangen.
Gemeindezusammenschlüsse	Mehrere, voneinander unabhängige Ortskirchengemeinden mit jeweils eigenem Gemeindekirchenrat betrachten ihr Gemeindegebiet als gemeinsame Aufgabe.	Ortspfarrer bestimmen gemeinsam über den Grad der gegenseitigen Unterstützung. Gemeinsam beschlossene Flexibilität innerhalb der Gruppe von Gemeinden. In dieser Gruppe kann auch Raum für eine Netzwerkgemeinde sein. Vielfältige Traditionen bilden	Anfällig bei Pfarrerwechsel. Eventuell fehlende Übereinstimmung des Gebietes, in dem der Gemeindezusammenschluss existiert, mit dem Einzugsbereich des Netzwerkes.	Vielversprechender als ein Pfarrteam hinsichtlich der Flexibilität für missionarisches Planen und Handeln und im Blick auf die Erlangung einer klaren Identität im Rahmen der Gesamtkirche. Leichter aufzubauen als Pfarrteams. Gut für kleinere und mittelgroße

Rechtliche Option	Beschreibung	Vorteile	Nachteile	Zusammenfassung
		eine Einheit. Jede Gemeinde ist selbstverwaltet und hat das synodale Wahlrecht.		Städte, in denen Netzwerke in den meisten Fällen die Stadtgrenzen nicht überschreiten. Unter Umständen nicht hilfreich in Großstädten und ländlichen Gebieten.
Außerparochiale kirchliche Orte (EPP)	Ein Gebäude bildet das Zentrum einer bestimmten Form des Dienstes, wie z.B. ein Einkehrhaus oder eine Militärkapelle.	Verschafft Netzwerkgemeinden eine Daseinsberechtigung. Eine Weiterführung der Arbeit ist wahrscheinlich. Selbstverwaltet. Die Gemeinde hebt sich deutlich von der Ortskirchengemeinde ab.	Erlangung des Status erfordert langen Prozess. Schwierig zu erlangen für Gemeinden, die sich an verschiedenen Orten treffen, z.B. Zellgemeinden. Keine synodalen Rechte. Aufgabe des Pfarrers kann auf Seelsorge an eingeschriebenen Mitgliedern begrenzt werden (Canon C8).	Hilfreiche rechtliche Anerkennung bestimmter netzwerkbezogener christlicher Gemeinschaften. Das Thema der synodalen Rechte und anteiligen Mitverantwortung erfordert weitere Bearbeitung.
Gemeindepflanzungen als lokale ökumenische Partnerschaften (LEP)	Neue Gemeindepflanzung initiiert durch mehr als eine lokal ansässige Denomination.	Gut geeignet für Neubaugebiete. Verteilt die Kosten auf verschiedene Denominationen. Der Eindruck, dass Kirchen zusammenarbeiten, hat positiven Einfluss auf die missionarische Wirkung.	Vermehrung der kirchlichen Strukturen, auf die Bezug zu nehmen ist. Einbettung in anglikanische Bezüge muss zusätzlich geklärt und ausgearbeitet werden (Pfarrteam, Gemeindezusammenschluss, parochiale Gemeinde). Gefahr der Fokussierung auf die Ökumene statt auf das missionarische Ziel.	Erfahrungsberichte von LEP-Gemeindepflanzungen sind sehr verschieden. Eventuell muss es eine Anpassung an die verschiedenen beteiligten Denominationen geben, ohne allerdings die Identität innerhalb der Anglikanischen Gesamtkirche außer Acht zu lassen.

Was brauchen wir heute?

Die notwendigen Ressourcen für eine Gemeindepflanzungs-Bewegung

In den vergangenen 20 Jahren gab es in allen Denominationen kreative Entwicklungen auf den Gebieten Mission und Gemeindepflanzung. Trotzdem ist eine dynamische Gemeindepflanzungs-*Bewegung* nicht in Gang gekommen. Dafür gibt es mehrere Gründe:

- Das System der parochialen Gemeinden kann sehr gut neue Ausdrucksformen gemeindlichen Lebens innerhalb der Gemeindegrenzen akzeptieren und integrieren. Es ist aber nicht gut geeignet, wenn es darum geht, Ausdrucksformen oder Gemeindepflanzungen zu fördern, die über die Gemeindegrenzen hinausgehen.
- Es ist schwierig, die Genehmigung zur Wiedereröffnung unbenutzter Kirchen oder zur Rettung sterbender Gemeinden zu beantragen und zu bekommen.
- Es gibt nur wenige Gemeinden, die groß genug sind, um überhaupt über die Mittel für eine Multiplikation zu verfügen. Und die meisten größeren Gemeinden haben Schwierigkeiten, ihrer Diözese die Erlaubnis zur Rekrutierung der notwendigen Anzahl Hauptamtlicher abzuringen, selbst dann, wenn es sich um Laien handelt.
- Wer als Leiter zum Persönlichkeitstyp der „Pioniere“ oder „Unternehmer“ gehört, findet das Leben im Rahmen des Anglikanismus in der Regel nicht sehr leicht. Es gibt keine Strukturen, solche Menschen ihren Gaben entsprechend zu berufen oder zu unterstützen.
- Erfahrungsberichte zeigen, dass viele Gemeindeleiter, die die Anfangsphase einer kreativen und kontextbezogenen neuen Ausdrucksform gemeindlichen Lebens begleitet und gestaltet haben, in ihrer nächsten Stelle eine völlig andere Aufgabe und Rolle zugeteilt bekommen. Weder ihre Fähigkeiten noch ihre Erfahrung kommen je wieder zum Einsatz und sie werden auch nicht an andere geeignete Kandidaten weitergegeben.

Selbst eine so dynamische anglikanische Gemeinde wie Holy Trinity Brompton, die sich seit langem in Zusammenarbeit mit der Diözese London für die Multiplikation von Gemeinden einsetzt, hat im Laufe der vielen Jahre fünfzehn neue Gemeinden gepflanzt. Und der Stammbaum der Gemeinde zeigt,[341] dass von diesen fünfzehn Gemeinden nur vier wiederum Gemeinden gepflanzt haben.

St. Thomas in Sheffield (eine lokale ökumenische Partnerschaft zwischen Anglikanern und Baptisten) wurde während der vergangenen acht Jahre dazu ermutigt, die Gemeindepflanzungs-Bewegung in der ganzen Stadt zu verbreiten und voranzutreiben. Ein Element der von der Diözese vorgeschlagenen Strategie, die St. Thomas in die Tat umsetzen wollte, war die Einführung eines „Ressourcen-Gemeinde-Modells".[342+343] Im Augenblick bedeutet das konkret: Es gibt 29 Cluster bzw. missionarische Gruppen. Diese Gruppen sollen eine Bewegung zur Pflanzung von Netzwerkgemeinden und nachbarschaftsorientierten Gemeinden unterstützen. Die 29 Gruppen sind in 8 gottesdienstliche Versammlungen aufgeteilt, mit jeweils einer missionarischen Vision. Einige konzentrieren sich auf Studenten, andere auf Teile der Arbeitswelt, wiederum andere auf Jugendliche in innerstädtischen Siedlungen, junge Erwachsene oder das Wohnumfeld der Kirchengemeinde Crookes in Sheffield.

Wo immer eine solche „Ressourcen-Gemeinde" die Möglichkeit sieht, im Rahmen der von der Diözese verfolgten Strategie eine Gemeinde zu pflanzen, soll sie dazu ermutigt werden. Aber selbst das allein kann nicht einmal annähernd dem Ausmaß der Herausforderungen gerecht werden, vor die wir als Kirche gestellt sind.

Brauchen wir einen neuen missionarischen Orden?

Eine neue rechtliche Kategorie wie ein bischöflicher Orden könnte einen Weg bahnen, um neue Ausdrucksformen gemeindlichen Lebens hinreichend versorgen, wertschätzen und vermehren zu können, ohne durch die existierende Gesetzge-

[341] Vgl. George Lings, „Dynasty or Diversity", Encounters on the Edge 15, Church Army, 2002, S. 4.

[342] „Ressourcen-Gemeinde" ist der in der Diözese Sheffield benutzte Begriff. Er kann verglichen werden mit dem andernorts eher geläufigen „Minster-Modell". Heute dient ein Gemeindekern als Ressource, die die Mission und den Dienst in anderen Gemeinden ermöglichen und unterstützen soll.

[343] Anmerkung der Übersetzerin: *Das Minster-Modell geht auf die alte Praxis zurück, bei der Klosterkirchen oder andere große Kirchen Ausgangspunkt für die Versorgung und Mission der umliegenden Gebiete waren.*

bung behindert zu werden.[344] Ein bischöflicher Orden ist dem Bischof Rechenschaft schuldig und stärkt die bischöfliche Autorität. Zugleich aber würden Wachstum ermöglicht und neue Ressourcen zur Verfügung gestellt.

Neue „Orden"

Als Rowan Williams noch Bischof der Diözese Monmouth war, verlieh er zwei verschiedenen Orden die Anerkennung und übernahm das Patronat über sie: Jacob's Well[345] (für den Heilungsdienst) und Living Proof[346] (für lokale Jugendarbeit unter Jugendlichen ohne kirchlichen Hintergrund). Die bischöfliche Genehmigung verschaffte beiden einen festen Platz im Leben der Anglikanischen Kirche von Wales, aber sie befreite die Orden auch von einem quasi-parochialen Status und gab so Raum für eine „kreative Unordnung" im kirchlichen Leben.[347]

Begleitung

Wie die historischen Orden bedürfen auch die neuen Orden einer zuverlässigen Beziehung zum Bischof. Die Verbindung zum Bischof sollte nicht zu fest sein, aber doch in den geschichtlich vorgegebenen Strukturen erkennbar. Auf diese Weise könnte sich hier ein angemessenes Modell für netzwerkorientierte Gemeinden bieten, speziell für alternative Gottesdienstgemeinden, einige Zellgemeinden, Gemeinschaften mit monastischer Orientierung und Jugendgemeinden. Das Problem liegt darin, dass schon die Vielfalt und vor allem die Anzahl der Modelle die Kapazitäten der im Augenblick amtierenden Bischöfe übersteigen könnten. Sie würden scheitern, sofern sie alle begleiten müssten.

Andere haben vorgeschlagen, angesichts der Zunahme von Netzwerkgemeinden „Dekanatskapitel"[348] für sie in den Diöze-

[344] Im Kapitel 4 dieses Berichtes finden Sie Beispiele und Kommentare dazu.
[345] D.h. auf Deutsch: Jakobsbrunnen.
[346] D.h. auf Deutsch: Lebendiger Beweis.
[347] Siehe auch: Bericht der Anglikanischen Kirche von Wales, „Good News in Wales". Über die zweite Geschichte wird berichtet in: „Living Proof", Encounters on the Edge 1, Church Army, 1999.
[348] Anmerkung des Herausgebers: *Unter einem Kapitel (vor allem: Domkapitel) versteht man im (katholischen) Kirchenrecht ein Kollegium von*

sen zu gründen, in denen es solche Gemeinden gibt. Dafür spräche sicherlich, dass auf diese Weise gegenseitige Unterstützung, gemeinsames geistliches Reflektieren und eine gemeinsame Strategie ermöglicht würden. Allerdings könnte die Beziehung zu anderen Geistlichen als auch die gegenseitige Ergänzung zwischen althergebrachten und neuen Ausdrucksformen gemeindlichen Lebens darunter leiden. Geeigneter erscheint der Vorschlag, gelegentliche Treffen der Netzwerkgemeinden anzubieten, zum Beispiel einen gemeinsamen Tag im Jahr für alle Gemeindepflanzungen und neuen Ausdrucksformen gemeindlichen Lebens aus der gesamten Diözese.

Wo müssen wir den Hebel ansetzen?

Dieser Bericht sieht ein besonderes Problem in der typischen Vorgehensweise der Anglikanischen Kirche.[349] Wir sind eine englische Kirche, deren Geschichte und Kultur sie gelehrt hat, genau das zu sein: englisch. Das heißt im Klartext: Evolutionärer Wandel ist dann gut, wenn er langsam vonstatten geht. Das entspricht aber nicht mehr dem Kontext, mit dem wir konfrontiert sind. Und im Augenblick verfügen wir nicht über den geeigneten Hebel, um den Prozess einer passenden missionarischen Antwort auf die sich wandelnde Kultur in England zu beschleunigen.

Gleichzeitig leben eine Reihe von „Pionieren" in der ständigen Spannung zwischen ihrer anglikanischen Identität und ihrer

Priestern an einer Dom- oder Stiftskirche. Der im frühen Mittelalter entstandene Name bezieht sich wohl auf die Sitte, zu Beginn der Versammlungen des Kapitels ein Kapitel aus der Heiligen Schrift oder aus der Ordensregel zu verlesen. Die Anglikanische Kirche hat den Begriff des „Chapters" entsprechend übernommen. Im Allgemeinen umfasst in der Anglikanischen Kirche das Dekanatskapitel alle Pfarrer eines Dekanates, die die bischöfliche Lizenz haben, also auch Funktionspfarrer, ebenso Pensionäre. Hier dagegen ist wohl ein eigenes geistliches Gremium der Leiter von Gemeindepflanzungen und neuen Ausdrucksformen gemeindlichen Lebens gemeint, das dem Bischof zugeordnet wäre und zu eigenen Treffen zusammenkäme: ein separater Pfarrkonvent. Die Idee ist nach Auskunft von Klaus Teschner umstritten und seiner Kenntnis nach wohl auch noch nirgends umgesetzt.

[349] Siehe Kapitel 6.

apostolischen Berufung. Sie lieben die Kirche, in der sie groß geworden sind und die sie im Glauben unterwiesen hat. Gleichzeitig sind sie dazu aufgerufen, die Welt außerhalb dieser Kirche zu lieben. Im besten Fall ist diese Spannung konstruktiv, weil sie missionarisches Handeln und kirchliche Ordnung in eine dynamische Balance bringt. Im schlimmsten Fall kann man sie weder lösen noch mit ihr leben.

Wie können wir neue Ausdrucksformen gemeindlichen Lebens dazu befähigen, zu gedeihen und gleichzeitig dem treu zu sein, was unser derzeitiges System an Gutem birgt? Neue Ausdrucksformen bringen manche Menschen zu Christus, aber auch die ganz normale Ortskirchengemeinde spielt immer noch eine wichtige Rolle für andere Menschen, deren Kultur wohnumfeldorientiert ist: Sie ist vor allem für die weniger mobilen Menschen wichtig und für die, die am Rand unserer Gesellschaft leben müssen. Das gilt sowohl für städtische als auch für ländliche Gebiete. Und doch: Der Geist Gottes lässt neue Ausdrucksformen gemeindlichen Lebens entstehen, die in Verbindung mit der sich verändernden Kultur stehen und diese verkörpern. Dieser Bericht lebt von der Überzeugung, dass neue Ausdrucksformen gemeindlichen Lebens und Gemeindepflanzungen in Theorie und Praxis viel Lernstoff für die gesamte Kirche liefern. Die „Randgebiete" dieser Kirche werden immer größer, und sie sollte daraus lernen!

Angemessene örtliche Leitungsstrukturen

Wir haben in diesem Bericht eine Reihe von Prinzipien für Gemeindepflanzung und andere missionarische Ausdrucksformen gemeindlichen Lebens genannt. Wir haben uns auch mit dem beschäftigt, was wir aus jüngeren Erfahrungen lernen können. Es gibt jedoch einen Faktor, der wie kein anderer in der Praxis Einfluss auf den Erfolg oder Misserfolg der missionarischen Arbeit hat: die Qualität der Gemeindeleitung.

Einige Gemeindepflanzungen oder neue Ausdrucksformen gemeindlichen Lebens sind hauptsächlich das Werk einzelner Pioniere. Der Auslöser für die ersten Schritte und die ursprüngliche Vision kamen von Leitern mit von Gott geschenkten, unternehmerischen Fähigkeiten in Sachen Mission. Unter anderem waren es Evangelisten der Church Army, die dafür freigestellt wurden, neue Projekte zu entwickeln. Ein solches Beispiel ist auch Sanctus 1 im Stadtzentrum von Manchester. Die Kirche muss solche Gaben wahrnehmen. Sie muss Mechanismen entwickeln, um solche Pioniere innerhalb eines angemessenen Rahmens und klarer Verantwortungsstrukturen zu ihrem Tun zu autorisieren.

Eine Beispielgeschichte: Sanctus 1 im Stadtzentrum von Manchester

Zielgruppe von Sanctus 1 sind im Stadtzentrum wohnende und das Stadtzentrum nutzende Menschen. Zur Gemeinde gehören hauptsächlich junge Erwachsene, die sich dem christlichen Glauben aus der Sicht einer postmodernen Welt annähern. Der Beginn der Arbeit geht zurück auf eine vom Archidiakon durchgeführte Untersuchung der missionarischen kirchlichen Arbeit im Stadtzentrum von Manchester. Als Fazit der Untersuchung wurde beschlossenen, gottesdienstliche Formen zu entwickeln, die für jüngere Menschen Relevanz haben.

Im Juli 2001 wurde Ben Edson, Evangelist der „Church Army", zum Leiter einer missionarischen Cityarbeit ernannt. Sie zielte darauf ab, eine neue Ausdrucksform gemeindlichen Lebens für Menschen zu schaffen, die bereit waren, sich auf eine kreative Entdeckungsreise in das Land des Glaubens einzulassen und neue Gottesdienstformen, Verkündigung, Freundschaft und einen neuen Lebensstil zu erleben und auszuprobieren.

Zu Anfang traf Ben sich regelmäßig mit vier engagierten Christen, die keine für sie passende Gemeinde gefunden hatten. Im Januar 2002 boten sie zum ersten Mal einen öffentlichen Gottesdienst in der Kathedrale von Manchester an, zu dem 20 Menschen kamen. Daraus entstand ein monatlich stattfindender, öffentlicher Gottesdienst. Die Kerngruppe, die sich mittwochs abends trifft, ist mittlerweile auf 22 Teilnehmer angewachsen plus 4 oder 5, die unregelmäßig dazukommen. Sie treffen sich, um zu diskutieren, gemeinsam Gott zu loben und einfach als Freunde zusammen zu sein.

Die öffentlichen Gottesdienste werden von etwa 14 bis 50 Leuten besucht. Sie werden mit Hilfe eines DJs gestaltet, der mit zeitgenössischer, weltlicher Musik arbeitet; außerdem werden Videos und Kunst eingesetzt. Es ist das Ziel dieser Gruppe, inmitten der geschäftigen Stadt einen sakralen Ort zu schaffen.

Sanctus 1 hat zu einer ganzen Reihe von Erkenntnissen geführt. Dazu gehört besonders die Notwendigkeit, sich ein neues Bild von missionarischer Arbeit, Gottesdiensten und Gemeinschaft zu machen. Es wurde auch deutlich, wie nötig sehr flexible Strukturen sind, um solche missionarischen Projekte langfristig erhalten und an die Gegebenheiten anpassen zu können.

Wenn Pioniere aber eine Arbeit aufbauen sollen, die Bestand hat, dann müssen sie sehr schnell zu guten Teamleitern werden. Viele neue Initiativen beginnen mit einem Team. Deshalb ist die Fähigkeit, ein Team zu leiten und es weiterzuentwickeln, absolut unverzichtbar. Es kann passieren, dass Spannungen aufkommen zwischen visionären und beziehungsorientierten Elementen der Teamleitung. Tatsächlich wird aber beides gebraucht, wenn die Arbeit über den ersten Enthusiasmus hinaus bestehen bleiben soll.

Die Teammitarbeiter sollten dazu ermutigt werden, ihre besonderen Gaben zu fördern und auszubauen. Im Idealfall sollten Teams aus Mitarbeitern bestehen, die besondere Fähigkeiten haben, die dem Teamleiter fehlen, und mit denen sie ihn übertreffen können. Das erfordert Teamleiter mit einer großen Selbstsicherheit und Selbsterkenntnis. Dann kann auch ein starkes und dauerhaftes Team entstehen. In einigen Gemeindemodellen – bei Zellgemeinden zum Beispiel – ist die Schulung neuer Leiter schon ein fest integrierter Teil des Systems. Das Thema Leitung sollte jedoch bei allen Gemeindepflanzungen und neuen Ausdrucksformen gemeindlichen Lebens von zentraler Bedeutung sein, sozusagen ein fester Bestandteil der DNA.

Teamleiter müssen zwei Fähigkeiten haben: Sie müssen Mentoren und Lehrer sein. Wenn ein neues Projekt kulturelle Authentizität entwickeln soll, dann ist es entscheidend, neue Mitglieder in die Mitarbeit einzuführen. Das „Pflanzungsteam" sollte in einem sehr frühen Stadium bereits damit anfangen, Macht und Einfluss mit denen zu teilen, die angesprochen und erreicht werden sollen. Gute Lehrer werden durch ihr „Coaching" andere zum Tun befähigen, ihnen Fähigkeiten vermitteln und sie (wie „Novizen") dann auch auf den Weg bringen, um anzuwenden, was sie gelernt haben. Ein Mentor tut noch weit mehr. Mentoring kann einen tiefgehenden Prozess in Gang setzen, in dem in einer vertrauensvollen Beziehung auch Charakterfragen zur Sprache kommen und Grundprinzipien erlernt werden. Dadurch kann der Schüler vielleicht Initiativen ergreifen, zu denen der Mentor nicht in der Lage wäre. Wo immer Gemeindepflanzungen und neue Ausdrucksformen gemeindlichen Lebens kulturübergreifend arbeiten, ist dieses Vorgehen eine grundlegende Voraussetzung, ja sogar eine Schlüsselstrategie im Prozess der Inkulturation.

Die zweite Generation

Eine Reihe von Gemeindepflanzungen und Projekten sind gescheitert oder erheblich geschwächt worden durch die Ernennung falscher Nachfolger nach dem Weggang des Pionierleiters. Die zweite Generation von Leitern ist von zentraler Wichtigkeit, wenn ein Projekt langfristig gesund bleiben soll. Bei der Ernennung eines neuen Gemeindepfarrers (in einer Ortskirchengemeinde) werden in der Regel die Traditionen und Wünsche der vakanten Gemeinde mit berücksichtigt; ist der Pfarrer aber einmal da, werden von ihm auch neue Visionen und Ideen erwartet. Diese Gratwanderung ist besonders schwierig, wenn es sich um die Ernennung eines Leiters der zweiten Generation in einer Gemeindepflanzung handelt. Ein sehr dominanter Leitungsstil hat dann meistens verheerende Folgen. Besonders wichtig ist es, bei der Auswahl die ursprüngliche Vision vor Augen zu haben, aber auch den besonderen Stil und Charakter der Gemeindepflanzung oder des Projektes. Der nachfolgende Leiter sollte nicht ernannt werden, um die Arbeit in eine andere Richtung zu lenken, sondern um die Vision zu bereichern.

Oft ist es besser, den neuen Leiter von außerhalb zu holen. Es sollte allerdings trotzdem vermehrt auf die Möglichkeit geachtet werden, ihn aus dem bestehenden Team zu rekrutieren und ihm, wenn nötig, im Kontext weitere Schulungen zukommen zu lassen.

Ausbildung

Die Anglikanische Kirche in England muss der Auswahl und Ausbildung von Leitern für missionarische Pionierprojekte eine hohe Priorität einräumen. Die Möglichkeit, für eine so geartete Arbeit berufen zu werden, muss in der Praxis der Berufungen durch die Kirche einen festen Platz und identifizierbare Strukturen bekommen. So wie während des Auswahlprozesses potenzielle theologische Lehrer identifiziert und entsprechend ausgebildet werden, so muss in Zukunft unter den Pfarramtskandidaten und Church Army Evangelisten in der Ausbildung auch nach potenziellen missionarischen Leitern gesucht werden. Ein Kurssystem, ein College oder eine ähnliche Einrichtung sollte in jeder Region für die Vermittlung der entsprechenden Fähigkeiten spezialisiert sein und eine entsprechende Grundausbildung anbieten. Gleichzeitig sollten geeigneten Pastoren im Entsendungsdienst und auf ihren ersten Stellen Übungsfelder angetragen werden, auf denen sie von erfahrenen Leitern von Gemeindepflanzungen und neuen Ausdrucksformen gemeindlichen Lebens weiter ausgebildet werden. Darüber hinaus ist es wichtig, sie anschließend nicht als Pfarrer in bereits existierende Gemeinden zu drängen, sondern sie in Kontexten einzusetzen, in denen Pioniergeist gefordert ist.

Wir haben uns bisher ausschließlich mit ordinierten oder auf ähnliche Weise ausgebildeten und autorisierten Gemeindeleitern beschäftigt. Aber wenn wir die missionarische Herausforderung annehmen, vor die wir gestellt sind, dann heißt dies, dass viele der neuen Initiativen von Laien geleitet sein werden. Solche Initiativen entstehen wahrscheinlich ebenso oft als „ungeplante" Projekte, die aus einem feinen Gespür für die Mission Gottes vor Ort heraus entstanden sind, wie durch peinlich exakte kirchliche Planung. Das stellt uns vor weitere Herausforderungen hinsichtlich der Entdeckung, Ausbildung, Anerkennung und Autorisierung von Gemeindeleitern.

Viele Diözesen haben mittlerweile eine Strategie für die Arbeit vor Ort entwickelt, die unterschiedliche Formen der haupt- und ehrenamtlichen Mitarbeiterschaft, auch der Dienste von Laien und Ordinierten kombiniert:[350] Es gibt Teams leitender Mitar-

[350] Anmerkung des Herausgebers: *Es folgen nun einige anglikanische Spezialausdrücke. Im Blick auf das Verständnis dieser Amts- und Funktionsbezeichnungen gilt unser Dank Bischof em. John Finney, der zahlreiche Hinweise zu diesen Bezeichnungen beisteuerte. Der schon in der Einführung zitierte Kommentar des anglikanischen Bischofs ist vielleicht für deutsche Leser nicht nur unterhaltsam, sondern auch wichtig, weil der Leser vielleicht gelegentlich eine gewisse Unschärfe der Begriffe bemerkt (und sie u.U. der Übersetzung anlastet): „In typical Anglican style we are trying not to be too definitive in our definitions and letting them develop, but it causes uncertainty". Also: „In typisch anglikanischer Manier versuchen wir, die Dinge durch unsere Definitionen nicht allzu deutlich festzulegen. Wir lassen immer Raum für Weiterentwicklungen. Natürlich zahlen wir dafür einen Preis: Unsicherheit."*

beiter (Ministry Leadership Teams[351]), Lektoren („Readers"), nicht alimentierte Pastoren (NSM[352]), für den örtlichen Dienst ordinierte Pastoren (OLM[353]) und verschiedene andere Formen anerkannter Arbeit von Laien (Evangelisten, Pastoralassistenten usw.). Die Arbeit wächst „von unten" und die Rolle der bezahlten Pastoren verändert sich: Sie kümmern sich vermehrt um Teamleitung und rüsten Teammitglieder aus. Genau diese Strategie ist auch auf Gemeindepflanzungen und neue Ausdrucksformen gemeindlichen Lebens anwendbar.

Entscheidend wird es sein, ob wir fähig sind, potenzielle Leiter im jeweiligen Kontext zu erkennen und auszubilden. Unsere Normen in der Anglikanischen Kirche lassen uns bisher streng zwischen ordinierten und nicht ordinierten Leitern unterscheiden. Wir pflegen Pfarramtskandidaten von der „Front" zu holen, an der sie gerade arbeiten, sie auszubilden und dann zu ordinieren. Diese feste Struktur ist bereits leicht durch das „mixed-mode training"[354] und verschiedene Formen von Ausbildung vor Ort (für Pastoren, deren Ordination allein auf einen bestimmten Ort bezogen ist = OLM[355]) aufgebrochen worden. Beide Arrangements könnten Elemente zu zukünftigen Modellen beisteuern. Die Anglikanische Kirche wird Verfahren entwickeln müssen,

[351] Anmerkung des Herausgebers: *Ministry Leadership Teams sind Gruppen von Leitern und Verantwortlichen in einer Ortskirchengemeinde. Es handelt sich normalerweise um einen rechtlich eher informellen Kreis, den der Pfarrer sammelt. Er gleicht also in etwa den Leiter- und Mitarbeiterkreisen, die es in Deutschland gibt, und die in der Regel nicht mit den Presbyterien, Gemeindekirchenräten etc. identisch sind.*

[352] Anmerkung des Herausgebers: *Das herkömmliche Pfarramt wird in der Anglikanischen Kirche als Stipendiary-Ministry (SM) bezeichnet. Das bedeutet, dass ein Pfarrer für seine Tätigkeit ein reguläres Gehalt („Stipend") bezieht. Daneben hat sich seit den sechziger Jahren das sogenannte Non-Stipendiary-Ministry (NSM) entwickelt. Hier handelt es sich um Pfarrer und Diakone, die nach den gleichen Kriterien ausgebildet und berufen werden wie SM, ihr Gehalt aber nicht von der Kirche beziehen, sondern sich selbst finanzieren. Daneben hat sich als dritte Form des ordinierten Amtes das sogenannte Local Non-Stipendiary-Ministry (LNSM) herausgebildet, das die Ausbildung sowie die spätere pfarramtliche Tätigkeit eng auf einen bestimmten Ort (z.B. eine Ortskirchengemeinde) begrenzt.*

[353] Anmerkung des Herausgebers: *„ordained local ministers".*

[354] Anmerkung der Übersetzerin: *Das ist eine gemischte Form der Ausbildung, die als Teilzeitausbildung gemacht werden kann und keine Residenzpflicht am Studienort einschließt.*

[355] Anmerkung der Übersetzerin: *Vgl. Kapitel 4, Anm. 198.*

mit Hilfe derer ehrenamtliche Leiter, die bereits eine Aufgabe wahrnehmen, eine vorläufige Anerkennung bekommen und erst im zweiten Schritt den Erfordernissen entsprechend ausgebildet werden: entweder für eine mittelfristige oder eine permanente Beauftragung (als autorisierter Laienpfarrer oder -prediger, „Reader", OLM, NSM[356], usw.) Die zukünftige Effektivität unserer Arbeit und unseres missionarischen Handelns hängt von unserer Fähigkeit ab, „lokale" Mitarbeiter zu entdecken, auszubilden und zu autorisieren.

Missionarische Bischöfe

Die Rolle des Bischofs als führende Persönlichkeit ist in diesen Entwicklungsprozessen von entscheidender Bedeutung. In Übereinstimmung mit der „Pastoral Measure Review Group"[357] empfiehlt dieser Bericht, die rechtlichen Grundlagen zu überarbeiten und eine einfache Regel einzubauen, die Bischöfe dazu ermächtigt, Gemeindepflanzungen und andere strategische missionarische Initiativen zu autorisieren.

Diese Empfehlung kommt der von anderen ausgesprochenen Forderung entgegen, Bischöfe von der übermäßigen Belastung durch administrative Aufgaben zu befreien, damit sie mehr Zeit für ihre apostolische Rolle investieren können. Diese Rolle schließt wesentliche Aufgaben des Bischofs ein: So soll er etwa auch missionarische Strategien ausarbeiten und selbst vorangehen, wenn es um die Wahrnehmung wichtiger Missionsinitiativen geht.

Den Bischöfen fällt die Schlüsselrolle zu, wenn es darum geht, missionarische Prioritäten zu setzen, Ressourcen für missionarische Arbeit bereitzustellen und Kraft ihres Amtes zu ordinieren und amtliche Genehmigungen zu erteilen. Das beinhaltet auch die Fähigkeit, neue, apostolische Teams in Kulturen oder Gebiete auszusenden, in denen die missionarische Präsenz schwach oder gar nicht vorhanden ist. Im Zusammenhang damit sollte die Kirche verstärkt diejenigen in den Blick bekom-

[356] Anmerkung der Übersetzerin *Vgl. Kapitel 4, Anm. 197.*

[357] Anmerkung der Übersetzerin: *Die „Pastoral Measure Review Group" ist eine Arbeitsgruppe zur Prüfung und Fortentwicklung des 1983 entworfenen, vom Parlament verabschiedeten pastoralen Regelwerks = der „Pastoral Measure".*

men, die sich mit der Idee missionarischer Orden befassen. Andere Gruppierungen und Organisationen, zum Beispiel die Church Mission Society und die Church Army, beschäftigen sich mit dem Konzept, Teams auszusenden, um mitten in armen und bedürftigen Gebieten zu wohnen und zu leben.

Die Rolle des Bischofs als „Makler" für neue Initiativen wird weiter unten in diesem Kapitel unter der Frage „Wie halten wir die Dinge beieinander?" näher behandelt.

Die strategische Rolle der Dekanate

In Kapitel 1 haben wir uns mit dem wachsenden Einfluss von „Netzwerken" auf unsere gesellschaftlichen Lebensformen beschäftigt. Netzwerke haben das Wohnumfeld vor Ort nicht ersetzt, aber sie haben die Art verändert, wie wir über uns selbst denken und unser Leben leben. Die mobilere Gesellschaft hat vor allem das Territorium vergrößert, das die Menschen normalerweise bereisen und an dem sie ihre Identität festmachen.

Das gibt dem Dekanat[358] eine größere strategische Relevanz. Dekanate haben das Potenzial, eine große Bandbreite menschlicher und finanzieller Ressourcen zusammenzubringen. Sie können außerdem missionarische Aktivitäten aus einem Blickwinkel betrachten, der von parochialen Gemeindegrenzen unabhängig ist. Hier besteht die Möglichkeit, in einer größeren Gemeinschaft miteinander zu beten und sich gegenseitig zu ermutigen. Die Diözese Canterbury hat zum Beispiel ihren Dekanaten die Festlegung der internen Gemeindezuschüsse und strategische Entscheidungen über die Anstellung von Hauptamtlichen mit ganzer Stelle überlassen. Jedes Dekanat muss dafür einen „Missionsplan" einreichen, der auch die Partnerschaften vor Ort und die Planungen der Kommune, die ökumenischen Partnerschaften und die Vorschläge für neue Entwicklungen und potenzielle Gemeindepflanzungen beinhalten muss.

Nach dem aktuellen Stand der Dinge ist nicht jedes Dekanat für eine strategische Partnerschaft in der Mission geeignet. Ob ein Dekanat seine Prioritäten eher im Bereich der Verwaltung oder eher in missionarischen Initiativen sucht, hängt sehr von

[358] Anmerkung des Herausgebers: *Das entspricht in unterschiedlichen Größenordnungen unseren Dekanaten, kleineren Kirchenkreisen, Propsteien usw.*

der Vorgeschichte, aber auch von persönlichen Komponenten der hauptamtlichen Mitarbeiter ab. Viele Ortskirchengemeinden und Pfründe haben das Dekanat kaum im Blick. Auf der anderen Seite können nur wenige Ortskirchengemeinden allein überleben und keine Gemeinde sollte dazu gezwungen sein. Wenn die missionarische Bedeutung von Netzwerken einmal erkannt ist, wird das Dekanat zu einer wichtigen missionarischen Einheit und der zuständige Dekan (ganz gleich ob in der Stadt oder auf dem Land) und sein aus Laien bestehendes Leitungsgremium zum Dreh- und Angelpunkt für die Planungen der missionarischen Arbeit.

Wichtig ist der soziale Kontext der Dekanate. Wenn die Grenze des Dekanates mit der Stadtgrenze (einschließlich der umliegenden Dörfer) übereinstimmt, oder wenn sie fast parallel zu kommunalen Verwaltungsgrenzen verläuft, dann kann das Dekanat zu einem guten Werkzeug für missionarisches Planen werden. In der Diözese London etwa wurden die Dekanate so eingeteilt, dass sie den Grenzen der kommunalen Bezirke entsprechen.

Wenn die Grenzen eines Dekanates in sozialer oder geographischer Hinsicht unsinnig erscheinen, sollten sie verlegt werden. Es ist sicher eher selten, dass ein Dekanat mit den wichtigsten Grenzen und den Netzwerken aller betroffenen Gebiete übereinstimmt. So müssen missionarische Pläne unter Umständen auch größere Einheiten einbeziehen und mit Partnerschaften arbeiten. Für die Planung einer Jugendgemeinde zum Beispiel ist das Einzugsgebiet der weiterführenden Schulen wichtiger als Gemeinde- oder Dekanatsgrenzen. An solchen Stellen mag eine Partnerschaft zwischen zwei oder mehr Dekanaten nötig sein.

Es kann sogar sinnvoller sein, die gesamte Diözese zum Ausgangspunkt der missionarischen Arbeit zu machen. Dies könnte z.B. der Fall sein, wenn die Grenzen einer Stadt mit denen einer ganzen Diözese übereinstimmen. Es kann auch sein, dass (vielleicht sogar zusätzlich!) die Dekanatsgrenzen recht willkürlich gezogen und schwer zu verändern sind. Dann sollte man die Möglichkeit ins Auge fassen, sogleich von der ganzen Diözese auszugehen!

In allen diesen Fällen ist es nötig, Visionen miteinander zu besprechen, angemessen große Gruppen zu schaffen, die sich diese Vision zu eigen machen, und diese dann mit den notwenigen Ressourcen auszustatten, damit sie Bedürfnisse stillen und Möglichkeiten nutzen können.

Lösungen auf nationaler, regionaler und Diözesanebene

Einzelne Gemeinden haben nicht die geeignete Ausgangsposition, um größere Einheiten in den Blick zu nehmen und sich um die Auswirkungen von sozialen Trends und Bevölkerungsverschiebungen zu kümmern. Sinnvollerweise sollten diese Aufgaben in den Verantwortungsbereich von nationalen und regionalen Ämtern bzw. von Diözesen fallen.

Die Regierung plant gegenwärtig, den Wohnungsbestand bis 2016 um 20% anzuheben, wobei über die Hälfte der Neubauten im Südosten Englands entstehen soll. Hier steht die Anglikanische Kirche vor einer großen Herausforderung; zugleich bieten sich ihr ganz neue Möglichkeiten. Große, neue Siedlungsgebiete fordern geradezu dazu heraus, neue Ausdrucksformen gemeindlichen Lebens strategisch zu platzieren und bestehende Gottesdienstgemeinden in den zukünftigen Siedlungsgebieten weiterzuentwickeln.

Die meisten größeren Städte wollen gerne viele Tausend Wohnungen im Stadtzentrum schaffen, um ehemalige, nicht mehr genutzte Industrieflächen neu zu besiedeln. Das „Tomorrow Project“[359] sagt voraus, dass der Anteil der Single-Haushalte an allen Haushalten von 25% im Jahr 1991 auf 35% im Jahr 2016 ansteigen wird.[360] Die mit allen diesen Plänen verbundenen Bevölkerungsverschiebungen bieten eine klassische Möglichkeit für neue Gemeinden: Wenn nämlich Menschen umziehen und am neuen Wohnort noch niemanden kennen, sind sie oftmals offener dafür, neue Freundschaften zu schließen und den Glauben kennen zu lernen.

Gleichzeitig erfordern diese großen Verschiebungen ein strategisches Denken auf nationaler, regionaler und Diözesanebene und eine Überprüfung der nötigen Ressourcen. Denn nur so kann sich die Anglikanische Kirche der Herausforderung stellen, auch weiterhin eine Kirche zu sein, die mit allen in England

359 Anmerkung der Übersetzerin: *Ein unabhängiger, gemeinnütziger Verein, der 1996 gegründet wurde, um das Leben der Menschen in England in den kommenden 20 Jahren zu untersuchen. Sowohl Individuen als auch Organisationen sollen lernen können, anders über die Zukunft nachzudenken.*
Quelle: www.tomorrowproject.net (9.06.2006).

360 Siehe: Michael Moynaghs Arbeit über das „Tomorrow Project“. In: „Changing World, Changing Church“, Monarch/Administry, 2001.

lebenden Menschen Kontakt aufnehmen will, ganz gleich ob sie sich über ihre Netzwerke oder über ihre Nachbarschaft definieren.

Wie halten wir die Dinge beieinander?

Anglikanisch zu sein bedeutet für uns, dass wir die Berufung haben, Kirche für die ganze Nation zu sein. Das bedeutet auch, dass wir als missionarische Kirche die Gesellschaft so nehmen müssen, wie sie ist (und nicht wie wir sie gerne hätten). Darum müssen wir immer wieder überprüfen, ob unsere organisatorischen Strukturen dieser missionarischen Berufung nach wie vor dienlich sind. 1994 hat die Schrift „Breaking New Ground" die Kirche dazu genötigt, Ortskirchengemeinde, Nachbarschaft und Netzwerk als komplementäre Realitäten anzuerkennen. Heute können wir immer noch „lokal" denken, aber das ist unter Umständen nicht mehr das Gleiche wie „parochial".

Auf Diözesanebene kann eine geeignete Antwort auf die neuen missionarischen Möglichkeiten von vier Prinzipien geleitet werden:

- Wenn in irgendeinem missionarischen Arbeitsfeld neue Gemeinden entstehen sollen, die ursprüngliche parochiale Gemeindegrenzen überschreiten, ist es sowohl richtig als auch notwendig, dass der Bischof in den Diskussionen die Rolle des „Maklers" (Vermittlers) einnimmt, der ein neues Vorhaben autorisieren oder die Genehmigung für den weiteren Prozess verweigern kann.
- Die vorgeschlagenen neuen Ausdrucksformen gemeindlichen Lebens sollen so arbeiten, dass sie die traditionellen Wege ergänzen.
- Bestehende kirchenrechtliche Grenzen sollten als durchlässig betrachtet werden.
- Um die Glaubwürdigkeit der Grundsätze zu erreichen, ist eine offizielle und gemeinsam beschlossene Vorgehensweise nötig.

Wenn in irgendeinem missionarischen Arbeitsfeld neue Gemeinden entstehen sollen, die ursprüngliche parochiale Gemeindegrenzen überschreiten, ist es sowohl richtig als auch notwendig, dass der Bischof in den Diskussionen die Rolle des „Maklers" (Vermittlers) einnimmt.

Der Begriff „Makler" beschreibt nur einen Teil der bischöflichen Rolle: die Rolle dessen, der die Verhandlungen zwischen den verschiedenen, in den Prozess involvierten oder vom Prozess betroffenen Parteien begleitet und beaufsichtigt. In der Anglikanischen Kirche Englands teilt der Bischof außerdem mit jedem Pfarrer und mit jedem nicht ordinierten, aber zu einem fest umrissenen Seelsorgedienst beauftragten Laien und mit jeder Ortskirchengemeinde auch das „Hirtenamt". Er ist außerdem immer die Schlüsselautorität, wenn es um die Neuverhandlung oder die Weiterentwicklung der Seelsorgebereiche geht.

Der Bischof muss völlig freie Hand haben, wenn es zum Beispiel darum geht, eine neue Initiative zu autorisieren oder die Genehmigung für den weiteren Prozess zu verweigern.

Die Autorisierung durch den Bischof ist notwendig, um einer solchen Initiative innerhalb des Anglikanismus Rechtsgültigkeit zu geben. Die Vorteile liegen auf der Hand: Es entsteht so ein rechtlicher Rahmen für Verantwortlichkeit. Die Kirche als ganze kann auf diese Weise auch am meisten aus den Geschehnissen lernen. Auch wird so am ehesten Akzeptanz bei den betroffenen Ortskirchengemeinden erzielt werden.

Alle Entscheidungen müssen davon abhängig gemacht werden, wie gut das einzelne Projekt arbeitet, und ob es der Ortskirchengemeinde im Rahmen einer gemeinsamen Strategie des Dekanates oder der Diözese gerecht wird.

Vor solchen Entscheidungen sollte es auch Gespräche mit anderen Denominationen gegeben haben, damit die Vorschläge gut zu deren missionarischen Initiativen und Vorhaben passen und ihnen mit Respekt begegnen.

Die vorgeschlagenen neuen Ausdrucksformen gemeindlichen Lebens sollen so arbeiten, dass sie Ergänzung sind für die traditionellen Wege.

Unter den Vorschlägen für weitere kirchliche Gemeinschaften wird es eine Vielfalt von neuen Formen und Ausdrucksformen gemeindlichen Lebens geben. Der Anglikanismus war schon immer stolz auf seine Vielfalt und Toleranz. Diese Vielfalt verstärkt nun wiederum die vorhandenen Stärken und Schwächen. Die Stärke einer etablierten Gemeinde liegt in ihrer allseits bekannten Geschichte, einem schönen Gebäude und bereits existierenden Kontakten in der Gesellschaft vor Ort. Ihre Schwäche liegt aber vielleicht in ihrem geringen Gottesdienstbesuch. Eine neue Gemeinde verfügt vielleicht über die Energie eines höchst motivierten und fähigen Teams, aber ihre Zukunft ist wahrscheinlich ungewiss, sie hat noch keine Strukturen, auf die man zurückgreifen könnte, und ist erst dabei, die eigene Identität zu finden.

Sicherlich wird es eine Reihe weiterer Vorschläge für neue Formen gemeindlichen Lebens geben, die deutlich anders sind als die Ortskirchengemeinde, zu der sie formal gesehen gehören. Sie werden anders sein sowohl durch den Typ von Menschen, für die sie gemacht sind, als auch durch die Form, in der sie Gemeinde leben. Das kann die Art der Evangeliumsverkündigung und die weiteren missionarischen Konzepte betreffen, aber auch die Art und Weise, christliche Gemeinschaft zu formen und Gottesdienst zu feiern. Es wird auch erwartet, dass beide, neu entstehende und althergebrachte Gemeinden, an einer Haltung der gegenseitigen Annahme und Bestätigung in der Vielfalt arbeiten.

Bestehende kirchenrechtliche Grenzen sollten als durchlässig betrachtet werden.

Wenn man von Durchlässigkeit spricht, muss man zweierlei Realitäten im Blick haben. Zum einen gibt es nun einmal parochiale Grenzen: Sie sind Teil unserer Geschichte, Fundament der pastoralen Versorgung vor Ort und ein wichtiger Beitrag zu unserer lokalen Identität. Sie werden sich nicht in Luft auflösen und sie sind immer noch hilfreich. Gleichzeitig hat sich die Bedeutung der Grenzen von Ortskirchengemeinden verschoben, weil seit den 1920er Jahren Menschen das Wahlrecht in Gemeinden zugesprochen werden kann, die nicht dort wohnen, aber regelmäßig in den Gottesdienst kommen.

Wenn wir nun von der nötigen „Durchlässigkeit" sprechen, dann geht es um den geeigneten Rahmen dafür, Gemeindegrenzen sowohl zu respektieren als auch zu überschreiten. Für eine solche Durchlässigkeit spricht die Tatsache, dass die Kirche den Auftrag hat, sich den Menschen so zu nähern, wie es ihrem Lebensstil entspricht, in einer Mischung aus Netzwerkorientierung und Ortsgebundenheit. Schutz bieten hier die Betonung einer mit der Diözese verbundenen Identität, der Bischof als „Makler", sich gegenseitig ergänzende missionarische Ziele und die gegenseitige Versicherung, Vielfalt zu tolerieren.

Um die Glaubwürdigkeit der Grundsätze zu erreichen, ist eine offizielle und gemeinsam beschlossene Vorgehensweise nötig.

Bevor die Arbeit an einer grenzüberschreitenden neuen Ausdrucksform gemeindlichen Lebens begonnen wird, müssen alle Beteiligten ihre Zustimmung gegeben haben: Die Leitung der neuen Arbeit, die Gemeindeleitung der aussendenden Gemeinde und die Ortskirchengemeinde, in der die neue Ausdrucksform gemeindlichen Lebens ihre Basis haben soll. Veränderung funktioniert am besten unter folgenden Rahmenbedingungen: (1) Wir lernen prozesshaft auf dem gemeinsamen Weg. (2) Wir dürfen Fehler machen. (3) Wir reflektieren das Geschehene als Grundlage für den weiteren Veränderungsprozess.

Einige Grundprinzipien wollen wir nennen, sie bedürfen jedoch immer der Anpassung an den jeweiligen Fall. Es sollte dabei selbstverständlich sein, je nach Situation die Pläne in Zusammenarbeit mit anderen Gemeinden zu entwickeln und umzusetzen, wenn diese das gleiche Gebiet oder die gleiche Kultur als missionarisches Anliegen betrachten.

Der „Makler“

- Eine Gemeinde, die eine Pflanzung vornehmen oder außerhalb der eigenen Gemeinde schon vorhandenes organisches Wachstum fördern möchte, sollte sich so früh wie möglich mit dem Bischof beraten.
- Der Bischof fungiert als Vermittler zwischen der aussendenden Gemeinde und der anfragenden oder empfangenden Ortskirchengemeinde.

Einheit bewahren

- Schreitet der Prozess voran, dann ist es selbstverständlich, füreinander zu beten und aufeinander zu hören. Regelmäßig soll auch im öffentlichen Gottesdienst für die jeweils anderen beteiligten Partner gebetet werden.
- Die Leiter und Gemeinden der aussendenden, ausgesandten und empfangenden Gruppen unterstützen und wertschätzen sich in der Öffentlichkeit konsequent gegenseitig.
- Die Gemeinden pflegen gute Beziehungen untereinander, und dies kommt regelmäßig und in angemessener Form auch zum Ausdruck.

<u>Die Beratung</u>

- Den aussendenden und den empfangenden Gemeinden wird

ständige Beratung angeboten, um ihr Gespür für die eigene Identität, ihre Berufung und ihren missionarischen Auftrag zu stärken.

- Die Beratung aller Parteien schließt Themen ein, die im Zusammenhang mit dem persönlichen Wachstum stehen. Das können zum Beispiel Gefühle der Bedrohung von außen, Angst vor Versagen, Eifersucht oder Selbstzweifel sein. Es kann aber auch darum gehen, sich am eigenen Fortschritt freuen zu können. Auch die Frage, wie man es verhindert, sich mit dem Erreichten zufrieden zu geben, ist anzusprechen.

Die Reflektion

- Gleich zu Beginn sollte ein von der Diözese geleiteter Prozess der Reflektion vereinbart werden.

Dieser gerade beschriebene Ansatz hat einige sehr positive Merkmale:

- Die Vielfalt ist eingebettet in eine stabile Einheit.
- Entscheidungen auf Diözesanebene bekommen einen missionarischen Rahmen. Gleichzeitig werden praktische Schritte zur Prüfung des Prozesses aufgezeigt.
- Leichtigkeit und Flexibilität stehen in einem ausgewogenen Verhältnis zu der Notwendigkeit, Entscheidungen in verbindliche Beziehungsgeflechte einzubinden.
- Der Bischof übernimmt die Leitung des Projektes bei gleichzeitiger Berücksichtigung dessen, was unter der Führung Gottes sowohl im Netzwerk als auch im Rahmen der Nachbarschaft passiert.
- Es werden Wege ermöglicht, um missionarische Aufgaben und missionarische Ressourcen aufeinander abzustimmen, ohne durch parochiale Gemeindegrenzen eingeschränkt zu sein.
- Es wird gegenseitige Bestätigung im Gebet gesucht, die Heiligkeit widerspiegelt.

Der Ansatz hat jedoch eine Lücke. Es fehlt eine Komponente, die in schwierigen Situationen überaus befreiend wäre. Was nämlich passiert, wenn ein Bischof tatsächlich bereit ist, eine neue Ausdrucksform gemeindlichen Lebens zu autorisieren, aber der zuständige Gemeindepfarrer oder der Gemeindekirchenrat lehnt die Möglichkeit ab und verschanzt sich hinter seinen rechtlich festgelegten Gemeindegrenzen?

„The cure of souls that is mine and yours"[361]

Oft sieht die Macht wichtiger Autoritäten eher so aus, dass sie zwar „Nein" sagen können, ein „Ja" aber oft nicht so einfach ist. Es ist leichter, etwas Unerwünschtes zu stoppen, als etwas Erwünschtes durchzusetzen. Bischöfe sind also eher in der Lage, Katastrophen abzuwenden, als Erfolge voranzutreiben.

Wenn ein Bischof oder eine Diözese eine Initiative in Gang bringen möchten, die parochiale Gemeindegrenzen überschreitet, aber bei dem zuständigen Pfarrer auf Widerwillen und Widerstand stoßen, scheint es im Augenblick noch wenig Möglichkeiten zu geben, dagegen anzugehen. Wer eine Pfarrstelle hat, ist für die Zukunft gesichert, und das Kanonische Recht scheint die alleinigen Rechte der Pfarrerin oder des Pfarrers auf die Ortskirchengemeinde noch zu unterstützen. Ein Bischof kann anscheinend wenig oder gar nichts tun, selbst wenn er gerne wollte. Natürlich können Lösungen gefunden werden (wie zum Beispiel die Einrichtung einer gemeinnützigen Stiftung, die später als „außerparochialer kirchlicher Ort" [= „Extra Parochial Place" oder EPP] anerkannt wird), aber aus der Sicht der Arbeitsgruppe, die diesen Bericht verfasst hat, sind solche kreativen Lösungsmöglichkeiten nicht der beste Weg, um den Prozess insgesamt voranzutreiben.[362]

[361] Anmerkung der Übersetzerin: *„Das Hirtenamt, das mir und dir anvertraut ist." Diese Formel wird bei jeder Amtseinführung durch den Bischof gesprochen. Sie soll die Verantwortung deutlich machen, die der neue Amtsinhaber übernimmt, aber auch die Tatsache klarstellen, dass der Bischof diese Aufgabe ebenfalls hat.*

[362] Die darauf bezogenen Abschnitte des Kanonischen Rechtes C8 und B41 lauten:
Jeder Pfarrer soll seinen Dienst im Einklang mit diesen Vorgaben des Kanonischen Rechtes ausüben (Canon C8.1).
Ein Pfarrer ... darf sein Amt, ganz gleich an welchem Ort, nur dann ausüben, wenn er von dem Bischof der Diözese dazu autorisiert worden ist (Canon C8.2).
Kein für den Dienst in einer bestimmten Diözese autorisierte Pfarrer darf an einem anderen Ort, für den er nicht das Hirtenamt übernommen hat, ohne die Erlaubnis des zuständigen Pfarrers einen solchen Auftrag ausführen ... es sei denn, es handelt sich um den Besuch in den Häusern derjenigen, deren Namen in seine eigene Wahlliste aufgenommen sind und unter die 1967 getroffene Regelung des „Extra-Parochial Ministry Measure" (Regeln für außergemeindlichen Dienst) fallen ... oder um den Besuch einer Universität, eines Colleges, einer Schule,

Die Entwicklung der Netzwerkgemeinden nimmt an Tempo zu, deshalb steigt auch das Bedürfnis nach angemessenen und effizienten Methoden, die einen geeigneten Rahmen für die Entstehung und Entwicklung grenzüberschreitender Gemeinden bieten. Die Zeit drängt, und wir sind eine episkopale Kirche. Das bedeutet, dass neue Wege gefunden werden müssen, um – durch die Veränderung der Gesetze – die Entstehung verantwortungsbewusster Partnerschaften zwischen Gemeindepflanzern und Bischöfen zu fördern, selbst wenn das heißt, dass der Bischof von seiner rechtmäßigen Macht über uneinsichtige Gemeindepfarrer Gebrauch machen müsste.

Welcher Hebel setzt Veränderung in Gang?

Es gäbe die Möglichkeit, die Macht der Parochien an einem Punkt einzuschränken. Wir würden deshalb vorschlagen, einen Antrag an die kirchlichen Gesetzgeber zu stellen. Das kanonische Recht auf eine Ablehnung neuer anglikanischer Gemein-

eines Krankenhauses oder sonstiger öffentlicher Wohltätigkeitsvereine, für die er nach der oben genannten Regelung und „Canon B41" die Befugnis hat.(Canon C8.4).
Canon B41 kann angewendet werden, wenn eine Gemeindepflanzung den Status einer gemeinnützigen Stiftung erlangt und die Genehmigung vom Bischof erhalten hat. Die Regelung besagt:
Der Bischof einer Diözese, in der es ein College, eine Schule, ein Krankenhaus oder eine öffentliche oder gemeinnützige Organisation gibt, kann, ganz gleich ob diese Einrichtungen über eine Kapelle verfügen oder nicht, auf der Basis der „Extra Parochial Ministry Measure" von 1967 einen Pfarrer einsetzen, der im Namen der Anglikanischen Kirche dort seinen Dienst unter den Voraussetzungen verrichtet, die von der jeweiligen Organisation vorgegeben sind ... (Canon B41.2). Im Falle einer solchen Lizenzierung ist für die Amtshandlungen und den Dienst keine Genehmigung des zuständigen Ortspfarrers nötig und die Arbeit unterliegt auch nicht dessen Kontrolle (Canon B41.3).
Solche kanonischen Regeln waren ursprünglich dafür gedacht, den Mitgliedern der oben genannten Institutionen den Gottesdienstbesuch zu ermöglichen, und nicht dafür, die Probleme mit Gemeindegrenzen und Netzwerkgemeinden zu lösen. Zunächst aber könnte jeder Bischof B41 zitieren, wenn er grenzüberschreitende Gemeindepflanzungen genehmigen möchte, die in einem College, einer Schule oder einem Krankenhaus arbeiten oder den Status einer gemeinnützigen Organisation erhalten haben. In diesem Falle könnte der Bischof einen Pfarrer selbst gegen den Willen oder ohne vorhandenes, aktives Interesse des Ortspfarrers einsetzen.

den, die durch den Bischof legitimiert wurden und in Übereinstimmung mit den in der Diözese getroffenen Vereinbarungen gegründet wurden, sollte geändert werden.

Die Argumente der Gegner:
Gegenargumente werden ganz bestimmt auftauchen und sollten sorgfältig geprüft werden.

- **Es kann nur einen autorisierten Pfarrer pro Gemeinde geben.**
- Dagegen spricht, dass voraussichtliche Neuankömmlinge ebenfalls vom Bischof autorisiert würden, womit die äußere Ordnung aufrecht erhalten wäre. Die Betonung liegt hier nicht darauf, dass es nur „einen“ Dienst gibt, sondern auf dessen Autorisierung. Gewollt ist eine größere, leicht zugängliche Vielfalt in der Gestaltung des Dienstes. Das heißt: Es geht eigentlich nur um das, was innerhalb eines Dekanates bereits seit langem geschieht.
- **Es kann in jeder Parochie nur eine Gemeinde geben.**
- Ökumenisch gesehen trifft das schon seit Jahrhunderten nicht mehr zu. Und ökumenische Pluralität ist heute als Teil einer gesunden Vielfalt meistens auch willkommen.
- **Es kann nur ein Abendmahlsangebot in jeder Parochie geben.**
- Auch dieses Argument geht davon aus, dass die Gottesdienst- und Abendmahlsfeiern anderer Denominationen ungültig sind. Darüber hinaus kann es auch in einer Parochie mit mehreren Pfarrstellen verschiedene Abendmahlsfeiern in verschiedenen anglikanischen Gemeinden gleichzeitig geben.
- **Die Parochie wird darunter leiden.**
- Die Erfahrung anderer Gliedkirchen der anglikanischen Gemeinschaft zeigt, dass eine zusätzliche anglikanische Gemeinde, die stark missionarisch orientiert ist, alle möglichen Kontakte knüpft, von denen einige sich mehr zu den traditionellen Formen der historisch gewachsenen Ortskirchengemeinde hingezogen fühlen. Deshalb trägt die neue Gemeinde zum Wachstum der alten Gemeinde bei.

Wir schlagen vor, die folgende rechtliche Regelung abzuschaffen:

- Das kanonische Recht eines Pfarrers, die Gründung weiterer anglikanischer Gemeinden abzulehnen, auch wenn diese vom Bischof genehmigt und in Übereinstimmung mit den in der Diözese getroffenen Vereinbarungen gegründet wurden.

Aber wir bestätigen, dass die Regelungen weise sind und erhalten werden sollten, die den Ortskirchengemeinden und ihren Pfarrern das Recht bestätigen auf

- ... die Ausübung der kirchlichen Traditionen und ihres eigenen Gottesdienststils in ihrer Parochie innerhalb der anglikanischen Normen.
- ... den realen und aktuellen Besitz der kirchlichen Gebäude.
- ... die Sicherheit ihrer Stelle und die Kontinuität ihres Dienstes, untermauert durch die gute Praxis des Patronatsrechtes und des Rechtes auf eine unbefristete Stelle.
- ... das Angebot von Seelsorge an der ganzen Vielfalt von Gemeindegliedern, die innerhalb der parochialen Gemeindegrenzen wohnen.

Wir sollten uns dabei allerdings um Ausgewogenheit bemühen. Es ist immer noch nötig, Ortskirchengemeinden und ihre Pfarrer vor einer wahllosen und nicht autorisierten Invasion zu schützen. Genauso nötig ist es jedoch, die missionarische Arbeit der Diözese gegen die Verhinderung von Mission durch den Inhaber einer Pfarrstelle zu schützen.

Warum ist dieser Hebel so wichtig?
Wir haben bereits vorher über die Rolle des Bischofs als Missionar gesprochen und darüber, dass Gemeinde immer Gemeinde in der Diözese ist. Die in diesen Zusammenhängen geforderte Veränderung entspricht dem Prinzip: „Receive the cure of souls which ist yours and mine“[363]. Die Aufgabe des Hirtenamtes wird nicht weggegeben, sie wird miteinander geteilt. In Zeiten, in denen missionarischer Einsatz so nötig ist wie heute, wäre es eine regelrechte Tragödie, wenn Prinzipienfestigkeit oder die Angst, den Klerus zu erzürnen, ein Hinderungsgrund für neue, kreative Initiativen wären. Aufgabe der Kirche ist es, die episkopale Autorität zu stärken und den Bischöfen wieder ins Gedächtnis zu rufen, was schon immer ihre Aufgabe war: Hirten zu sein um derer willen, die noch außerhalb der Kirche stehen.

[363] Anmerkung der Übersetzerin: *Siehe Anm. 361.*

Denk- und Diskussionsanstöße

- Wie kann man Ihrer Meinung nach missionarische Arbeit am besten strukturieren und mit den notwenigen Ressourcen versorgen? Vorgeschlagener Bibeltext: Eph 3,7-13.
- Was können Sie von anderen Denominationen in Ihrer Gegend lernen, wenn es um die Organisation missionarischer Arbeit geht?
- Sammeln Sie Möglichkeiten, wie Ihr Dekanat/Kirchenkreis im Blick auf die Notwendigkeit neuer Ausdrucksformen gemeindlichen Lebens agieren könnte. Was könnte Ihre Gemeinde tun, um Ihr Umfeld und die dazugehörigen Dekanate/Kirchenkreise zu ermutigen, sich engagiert für Gemeindepflanzung aus missionarischer Sicht einzusetzen?
- In diesem Kapitel haben wir in dem Abschnitt „Wie halten wir die Dinge beieinander?“ vier Prinzipien genannt, die hilfreich sein können, wenn man auf Diözesanebene über eine Reaktion auf neue missionarische Möglichkeiten nachdenkt: Welches der vier Prinzipien ist Ihrer Meinung nach am wichtigsten, und welches ist am schwierigsten umzusetzen?
- In diesem Kapitel wird die Notwendigkeit betont, Menschen mit der Gabe des „Pioniergeistes“ und auch solche mit der Gabe des „Hirten“ zu entdecken, zu ermutigen, zu bestätigen, auszubilden und einzusetzen. Wie kann der Dienst von Evangelisten und von Gemeindepflanzern mit Pioniergeist gestärkt und gefördert werden? Wie können ihre Gaben besser zum Einsatz kommen?

Kapitel 8: Empfehlungen

„Mission-shaped Church“ befasst sich mit den Themen „Gemeindepflanzung“ und „Neue Ausdrucksformen gemeindlichen Lebens“. Wir haben versucht, Ihnen einen Überblick und eine Einschätzung der Entwicklungen zu geben, die während der vergangenen zehn Jahre auf diesem Gebiet zu beobachten waren. Wir haben uns auch bemüht, Ihnen die Veränderungen im Wesen unserer Gesellschaft und ihre Bedeutung für eine Kirche aufzuzeigen, die in diesen neuen Kulturen und Netzwerken missionarisch arbeiten will.

Aufgrund der gewonnenen Einsichten und Erfahrungen ergibt sich eine Reihe von Empfehlungen, die wir Ihnen, jeweils grob thematisch zusammengefasst, aufgelistet haben.

Eine Strategie für die Diözese

1. Jede Diözese und jede Synode auf Diözesanebene sollte sich mit „Mission-shaped Church“ befassen, um Strategien für die missionarische Arbeit in der Diözese und auch in den Dekanaten und Ortskirchengemeinden entwickeln zu können.
2. Jede Diözese sollte festlegen, mit welcher Strategie sie zu Gemeindepflanzungen und neuen Ausdrucksformen gemeindlichen Lebens ermutigen und diese mit den notwendigen Mitteln ausstatten kann, die die heutige, von Netzwerken und Nachbarschaften geprägte gesellschaftliche Realität aufgreifen und als missionarische Möglichkeit verstehen. Eine solche Strategie sollte in ökumenischer Zusammenarbeit erarbeitet werden.
3. In jeder Diözese sollte es jemanden aus dem Kreis der leitenden Geistlichen[364] geben, der verantwortlich für die bestehenden und entstehenden Gemeindepflanzungen und neuen Ausdrucksformen gemeindlichen Lebens ist. Er soll sie ermu-

[364] Anmerkung des Herausgebers: *Der englische Begriff ist „senior staff“. Dies meint jedoch nicht etwa nur die erfahreneren Mitarbeiter, sondern ausdrücklich leitende Geistliche einer Diözese wie etwa Bischof, Archidiakon, Dekane usw.*

tigen, beobachten und unterstützen und für ihre Integration in die Arbeit der gesamten Diözese sorgen.

4. Die im Kapitel 7 dieses Berichtes („Wie halten wir die Dinge beieinander?“, S. 248ff) genannten vier Prinzipien sollten von jeder Diözese übernommen und angewandt werden. Diese Empfehlungen sind sowohl im städtischen Umfeld relevant als auch unter ländlichen Bedingungen und in Vor- und Kleinstädten. Folgendes ist zu beachten:
   - Wenn in irgendeinem missionarischen Arbeitsfeld neue Gemeinden entstehen sollen, die ursprüngliche parochiale Gemeindegrenzen überschreiten, ist es sowohl richtig als auch notwendig, dass der Bischof in den Diskussionen die Rolle des „Maklers“ (Vermittlers) einnimmt, der ein neues Vorhaben autorisieren oder die Genehmigung für den weiteren Prozess verweigern kann.
   - Die vorgeschlagenen neuen Ausdrucksformen gemeindlichen Lebens sollen so arbeiten, dass sie die traditionellen Wege ergänzen.
   - Bestehende kirchenrechtliche Grenzen sollten als durchlässig betrachtet werden.
   - Um die Glaubwürdigkeit der Grundsätze zu erreichen, ist eine offizielle und gemeinsam beschlossene Vorgehensweise nötig.
5. Dekanate haben das Potenzial, eine große Bandbreite menschlicher und finanzieller Ressourcen zusammenzubringen. Sie können die missionarische Aufgabe der Kirche auch über die parochialen Gemeindegrenzen hinaus in den Blick nehmen. Sie bieten Raum zu gemeinsamem Gebet und gegenseitiger Ermutigung (Kapitel 7). Jede Diözese sollte überprüfen, ob die Regelungen in den Dekanaten möglichst gute organisatorische Voraussetzungen für die Mission der Kirche bieten. Sie sollte auch darauf achten, ob diese Möglichkeiten auch für die missionarische Aufgabe genutzt werden, die die Kirche besonders unter Menschen in Kulturen und Netzwerken hat, die noch keinerlei Verbindung zu ihr haben.
6. „Breaking New Ground“ hat 1994 Richtlinien für den damaligen Übergangsprozess zur Reifung und rechtlichen Anerkennung von Gemeindepflanzungen geliefert. Die letzte Version dieser Leitlinien und die Beispiele gelungener Praxis, die darin zum Ausdruck kommen, sollten von jeder Diözese übernommen und angewandt werden. Die überarbeiteten Leitlinien sind unter www.encountersontheedge.org.uk zu finden.

7. Jede Diözese sollte sich angewöhnen, sorgfältige, fortlaufende Berichte zu schreiben, so dass Gemeindepflanzungen und neue Ausdrucksformen gemeindlichen Lebens als solche erkannt, unterstützt und bestätigt werden können. Auf diese Weise können bewährte Beispiele und gute Erfahrungen besser auch anderen zugute kommen.
8. Der Nationale Beauftragte für Evangelisation im Erzbischöflichen Rat (oder sein zukünftiges Äquivalent) sollte zentrale Anlaufstelle für das Netzwerk der verschiedenen Diözesen sein. Kontaktpartner sind zunächst die leitenden Geistlichen[365] jeder Diözese, die die Verantwortung für Gemeindepflanzungen und neue Ausdrucksformen gemeindlichen Lebens übernommen haben.

Der ökumenische Kontext

9. Die ökumenische Zusammenarbeit ist für die Mission der Kirche von entscheidender Bedeutung. Die Kirchen brauchen freie Hand für missionarische Experimente vor Ort und lokale Partnerschaften zwischen Christen verschiedener Denominationen. Es erscheint uns, mit einem neuen Begriff wie „lokal ausgehandelte ökumenische Partnerschaft“ (oder etwas Ähnlichem) eine ganz neue Kategorie der Zusammenarbeit zu schaffen. Die Einführung der angemessenen formalen ökumenischen Vereinbarungen sollte verschoben werden, bis die missionarische Initiative sich etabliert hat.
10. Einer der Schwerpunkte der Ausbildung sämtlicher Gemeindemitarbeiter der Anglikanischen Kirche, sowohl der Laien als auch der Ordinierten, sollte auf der kulturübergreifenden Evangelisation, auf Gemeindepflanzungen und neuen Ausdrucksformen gemeindlichen Lebens liegen. Dies sollte auch von Anfang an ein wichtiger Aspekt der Aus- und Fortbildung sein.
11. Die für pastoralen Dienst zuständige Abteilung des Erzbischöflichen Rates sollte aktiv daran arbeiten, Gemeindepflanzer mit Pioniergeist zu entdecken, auszuwählen und auszubilden. Dies gilt sowohl im Blick auf zukünftige ordi-

[365] Anmerkung des Herausgebers: *Zum Begriff vgl. Anm. 364.*

nierte als auch nicht ordinierte Hauptamtliche. Die Aufgabe ist deshalb an dieser Stelle gut aufgehoben, weil die Abteilung gute Verbindungen zu den Stellen hat, die für die Bischöfe die personelle Auswahl treffen, und auch zu der für die Lektoren („Reader“) zuständigen Leitung und zu Ausbildungsinstituten. Für diesen Vorgang sollten spezielle Auswahlkriterien aufgestellt werden. Die Ausbildungsmaßnahmen sollten sich an den Fähigkeiten, Gaben und Erfahrungen der Anwärter in der Ausbildung orientieren. Die an der Auswahl Beteiligten sollten ebenfalls gut vorbereitet und geschult sein, um zukünftige Pioniere und missionarische Unternehmer erkennen zu können.

12. Es sollte Stellen für Pastoren im Entsendungsdienst geben, in denen Fähigkeiten, Gaben und Erfahrungen hinsichtlich des Gemeindepflanzens gestärkt, entwickelt und eingesetzt werden können. Es sollte auch Pfarrstellen oder entsprechende Stellen geben, in denen die Gaben eines Gemeindepflanzers wertgeschätzt und angemessen genutzt werden können.
13. Jede Region sollte über mindestens ein Kurssystem, ein College oder ein Institut verfügen, dessen Spezialgebiet die kulturübergreifende missionarische Arbeit ist. Auf diese Weise können flächendeckend grundlegende Ausbildungseinheiten angeboten werden. Der Zugang zu kulturübergreifenden missionarischen Erfahrungen wird so erleichtert. Lernprozesse in diesen Fragen werden ermöglicht. Die Ressourcen, die andere Denominationen zu bieten haben, können ebenfalls einen wichtigen Beitrag zu einer flächendeckenden Versorgung mit Ausbildungsmöglichkeiten auf dem Gebiet von Gemeindepflanzungen und kulturübergreifender missionarischer Arbeit leisten.
14. Als Teil einer nationalen Politik sollten Diözesen Wege zur Berufung von Menschen bahnen, damit deren Gaben für Gemeindepflanzung, Evangelisation und die Gestaltung neuer Ausdrucksformen gemeindlichen Lebens erkannt, eingesetzt, unterstützt und ausgebildet werden können.
15. Die Anglikanische Kirche sollte Verfahren entwickeln, um die Arbeit und die Fähigkeiten der bereits tätigen und der zukünftigen ehrenamtlichen Leiter von Gemeindepflanzungen und anderen Ausdrucksformen gemeindlichen Lebens vorläufig anerkennen zu können. Ziel sollte die Entwicklung eines Systems sein, bei dem die Aus- und Weiterbildung Teil

des Auswahlverfahrens für die Bevollmächtigung ist. Das wäre günstiger als ein System, bei dem die Aus- und Weiterbildung erst auf das Auswahlverfahren folgt. Ebenso ungünstig wäre es, wenn bereits tätige Gemeindeleiter an auswärtigen Ausbildungsprogrammen teilnehmen müssten.

- ➢ Wir brauchen also die Entwicklung eines Systems, in dem Schulungen, Begleitung durch einen Mentor und Lehrzeit „berufsbegleitend" („on the job") geschehen können und nicht außerhalb oder weit entfernt von der missionarischen Arbeitssituation des Leiters (oder potenziellen Leiters).
- ➢ Wir sollten auch Wege finden, um Menschen Ämter für eine besondere Aufgabe zu übertragen (zum Beispiel als Leiter einer Gemeindepflanzung), statt bei Amtseinführungen immer davon auszugehen, dass es sich wahrscheinlich um eine Autorisierung für einen lebenslangen Dienst handelt.

Ressourcen

Es ist dringend notwendig, Ressourcen zur Unterstützung von missionarischen Initiativen unter Menschen ohne kirchlichen Hintergrund zur Verfügung zu stellen. Die Ressourcen der Anglikanischen Kirche in England werden in unverhältnismäßiger Weise in Gemeinden investiert, die nach den überkommenen und traditionellen Mustern arbeiten. Das ist verständlich, entspricht aber nicht mehr der missionarischen Herausforderung in unserer ganzen Nation. Deshalb sind Strategien nötig, die neue Ressourcen auftun und einen Teil der bereits vorhandenen Ressourcen in neue Initiativen umleiten.

16. In jeder Diözese sollte ein „Fonds für missionarisches Wachstum und missionarische Möglichkeiten" (oder etwas Ähnliches) eingerichtet werden, aus dem neue gemeindeübergreifende missionarische und evangelistische Initiativen und Gemeindepflanzungen unterstützt werden.
17. Angesichts der Tatsache, dass der „Church Commissioner"[366]die Aufgabe hat, „zusätzliche Mittel für das Hirtenamt in Gemeinden bereitzustellen, in denen eine solche Hilfe am

[366] Anmerkung der Übersetzerin: *Das ist der für die Finanzen zuständige Beamte in der Kirchenleitung.*

dringendsten notwendig ist", sollten strategische Entscheidungen über zukünftige Formen der finanziellen Unterstützung gemeinsam mit den Diözesen getroffen werden, damit Gemeindepflanzungen und neue Ausdrucksformen gemeindlichen Lebens aktiv mit Ressourcen versorgt werden können. Das kann sowohl die Unterstützung der diözesanen „Fonds für missionarisches Wachstum und missionarische Möglichkeiten" beinhalten, als auch eine kurzfristige Unterstützung bei dem Prozess, einige Ressourcen der Diözese von den traditionellen Gemeinden zu den Gemeindepflanzungen und neuen Ausdrucksformen gemeindlichen Lebens umzuleiten.

18. „Mission-shaped Church" hat festgestellt, dass die Verschiebungen in der Bevölkerung Englands und die groß angelegte Entwicklung neuer Wohnungsbaugebiete ein neues Denken auf nationaler, regionaler und diözesaner Ebene erfordern. Das bedeutet auch die Erschließung neuer Ressourcen. Die „Church Commissioners" sollten in Zusammenarbeit mit dem Erzbischöflichen Rat und relevanten Diözesen darüber nachdenken, wie man die Pflanzung von neuen Gemeinden, die an Nachbarschaft und Netzwerk orientiert sind, in den neu besiedelten Gebieten mit den nötigen Mitteln ausstatten kann. Die gleiche Zusammenarbeit ist erforderlich bei der Überlegung, wie man missionarische Gemeinden in Gebieten mit zurückgehender Bevölkerung am besten mit Ressourcen versorgt.

Kirchenrechtliche Grundlagen

Der Unterausschuss unserer Arbeitsgruppe, der sich mit der „Pastoral Measure" auseinandersetzen sollte[367], berichtete 2002, dass „die in der ‚Pastoral Measure' verankerten Verfahrensweisen sich nicht gut dafür eignen, innovative Gemeindemodelle zu integrieren". Dieser Bericht kommt zu neuen Einsichten und die daraus resultierenden Schlussfolgerungen sollten in die rechtlichen Grundlagen eines neuen (oder erweiterten) Kirchenrechtes

[367] Anmerkung des Herausgebers: *Vgl. Kapitel 7, Anm. 339.*

einfließen. Das betrifft besonders die in Kapitel 7 ausgeführte Empfehlung, den Inhabern von Pfarrstellen zwar viele ihrer Rechte zu belassen, ihnen aber das kanonische Recht zu entziehen, neu entstehende anglikanische Gemeinden auszugrenzen, wenn diese vom Bischof genehmigt und im Einklang mit den neu eingeführten Verfahrensweisen des Kirchenrechtes sind.

Literatur

Literaturangaben aus dem englischen Originaltext

Baker, Jonny, and Gay, Doug with Brown, Jenny, Alternative Worship, SPCK, 2003.
Boff, Leonardo, Ecclesiogenesis, The Base Communities Reinvent the Church, Orbis/Collins, 1986.
Booker, Mike and Ireland, Mark, Evangelism: which way now?, Church House Publishing, 2003.
Breaking New Ground, Church House Publishing, 1994.
Carey, George, Planting New Churches, Eagle Publishing, 1991.
Cray, Graham, Youth Congregations and Emerging Church, Grove Evangelism 57, 2002.
Encounters on the Edge – Informationen über diese Reihe finden Sie auf folgender Homepage: www.encountersontheedge.org.uk (9.06.2006).
Gibbs, Eddie and Coffey, Ian, Church Next, IVP, 2000.
Green, Michael (Hg.), Church Without Walls, Paternoster Press, 2002.
Hebblethwaite, Margaret, Base Communities – an introduction, Geoffrey Chapman, 1993.
Hobkins, Bob and White, Richard, Enabling Church Planting, CPAS, 1995 (Der Text ist auch im Internet verfügbar: www.acpi.org.uk/downloads/Enabling%20Church%20planting.pdf, (9.06.2006).
Jackson, Bob, Hope for the Church, Church House Publishing, 2002.
Lings, George and Murray, Stuart, Church Planting Past Present and Future, Grove Evangelism 61, 2003.
Mission Theological Advisory Group, Presence and Prophecy (a heart for mission in theological education), Churches Together in Britain and Ireland/ Church House Publishing, 2002.
Mission Theological Advisory Group, The Search for Faith and the Witness of the Church, Church House Publishing, 1996.
Moynagh, Michael, Changing World, Changing Church, Monarch, 2001.

Murray, Stuart, Church Planting: Laying Foundations, Paternoster Press, 1998.
Murray, Stuart and Wilkinson-Hayes, Anne, Hope from the Margins – New Ways of Being Church, Grove Evangelism 49, 2000.
Nazir-Ali, Michael, Shapes of the Church to Come, Kingsway, 2001.
Potter, Phil, The Challenge of Cell Church, Bible Reading Fellowship, 2001.
Price, Peter and Hinton, Jeanne, Changing Communities, Churches Together in Britain and Ireland, 2003.
Roxburgh, Alan J., The Missionary Congregation, Leadership and Liminality, Trinity Press, 1997.
Ward, Pete, Liquid Church, Paternoster Press, 2002.

Englischsprachige Materialien von anderen Kirchen[368]

Church without Walls (Church of Scotland) kann heruntergeladen werden: www.churchwithoutwalls.org.uk.
Good News in Wales (Church of Wales) kann heruntergeladen werden: www.churchinwales.org.uk/cmm/renewal/goodnews.
Planting New Churches, Methodist Publishing House, 2001.
Planting Questions (Baptist Union of Great Britain) kann heruntergeladen werden: baptist.org.uk/Resources/downloads/plantingquestions.pdf.
Stopping the Rot! (Video und Arbeitsheft), Methodist Church Publishing, 1997.

Hilfreiche englischsprachige Internetseiten

Alternative Worship (Alternative Gottesdienste): www.alternativeworship.org. Von hier aus gibt es zahlreiche Verbindungen zu weltweiten Angeboten alternativer Gottesdienste und zu Materialssammlungen.
Anglican Cell Church Network (Anglikanisches Zellgemeinden-

[368] Anmerkung des Herausgebers: *Da sich Internetangebote häufig ändern, Websites erscheinen und auch wieder verschwinden, können wir für die Aktualität der englischen Internetangaben keine Garantie übernehmen. Sie wurden alle am 9.06.2006 überprüft.*

Netzwerk): www.accn.org.uk. Dies ist eine Seite von Gemeinden, die über eine Zellstruktur nachdenken oder sie bereits eingeführt haben. Es gibt hier auch Materialien.

Anglican Church Planting Initiatives (Anglikanische Gemeindepflanzungsinitiativen): www.acpi.org.uk. Ratgeber, Coaching und Informationen für anglikanische und andere Projekte über Planung, Umsetzung und Praxis von Gemeindepflanzungen.

Cell Church UK (Zellgemeinde im Vereinigten Königreich): www.cellchurch.info. Ermutigung und Förderung relevanter Zellgemeinden über die Grenzen der Denominationen hinaus.

Emerging Church (Kirche von morgen): www.emergingchurch.info. Geschichten, Reflektionen und Diskussion über „Emerging Church“.

Encounters on the Edge (Begegnungen „an der Kante“): www.encountersontheedge.org.uk. Diese Seite ergänzt die Veröffentlichungen der entsprechende Serie von Broschüren. Sie ist speziell für den Dienst des Church Army’s Sheffield Centre in Sheffield gedacht. Hier finden Sie auch ergänzendes Material zu „Mission-shaped Church“.

Resource – Church Plant Training (Ressourcen – Training für Gemeindepflanzungen): www.resourcechurchplanting.com. Ein Konsortium von Agenturen und Denominationen bietet spezielles Lehrmaterial für Gemeindepflanzungen an, besonders an den verschiedenen Kulturen im Vereinigten Königreich orientiert.

RUN – Reaching the Unchurched Network (RUN – Netzwerk: Die Unkirchlichen erreichen): www.run.org.uk. Diese Website will dazu ermutigen, neue Formen von Kirche zu wagen, um den zeitgenössischen Kulturen Christus zu bezeugen.

Gute englischsprachige Lehrmaterialien

Folgende Einrichtungen bieten Lehrmaterialien für Gemeindepflanzungen an:

www.accn.org.uk
www.acpi.org.uk
www.cellchurch.info
www.encountersontheedge.org.uk
www.freshexpressions.org.uk
www.htb.org.uk
www.matterseyhall.com

www.methodist.org.uk
www.moorlands.ac.uk
www.ngm.org.uk
www.resourcechurchplanting.com
www.rpc.ox.ac.uk
www.salvationarmy.co.uk
www.spurgeons.ac.uk
www.stjohns-nottm.ac.uk/html/home/index.shtml
www.trinity-bris.ac.uk
www.urbanexpression.org.uk
www.coachnet.org

Deutschsprachige Literatur zum Thema[369]

Beutel, Manfred, Über Mauern springen. Wie man Gemeinden für Kirchendistanzierte baut. Wuppertal und Kassel 1995.

Bierbaum, Bernd, Personal- und Ortsgemeinde – Idee und Praxis in Bremen, Brennpunkt Gemeinde 51 (1998), 72-73.

Cornehl, Peter und Grünberg, Wolfgang, „Plädoyer für den Normalfall" – Chancen der Ortsgemeinde, Überlegungen im Anschluss an Ernst Lange, in: S. Abelt, W. Bauer u. a. (Hg.), „... was es bedeutet ein verletzbarer Mensch zu sein". Erziehungswissenschaft im Gespräch mit Theologie, Philosophie und Gesellschaftstheorie, FS H. Peukert, Mainz 2000, 119-134.

Ebertz, Michael, Neue Orte braucht die Kirche, Lebendige Seelsorge 55 (2004), 7-12.

Garth, Alexander, Gemeindepflanzung in Sonneberg/Thüringen – Idee und Praxis, Brennpunkt Gemeinde 51 (1998), 76-78.

Geiss, Reiner und Geiss, Daniel, Personalgemeinde in Frankfurt/Main – Konzeption und Praxis, Brennpunkt Gemeinde 51 (1998), 74-75.

Grözinger, Albrecht, Die Kirche – ist sie noch zu retten?, Anstiftungen für das Christentum in postmoderner Gesellschaft, Gütersloh ^{3}2000.

Gundlach, Thies, Wohin wächst die Kirche?, Von der Generalzuständigkeit zu Zentren gelingender Kirchen, PTh 94 (2005), 217-230.

Hempelmann, Heinzpeter (Hg.), Zukunft gewinnen, Gemein-

[369] *Diese Liste wurde vom Herausgeber erstellt.*

schaftsgemeinden und Evangelische Kirche, Impulse zur Gemeindestruktur-Diskussion, Bad Liebenzell 2000.
Hempelmann, Heinzpeter, Gemeindegründung, Perspektive für eine Kirche von morgen?, Gießen und Basel 1996.
Herbst, Michael, Missionarische Gemeinden braucht das Land, Brennpunkt Gemeinde 46 (1993), 128-131.
Herbst, Michael, Minderheit mit Zukunft – Kirche zwischen Resignation und Aufbruch, KuD 51 (2005), 2-16.
Herbst, Michael, Sagen, was wir glauben, und glauben, was wir sagen, Sprach- und auskunftsfähige Kirche in Gemeinde, Schule und Gesellschaft, PTh 95 (2006), 125-138.
Herbst, Michael, Ohlemacher, Jörg und Zimmermann, Johannes (Hg.), Missionarische Perspektiven für eine Kirche der Zukunft, Neukirchen-Vluyn 2005 (BEG 1).
Hopkins, Bob, Gemeinde pflanzen, Church Planting als missionarisches Konzept, Neukirchen-Vluyn 1996.
Hopkins, Bob und White, Richard, Praxisbuch Gemeinde pflanzen, Auf dem Weg zu einem missions- und menschenorientierten Gemeindeaufbau, Neukirchen-Vluyn 1999.
Knoblauch, Jörg, Eickhoff, Klaus und Aschoff, Friedrich (Hg.), Gemeinde gründen in der Volkskirche, Modelle der Hoffnung, Moers 1992.
Knoblauch, Jörg, Kann Kirche Kinder kriegen?, Wuppertal 1996.
Koestlin, Ulrich, Lebenswelt-Gemeinden auf dem Hintergrund von Church Planting, Brennpunkt Gemeinde 46 (1993), 137-141.
Lukatis Ingrid, Regionalisierung in pastoralsoziologischer Perspektive, PTh 92 (2003), 13-24.
Pohl-Patalong, Uta, Ortsgemeinde und übergemeindliche Arbeit im Konflikt. Eine Analyse der Argumentationen und ein alternatives Modell, Göttingen 2003.
Pohl-Patalong, Uta, Von der Ortskirche zu kirchlichen Orten, Ein Zukunftsmodell, Göttingen 2004.
Potter, Phil, Zell-Gruppen. Bausteine für eine lebendige Gemeindearbeit. Mit einem Vorwort von M. Herbst. Neukirchen-Vluyn 2006 (BEG-Praxis).
Ratzmann, Wolfgang, „Region“ – einem schillernden Begriff auf der Spur, PTh 92 (2003), 2-12.
Reppenhagen, Martin und Bartels, Matthias (Hg.), Gemeindepflanzung – Ein Modell für die Kirche der Zukunft?, Neukirchen-Vluyn 2006 (BEG 4).

Roschke, Volker (Hg.), Gemeinde pflanzen, Modell einer Kirche der Zukunft, Neukirchen-Vluyn 2001.
Scherz, Florian, Stadtkulturen und kirchliche Raumstruktur, Ein geographischer Beitrag zur Zukunft der Citykirchen, PTh 98 (2004), 468-481.
Schulz, Claudia, Milieuspezifische Profilierung von Ortsgemeinden, PTh 94 (2005), 341-359.
Steinkamp, Hermann, Selbst „wenn sich die Betreuten ändern", Das Parochialprinzip als Hindernis für Gemeindebildung, Diakonia 19 (1988), 78-89.
Wagner Peter C., Gemeindegründung, Die Zukunft der Kirche, Mainz-Kastel 1990.
Werbick, Jürgen, Plädoyer für die Verörtlichung des Glaubens, Lebendige Seelsorge 55 (2004), 2-6.
Zimmermann, Johannes, Auf dem Weg zur Gemeinde der Zukunft, Gemeindeaufbau vor neuen Herausforderungen, ThBeitr 36 (2005), 30-43 .

Information und Beratung in Deutschland

Über deutsche Gemeindepflanzungsprojekte informiert und in Fragen der Gemeindepflanzung berät: Arbeitsgemeinschaft Missionarische Dienste im Diakonischen Werk der EKD, Altensteinstr. 51, 14195 Berlin, Tel.: (030) 83001309, Fax: (030) 83001333, e-Mail: amd.roschke@diakonie.de.
Homepage: www.gemeinde-pflanzen.de.